W I Z A R D

経済理論の終焉

金融危機はこうして起こる

The End of Theory

Financial Crises, the Failure of Economics, and the Sweep of Human Interaction

by Richard Bookstaber

リチャード・ブックステーバー［著］

長尾慎太郎［監修］ 井田京子［訳］

Pan Rolling

The End of Theory :
Financial Crises, the Failure of Economics, and the Sweep of Human Interaction
by Richard Bookstaber

Japanese translation published by arrangement with Princeton University Press
through The English Agency (Japan) Ltd.

監修者まえがき

本書は元投資銀行員で米国財務省勤務の経験もあるリチャード・ブックステーバーの著した〝The End of Theory : Financial Crises, the Failure of Economics, and the Sweep of Human Interaction〟の邦訳である。彼はリーマンショックを予言した『市場リスク――暴落は必然か』（日経ＢＰ社）を著したことで知られ、金融市場の振る舞いに関して示唆に富む提言を行ってきた。システムとしての金融市場はそのメカニズムやストラクチャを明確にとらえることは難しく、原因と結果の因果関係はかなり希薄である。その不安定な傾向は特に金融危機の際に顕著になり、その推移を事前に知ることはだれにもできない。

本書では、新古典派経済学の理論に対してさまざまな角度から疑問が展開されている。私はこれらの主張に完全に同意するものであるが、それでも一方的な批判は経済学者が気の毒というものだろう。伝統的な経済学が前提とする各種の仮定があまりにも大胆（非現実的）であることは事実であるが、そうして構築されたパラダイムの無理を承知で金融市場に適用した実務家のほうこそ、思慮が足りなかったと見るほうがフェアである。

いずれにせよ、私たちは金融市場を理解するための科学的根拠として普遍的に使える理論をいまだに持っていない。一方で、現実の世界で長らく実用に供されてきたのは、経験則（専門家の知識）からの演繹であった。これに二〇世紀の最後になって加わったのが電子計算機の利用による帰納とのハイブリッドである金融工学（クオンツ）である。それらは平常時においてはかなりの程度機能することが分かっているが、残念ながら、どちらも金融危機の際にはほとんど無力であることは歴史が証明しているところである。

それでは、私たちは何を拠り所とすべきだろうか。著者はこれらを補完する機能としてエージェントベースモデルを提案している。その詳細については本文を参照してもらいたいが、もし主要国の公的機関や機関投資家が協調してこの枠組みを採用すれば、あるいは危機の拡大の多くを未然に防ぐことも可能かもしれない。しかし実際には、それは難しいだろう。本書にあるように、他者を出し抜くことの利得が大きい市場においては、必ずだれかが裏切るからである（局所最適化の観点からは当然である）。むしろ個人的には、個々の特定のエージェントに依存しないデータ集約型科学に基づくネットワーク解析に可能性を見いだしたい。その力は次の金融危機をだれがどのように乗り切るかで明らかになるだろう。

最後に、翻訳者の井田京子氏と編集・校正を担当された阿部達郎氏に感の意を表明したい。また本書が発行される機会を得たのはパンローリング社社長の後藤康徳氏のおかげである。

二〇一八年一二月

長尾慎太郎

亡き息子、ジョセフ・イズリアル・ブックステーバーを追悼して

目次

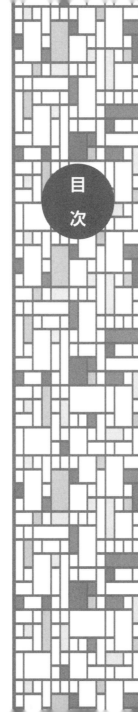

第1部　序論

Introduction

第1章　危機と黒点

二〇〇八年の金融危機がクライマックスを迎えようとしていたころ、ロンドン・スクール・オブ・エコノミクスを訪れたエリザベス女王は、多くの側近が思っていたであろう質問をした。「なぜ危機が起こることにだれも気づかなかったのですか」。それに対する回答は、少なくともシカゴ大学の経済学者ロバート・ルーカスによると、次のようなさえないものだった。「経済学は二〇〇八年の危機に対して有効な役割を果たすことができませんでした。経済理論はこのような危機を予測しないようにできているのです」[1]。ジョン・ケイは「賢い統治者は、そのような返事をされたら別の人間を頼るだろう」[2]と書いている。私たちもそうすべきだろう。

イギリス王室も、金融危機やこのような危機によって発展した経済思想と無関係ではない。私たちの標準的な経済モデルである新古典派モデルは、イギリスのビクトリア朝時代に発展した。このころは、産業革命や経済革命が起こると同時に、危機や厳しい社会的格差や経済格差も広がった。経済学にこのような学派が生まれたのは、アダム・スミスやデビッド・リカードの当時の伝統的な政治経済学が新たな現実を説明できなかったからだ。この危機の影響を直接経験したウィリアム・スタンレー・ジェボンズはこの新古典派モデルを支持し、経済の世界に新たなツールを持ち込もうとした。彼は近代的な経済分析に初めて数学を取り入れ、限界革命として知られるようになる考えを提唱した。[3] これは、投資と生産性の価値に関する私たちの考え方を変える大きな一歩となった。ただ、ジェボンズはさまざまな分野で私たちの思考を発展させたものの、彼が提唱した経済モデルで危機を予想したり解明したりすることはできなかった。ここではまず、金融危機に対する現在の標準的な経済的手法の限界を理解し、それに対してどうすればよいかを、ジェボンズが一九世紀半ばのイギリスでたどった道のりを追いながら考えていくことにしよう。

当時の経済革命は、技術によって推進された。例えば、鉄道は画期的な技術だった。産業や交易や日常生活のあらゆる面にかかわり、大都市の中心から遠く離れた地方に広がる複雑なネットワークを形成したからだ。鉄道は、カール・マルクスの言葉を借りれば、「時間による空間の消滅」であり、「製品を商品に変換」した。鉄道によって製品は産地ではなく、鉄道が運んだ先の市場で価値が決まるようになった。また、鉄道は盛土をしたりトンネルを掘ったり高架橋を掛けたりして地形と関係なく進み、自然に対する認識を変えてしまった。ちなみに、乗客にとって「鉄道の旅」は冒険や出会いの場として一九世紀の小説に数多く登場した。[4]

しかし、鉄道は繰り返し起こる金融危機の原因でもあった。当時も現在と同様、堅実な事業よりも新技術への夢に資本がつぎ込まれていた。なかでも最も深い墓穴を掘ったのが鉄道だった。鉄道計画の多くは軽率で、なかには正気とは思えないものもあり、投資資金はたいてい跡形もなく消えてしまった。ビクトリア朝で鉄道という言葉は、第二次世界大戦後の「原子力」や「空気力学」、あるいは今日の「ネットワーク」や「仮想現実」に通じるものがある。そして投資先としては、この技術革命に参加するというロマンティックな魅力が利益よりも重視された。ロスチャイルド男爵は、「お金を失う三つの主な方法は、ワインと女性と新技術」だと皮肉を込めて言っている。ちなみに最初の二つには楽しさもあるが、三つ目にはそれすらない。鉄道に投資された資本の対象は、三つ目に当たる。余剰資本を持っている人は、新技術者（鉄道建設で利益を得て、のちに鉄道運営会社が直面する莫大なコストについては感知しない人たち）に勧められて投資していた。イングランドやウェールズでは、一マイル（約一・六キロ）の鉄道建設にアメリカの五倍の費用がかかる[5]。鉄道ブームの投資家の利益は、そのあと間違いなく訪れる落ち込みの時期に失われた。当時、下降局面の大きな損害を被った一人が、鉄の商人だったジェボンズの父親だった。

一八四八年、この革命と危機のサイクルの真っただ中で、偉大な経済学者で知識人のジョン・スチュアート・ミルが『経済学原理』（岩波文庫）を発表した。この本は、アダム・スミス、ジャン＝バティスト・セイ、トマス・ロバート・マルサス、デビッド・リカードたちが築いた古典派政治経済学の長くて豊かな伝統における金字塔と言える。この本によって、経済学はより評価されるようになり、経済学者は最高に称賛され、紳士のための高級会員制クラブで立派な肘掛け椅子に座って自己満足と過去の栄光に浸っている紳士のような地位を得た。当時の経済理論は、そのあと二〇年間で衰えていったが、ミルは当時、「幸いなことに、価値の法則について現在や将来の書き手が解明すべき問題はもはや何もない。これは完全な理論なのだ[6]」などと書いていた。

ミルの理論の原理は、その後の二〇年間の労働争議や貧困層の拡大などを背景に、ほころびが見え始めた[7]。彼の経済理論は、産業革命がもたらした本質的な変化を見逃していたのである。彼は労働力を中心に論を展開し、より多くの労働力を費やした製品のほうが高い価値があるとしていた。これは、労働者が主な生産力だった時代には妥当な考え方だった。[8] しかし、産業革命によって資本が労働力の何倍もの生産力を持つようになり、しかも資本の価値は一定ではなかった。永続的に効率化が期待できたからだ。それと同時に、労働力の供給はあふれかえっていた。小さな農地がより効率的な大規模農地に統合され、多くの小地主や農業労働者が都市に移っていったからだ。ただ、労働者の賃金は最低額だった。一方、機械を管理していた資本家は、生産性の向上による経済的な恩恵を大いに受けていた。

　事業で成功したり、生まれながらに資産を持っていた人たちは新たに実業家階級を形成し、明るい展望と安定に満ちた人生を手に入れた。そうした男は紳士然として田舎に邸宅を建て、息子を一流大学に進学させた。しかし、労働者階級の人々の人生はそれよりもずっと劣っていた。イギリスを訪れたアメリカのヘンリー・コールマンは、都市部で目にした工場労働者の生活についてこう述べている。「エジンバラですでに血が凍り、身の毛がよだった。マンチェスターも同じくらいひどいし、リバプールはさらにひどいと言われている。社会の至るところに、惨めで、搾取され、虐げられ、打ちひしがれた人たちがあふれている。私は自分がイギリスの家族持ちの貧乏人でないことを毎日天に感謝している」[9]。聖職者のリチャード・パーキンソンは皮肉を込めて、彼がマンチェスターをイギリスで最も貴族的な町と呼んだのは「金持ちと貧乏人の格差が世界一大きく、双方の間のバリアを超えるのが最も難しい町だから」[10]だと書いている。

近代経済学の誕生

産業化時代の経済学はミルの理論から二つの方向に分かれていった。一つを主導したのはマルクスで、彼は歴史的な分析に基づいて資本支配による人間の結末を示し、世界中を巻き込む革命を扇動した。もう一つは数学に基づいて自然科学の仕組みをまねてはみたが人間的側面を完全に無視していた新古典派経済学で、これが今日の標準的な経済モデルになっている。これを推し進めたのがウィリアム・スタンレー・ジェボンズだった。

新古典派経済学が発達する過程で人間的側面が無視されたことは、この時代の産物とも言える。歴史家のエリック・ホブスバウンは、数学が産業革命の基本ツールだったと書いている。事業の価値は、足し算と引き算によって決まった。これは買値と売値の差であり、収益と費用の差であり、投資とリターンの差なのである。そして、このような計算は、政治やモラルの論考や分析にも浸透していった。単純な計算を使って人の状態も表すことができるとされたのだ。イギリスの哲学者のジェレミー・ベンサムは、快楽や苦痛は数値で表すことができ、快楽から苦痛を引いた差が幸福の尺度になると提唱した。そして、すべての人の幸福度の合計から不幸度の合計を引いた純幸福度が最も多い国が、最高の政策を実施しているとした。これは人の心の会計、つまり貸方と借方の元帳残高である。[11]

この考えが、ジェボンズの経済学理論（快楽と苦痛の定量分析）の出発点となった。ジェボンズは、ベンサムの快苦の七つの要素のなかでも感情の最も基本的な特徴として、強さと持続性を選んだ。そして「すべての感情はある程度の時間続き、……その間はある程度鋭くて激しい」ことは明らかなので、感情の大きさはその強さと持続性を掛け合わせて測ることができるとした。「総量は、強さの単位数と持続性の単位数を掛け合わせれば分かる。土地や表面積を長さと幅で表すことができるように、快楽や苦痛もこの二つの要素で表すことができる」[12]と主張したのだ。

ジェボンズは、最初は哲学や数学を学んでいた博学者だった。彼はロンドンのユニバーシティ・カレッジで二年間学び、科学では ゴールドメダル、実験哲学では最高賞を受賞した。しかし、卒業を待たずにオーストラリアのシドニーに新たに設立された王立造幣局の試金官の仕事を受け、途中パリに立ち寄ってフランスの造幣局からディプロマを授与された。彼はオーストラリアでは化学や数学だけでなく、現地の植物、地学、気象パターンなどにも関心を広げた。この時期、彼はシドニーの天気を記録していた唯一の人物だった。また、音楽理論に関する本の原稿も執筆していた。[13]

彼の関心は、気象学や音楽から経済へと移っていった。当時、彼は経営難のニューサウスウェールズ鉄道にかかわっており、それが彼の実家の経済問題を思い起こさせたことは間違いない。彼はすぐにこの問題に縁を感じ、「私の関心事にほぼ合致する」と書いている。ただ、一八五六年には新しい分野に関心が移ったことについて、「(自然科学は)自分が十分以上に適性がある分野」なのに「放棄するというひどいことをした」と感じ、「もう自ら科学者を名乗ることはできない」などとも書いている。それでもジェボンズは数学や論理学の研究を続け、一八七四年には『ザ・プリンシプル・オブ・サイエンス』(The Principles of Science)を発表した。この本は、帰納的論理と演繹的論理の関係を明確に説明しているほか、暗号学を用いた手法や、現在では公開キーの暗号が使われている因数分解などさまざまな課題を扱っていた。[14]しかし、彼の正式な研究分野は純粋科学から政治経済に移っていった。一八五九年、彼は五年間を過ごしたオーストラリアを離れ、ロンドンのユニバーシティカレッジに復学して政治経済を学び、ここでリカード奨学金と修士課程のゴールドメダルを受けた。

彼は新たな研究に没頭し、翌年には限界効用理論の発想を得た。彼は兄弟に宛てた手紙のなかで、「幸い、この何カ月かで真の経済理論を発見したと確信している……最も重要な公理の一つは、どのような商品（例えば、普通の食べ物）でも消費量が増えれば、効用（前回消費した分がもたらした恩恵）は減る」ことだと書いている。また、別の手紙では、この発見をさらに展開して、限界効用理論や、利益と資本の関係について簡潔に説明している。「慣習法では、労働力の需給と資本が賃金と利益の区分を決めている。しかし、私はすべての投下資本は、前回の追加分と同じ速さでしか回収できないということを証明するつもりだ。つまり、前回の追加分よりも生産力か優位性が上がるかどうかが、全体の利益率を決めることになる」

ジェボンズは、一八六二年にこれらの考えを「経済学の一般的数学理論」と題した論文にまとめて発表した。そして一八七一年に『経済学の理論』（日本経済評論社）が出版されると、彼の考えは広く注目を集めた。この本は、古典経済学の拠り所を突如揺るがし、崩壊させた。これは、それまでの常識に逆らって経済理論を科学的に論じ、「不合理で混乱したリカード派の前提を永遠に捨て去った」のである。[15]

それから間もなく、限界効用理論は広く支持されるようになった。[16]しかし、この概念と数学を用いた方法は多くの点でほかにも先駆者がいたため、ジェボンズは「私の理論の趣旨がすでに予見されていたことのように言われている」と不満をもらすようになった。「残念ながら多くの人が私の理論を無意味だと考えて理解せず、それ以外の人はこれが新しいことではないと思っている」と感じていたのだ。ジェボンズは、この概念の最初の提唱者としての地位を確立させることはあきらめたが、「この理論……が三～四回発見されたということは、この理論の正しさを示しているに違いない」と自らを慰めた。

黒点に目がくらむ――ジェボンズによる危機の科学的な原因の探求

ジェボンズは、経済の分野に数学的な厳密さを持ち込んだだけでなく、経済危機の原因に注目した最初の経済学者でもあった。そこには彼の個人的な理由があった。子供のころに父親が鉄道バブルで失敗して家計が苦しくなり、親戚にも似たような困難を抱えている人たちがいたからだ。また、社会的不公平を重視するユニタリアン主義のなかで育ったということもあった。社会意識が高い彼は、ロンドンの貧困街や工業地帯を歩いて社会的費用の実態を直接見て回ることもあった。

ジェボンズは、危機を理解することが経済分析のカギとなると考えていた。彼は、もし「周期的な変動をすべて探して示すだけ」で市場危機を経済的に説明できないならば、それは完全な理論ではないと考えていた。[17] 商業恐慌と同じくらい複雑な現象の原因は、人の感情という問題をすべて排除して社会が引き起こしたと言われる出来事であっても、何らかの物理的な原因が影響を及ぼしたという前提に立たなければ（たとえそれを証明できないとしても）、厳密で科学の数学的純粋さを持つ答えは出ないと考えていたのだ。

ジェボンズは自らの経済理論を自然界の研究に使われる科学的手法を使って構築していたため、ほかでは説明がつかない危機の原因も自然現象に求めることにした。そして、見つけたのが太陽の黒点だった。[18] 彼は、黒点の周期性と経済危機の周期性を関連付けようとしたのだ。もちろん、イギリスのバブルはこの理論に合致しており、直近のケースは一八四五～一八五〇年の鉄道バブルだった。ちなみに、このバブルも例にもれず、良い終わり方はしなかった。

ジェボンズの黒点への関心は、理解できなくもない。彼は、豊作がパニックの数ある原因の一つだという仮説を立てたのだ。「異常な変化だけでも脅威となり、注目に値する。これらの変化は、収穫が不足したり多すぎたり、食料となる商品の需要や供給が突然変化したり、ブームや過剰な投資や投機、戦争や政治の混乱、それ以外の想定外で計算できない出来事や許容できない出来事などによって起こる[19]」

ジェボンズは、それまでの研究者たちの資料に基づいて黒点周期を一一・一一年と定めた。そうなれば、あとは商業危機の周期が同じパターンであることを証明すればよいだけだ。そこで、この二つの出来事を単純に照合してみると期待ほどではなかったが、彼はこの理論（経済学を自然科学のなかでとらえようとした点では興味深いものではある）が正しいと信じて一三世紀と一四世紀のデータも集めた。しかし、これらの期間については黒点についても商業危機の周期についても十分なデータがなく、やはりうまくいかなかった。

長期間におけるデータの裏付けが得られなかったジェボンズは、次に地域を広げてデータを探し始めた。例えば、イギリスの商業は植民地の農業生産と素材に依存しているとしてインドの記録を手に入れたが、これもうまくはいかなかった。それでも、彼は「これは本当に新しくて複雑な分野であり、広範囲にわたるデータの裏付けがなかったとしてもそれが反証とは言い切れない」として研究を続けた。インドと同様に、イギリスの商業活動に対して明白な影響がある地域として熱帯アフリカからアメリカ、西インド諸島、地中海東岸地方のデータまで集めたのである。また、理論を裏付けるデータを探すだけでなく、黒点の一一年周期を見直して、最近の研究で周期は短くなっているとも書いている。しかし、新たな周期も彼が集めたデータとは合致しなかった。

ジェボンズは、彼の数学を使った危機の力学モデルが、当時と過去のイギリスやインドやそれ以外の地域の記録や新しい黒点周期と合致しなくても、モデルを否定しなかった。彼は、理論の裏付けがとれないのは観察誤差があるからに違いないと考えたのだ。そこで、彼は自ら太陽の観察を始め、自分の理論と占星術にも似た因果関係を突きとめた。また、太陽の動き、ひいては黒点に影響を及ぼす惑星の研究も始めた。「もし惑星が太陽を支配し、太陽が収穫を支配することで食品や素材の価格や金融市場の状況が変わるならば、惑星の配置は大規模な商業的破綻の遠因なのかもしれない」というのである。

ジェボンズが多少のことではくじけない人物だったことは明らかだ。彼は裏付けが取れなくても黒点理論を擁護し、「いくつかの疑わしい危機が存在することは別として、……私はまったく疑っていない」と書いている。この盲信に近い擁護の裏には、経済学に数学を用いて科学的な基礎を作り、経済学と自然科学を融合させるという彼の夢を実現したいという思いがあった。

黒点を観察し続けた結果

ジェボンズが黒点と経済危機の関係を証明しようとした衰えを知らない動機の根底には、二つの考えがあった。一つ目は完全で有効な経済理論は日々の出来事だけでなく、危機のメカニズムも説明ができなければならないこと、二つ目は経済学は「純粋な数学的性質を持ち……本物の経済理論には数学的裏付けが欠かせない」という考えだった。私は一つ目の点には同意する。そして、現代の経済学は二つ目の条件については満たしている。ただ、黒点に熱中したジェボンズの動機は、今でも経済学の中心的な考えではあるが、今日の経済学が数学に執着して危機を予想しようとしても、ジェボンズが黒点に執着したのと同じくらい確実に失敗するだろう。

それどころか、私たちは予測に失敗するところまですら行けないかもしれない。戦線がどこまで拡大するのかを予想するどころか、経済学者は、大不況の前もその最中にも敵が攻撃しているのか撤退しているのかすら判断できなかった。大勢の経済学者がいて、あらゆる金融データや経済データを入手できる立場にあっても、二〇〇七年三月二八日にＦＲＢ（連邦準備制度理事会）のバーナンキ議長は上下両院合同経済委員会で、「サブプライム問題が経済全体や金融市場に及ぼす影響は収まったようだ」と述べたのだ。そして、同じ日にヘンリー・ポールソン財務長官も、下院歳出小委員会で同じ趣旨の発言をした。「経済全体について言えば、引き続き注視はしていくものの、危機的な状況は収拾したと考えられる」

それから三カ月もたたないうちに、この「収拾」はベアー・スターンズ傘下の二つのヘッジファンド（二〇〇億ドル以上の資金を保有し、その大部分がサブプライムローン担保証券だった）の破綻によって無効になり、それから六カ月で世界中の金融市場に広がった危機の引き金を引いた。そして、この影響はＣＤＯ（債務担保証券）やクレジットデフォルトスワップを含む幅広い抵当市場や、短期のレポ市場やインターバンク市場を含むマネーマーケット、そして、巧みな妙案に見えても結局はかなり脆弱だった市場（例えば、資産担保コマーシャルペーパーやオークションレート証券など）にも広がった。

二〇〇八年初めにマーケットが大いに混乱するなかで、バーナンキは上院銀行委員会で半年に一度の証言を行い、小規模な銀行のなかには破綻するところがあるかもしれないが「米国の銀行制度の大部分を占める国際的な大銀行に深刻な問題が及ぶとは考えていない」と述べた。しかし、この年の九月には投資銀行のリーマン・ブラザーズが破綻し、この一大事の一〇日後にはワシントン・ミューチュアルが金融機関としては米国史上最大の経営破綻に陥った。そして、一〇月と一一月には、それを上回る破綻を阻止するため、連邦政府がシティグループを救済した。

経済の専門家が集うもう一つの拠点であるＩＭＦ（国際通貨基金）も、世界的な金融危機を予想することについては大差なかった。ＩＭＦは二〇〇七年春の世界経済の見通しのなかで、暗雲は通り過ぎて「全体的なリスクの脅威は六カ月前より減る見通し」としていた。また、ＩＭＦの国別報告書を見ると、アイスランドについて二〇〇八年八月以降は楽観的な評価をしている。「銀行業界が発表した金融指標は規制の最低基準を上回っており、ストレステストは回復力があることを示している」というのだ。しかし、それから一カ月半後に、アイスランドの経済が破綻した。アイスランド金融監督庁は、デフォルトに直面した同国の三大銀行を国有化し、その影響はイギリスやオランダにも波及した。

経済理論は危機の進展の連鎖や伝播を分からないまま放置しておくことで、理論の一貫性と合理性を主張している。しかもそれらは説明不能だと断言している。すべてのことは合理的でなくなるまでは合理的なのだ。経済もうまくいかなくなるまではうまくいく。つまり、経済学は、不愉快なことは無視して、無邪気に同じ理論や手法を独自に構築した仮想世界に適用しているだけなのである。経済学において支配的なモデルは、すべての人を代表的個人――将来の不測の出来事とその可能性について完全な知識を持ったうえで将来の投資と消費を設計し、豊かな生活を送っている人――とみなした世界を前提としている。この空想の世界では、私たちはそれぞれが一つの財を生産し、金融制度や銀行などない都合の良い世界に暮らしている（なぜなら、だれも金融危機の心配などしたくはないからだ）。

経済学は金融危機の最中に何もできないというルーカスの評価は正しいが、それは経済理論の立場からは、危機に対処することはできないことを証明したからではなく、独自の手法と構造の限界ゆえに、伝統的な経済理論がその役割を果たそうとしていないからなのである。私たちが進んでいるのは、行きつく先が数式で簡単に計算できるような道ではない。目の前の道を実際に進んでいかなければ、どこに着くのか分からないのだ。それは意図しない場所かもしれない。ボクサーのマイク・タイソンが書いているとおりで、「だれでも作戦は持っている。顔面にパンチを食らうまでは」。

本書では、その道の先に何があるのかを知るために進むことの意味を探っていく。また、新古典派経済学に代わるものの一つで、危機を予測し、避け、起こってしまったときは回復の助けとして大いに期待できるエージェントベースモデルを、数式を使わずに紹介していく。この手法は、数学で定義されたオートマトン（自動的な機械）だらけの世界を前提とするのではなく、近年分かってきた現実の世界の複雑系の研究を応用している。なかでも重要なのがテクニカルにつながった非常に直感的な四つの概念――創発現象、エルゴード性、ラジカル（根源的）な不確実性、計算既約性――である。

創発現象は、もし私たちが予想される道を進んだとしても（高速道路で行くことを選ぶ場合でも、家を買う場合でも）、システム全体に関する洞察は得られないということを示している。しかし、危機というのはシステム全体の話なのである。そして、私たちの相互作用の集積がシステムを構成しているが、相互作用による創発現象は、個々の人々が見ることとやすることとはまったく関係がないどころか、だれも想像すらできないようなものなのである。

私たちは、現実の世界の経済的なエージェントとして、多様で変化し続ける経験のなかで相互作用を行っている。つまり、経済学はエルゴード性（変化しない状況）を前提としているのに、その対象である私たちは変化しているということになる。

私たちはどこを目指せばよいのかすら分かっていない。ラジカルな不確実性によって、将来のことはまったく分からないからだ。

新古典派経済学の理論が助けにはならないのは、人間の性質という重要な要素を無視しているからで、それでは限界がある。計算既約とは、私たちの相互作用がもたらす複雑さは現在の経済学の支配的なモデルの基盤（あるいは存在理由）である演繹的な計算（計算可約）によっては解明できないということを意味している。理由の一つは、小説家のミラン・クンデラが書いているとおり、私たちの世界にはユーモアがあり、「世の中は依存症的な相互依存」や「確かなことなど確かにないというおかしな喜び」にあふれているからなのである。[20]しかし、ユーモアや依存症や喜びは、経済学では考慮されていない。

このような限界は、明らかではなかったり強制的ではなかったりしなくても、私たちの日々の世界に存在している。ルーカスは経済理論に「例外やアノマリー」が発見されていたことを認識していたが、それは「マクロ経済分析や予測をするうえでは小さすぎて問題にならない」[21]と考えていた。しかし、これはもっと正確には、「経済理論を用いた自己言及的なマクロ経済分析のなかで予測をする場合は小さすぎて問題にならない」と言うべきだった。今では例外やアノマリーによって限界が明らかになった。しかし、それは人間の性格がもたらしたものなのだろうか。

危機の間の経済学のパフォーマンスは、ほかの時期（理論の限界が誤差の範囲と解されて無視される時期）のパフォーマンスのリトマス試験になる。つまり、危機を理解することは、経済学のより大きな瑕疵を見つけるための手がかりにもなる。危機は「金精製業者の火」（マラキ書）であり、経済モデルの実験場であり、経済理論のストレステストでもある。もし経済学の標準的な推論が危機で機能しなければ、危機でない状態のときにどの推論が間違っているのかも分からないし、その間違いはあまり目立たなかったり残差の範囲内（「小さすぎて問題にならない」もの）だったりするかもしれない。ただ、小さくてもそれは床の小さなシミであり、基盤の小さな裂け目なのではないだろうか。

もし合理性を前提として人間を機械的なものとして扱い、世界を数学的手法や演繹法で修正可能なものとして位置付けていれば、今後も危機に見舞われるたびに失敗することになる。そして、危機のとき以外にもささいな部分や目に見えない部分で失敗するかもしれない。しかし、何かその代わりになる理論はあるのだろうか。

第2章 人間であること

まず、私たちが人間であるというところから考えていこう。人間であるということは社会的ということだ。私たちは、意味のある相互作用を行い、自分の世界や他人との関係を変えていく。また、人間は歴史を持つ。私たちは、それぞれの世界観の背景を育む経験によって形作られている。私たちの行動は、他人とのかかわり方に影響を及ぼす経験や、価値観、何を買ったり売ったり消費したりするかなどと切り離すことはできない。これらのことすべてが動機となって私たちを目標に向かわせる。私たちの人生の原動力が豊かで複雑なのは、経験に相互作用が加わるからで、それによって将来の相互作用の文脈はさらに変化していく。

相互作用や経験という基準で考えると、金融危機は非常に人間的な出来事と言える。危機の最中は経験したことがない事態に苦悩し、不安な展開のなかを苦しみながら進んでいくと、相互作用が密になり、不確実性によって緊迫する。金融危機は単純に典型的な悪い日が続いたとか、ウォール街というカジノで不運な負けが続いたということではない。「同じようなことだが、いつもよりもひどいだけ」ではなく、「だれもがリーマンが破綻した二〇〇八年九月一四日の日曜日ほどひどい日はもうないだろうと思った」というようなレベルのことなのだ。

金融危機には独自の力学があり、たいていは前例がない。金融市場において、私たちは日々、他人のレーダーに映らないようにするために、意味ある相互作用をできるだけ減らして行動している。自分の取引がマーケットを動かして意図を悟られることがないように、影響を最小限にとどめようとしているのだ。しかし、危機になると違ってくる。投資家が追証を請求されたり、銀行が取りつけ騒ぎに巻き込まれたり、デフォルトを起こしたりすると、危機の本質的な力学がシステム全体に連鎖し、価格を動かし、信用懸念を高め、リスク認識を変える。そして、それが危機を起こした出来事と直接かかわっていない人たちにも影響を及ぼすのだ。

私たちはこれらのことを過去の危機から学んできた。そして、戦略を変え、一部の金融商品を捨て去ったり新しく作り出したりしてきた。そのため、危機は毎回違うものになっている。私たちは危機から抜け出すことで、次の危機の種をまいているのである。

ところが、当局も学者も常に前の戦争を戦っているように見える。二〇〇八年以降、注目を集めたのは銀行のレバレッジを減らすことや、銀行のレバレッジやそれ以外の要素を用いて新しいリスク基準を作ることばかりだった。しかし、次回私たちを襲うのはおそらく銀行のレバレッジとは別のものだろう。特定の危機を生み出すものや、それがどのように広がって金融システムをのみ込むか、そして危機に発展するかは毎回違う。危機は、それぞれ異なるショックによって生み出され、異なる金融資産によって増殖するのである。

私たちは、危機に巻きこまれないようにディフェンスラインを作った。マーケットに逃げ道がないような大きすぎるポジションを建てないようにした。通常の投資に制限を設け、マーケットが下がり始めたら逃げ出せるようにもした。リスクを管理するため、イクスポージャーを異なるマーケットに分散もした。もしマーケットが下落したら、ヘッジを増やす。もし買い手が見つからなければ即座に価格も下がる。流動性のない資産を直接売ろうとしないのは、それをすれば新たな価格でポートフォリオを再評価しなければならず、それによってさらなる売りを迫られるからだ。

どのような事業においても、だれと話したとしても、個々のアクターというのは賢くて思慮深いものだ。しかし、彼らの行動を総合的に見ると、何の意味も理由もなく、カオスに近い状態に見える。一人ひとりの合理的な行動も、合わさると危機を発生させることがあるのだ。全員（あるいは、ほぼ全員）自分は常に合理的で賢い行動をとっていると思っている。しかし、システム全体を見てみると、包括的には安定していなかったり非合理的だったりして、結局は思慮のない結果をもたらすことになる。だれかが全員に「一列になって順番に退出しろ」と指示してくれればよいのだがそうはならない。だれも支配されていないからだ。人はそれぞれ環境のほんの一部分を見て行動し、その結果、いわゆる緊急行動を起こして出口に殺到してしまうのである。

危機のときにはおかしなことが起こる。経済学入門の最初の講義では価格が下がれば買い手が増えると説いている。しかし、危機になると、価格が下落すると売り手も増えるということは教えてくれない。ただ、彼ら全員が売りたいわけではなく、なかには売らざるを得ない人もいる。また、安く買いたい人は一歩下がって、時が来るのを待つことになる。

また、ファイナンス入門の講義では、分散とヘッジでリスクを減らすことができると説いている。しかし、通常はさまざまな要素に支配され、豊かで多様なマーケットも、危機になるとそれらが溶解してプラズマのようにリスクが白熱化する。リスクが高くて流動性がないものはすべて下落し、リスクが低くて流動性があるものは持ちこたえる。そして、ヘッジは役に立たない。もし高リスクで流動性がないポジションを、低リスクで流動性があるポジションでヘッジすれば（通常パターン）、二つのポジションが反対方向に動いてヘッジはブーメランのように返ってきて自分を傷つける。また、平時のマーケットでよく似た動きをする資産でも、危機になるとそれまで考えてもみなかったようなことが優勢になって別の方向に動き出す。そして、すべてのマーケットが下げるなかでは、守りの最後の砦である分散も機能しなくなる。

そうなると、クオンツの典型的な分析はもうどうでもよくなる。危機の最中に、金融機関が破綻し、経済学で通常用いている前提が無効になるのを目にすると、全員がそれまでだれも（本人ですら）思ってもみなかったような行動をとり始める。このときの行動を、人々の日々の行動から予測することはできない。このなかには、注意深くなる人もいれば、臆病になる人、マーケットから逃げ出す人、やむにやまれず行動する人、その場で凍りついて動けなくなってしまう人もいる。

金融機関の破綻が始まると、目立たない動きが緩やかなパニックに変わる。例えて言えば、一見ゆっくりと良い席を探していた人が、人目を気にせず一目散に席を取りに行くようなことだ。また、その背景が分からなければ無作法に見える行動をとる人も出てくる。融資期間は延長されず、解約要求は制限され、トレード相手は電話に出なくなる（もしかしたらあなたと逆サイドのトレードに忙しいのかもしれない）。契約書に細かい字で書かれた条項がものを言うようになり、あるいはそれを読んで再評価してみたら重要であることが分かることになる。だれしもがとっさに行動することを迫られ、すぐに判断を迫られたり選択肢がなくなったりする。この状態で分析を試みても、合理的でない世界では役に立たない。少なくとも通常の前提や通常観察されることは起こらなくなっているからだ。

そして、似たような見方をする大衆、つまりマーケットの水準や世界の動きにある程度納得していた人たちが、バラバラの方向に動き出す。追証や解約を請求されて必死でやりくりする人もいれば、一歩引いて傍観に徹する人もいる。

このなかに、事前に分かっていたことが一つでもあっただろうか。

ヨハネの黙示録の四騎士

経験を反映した社会的な相互作用や経済的な相互作用は人間の性質の一部で、それらが合わさると私たちの理解の限界を超える複雑さが生まれる。何かが起こっても、その理由は分からないのだ。そして、この混乱した結果を何らかの形で数量化できたとしても、経済理論が危機で機能しない主な理由は人間であるがゆえの能力の限界にある。金融危機はこの複雑さが最も顕著になり、これらの限界が強く拘束条件として効いてくるときなのである。私がエージェントベースモデルを使うのは、人間が一人ひとり独自の道を途中で修正しながら進み、その行動が世界やほかの人たちに影響を及ぼすという状況を取り入れることができるからである。エージェントベースモデルは、それを複雑適応系の分析に基づいたシミュレーションによって行っている。

ここで、一七世紀のオランダで起こったチューリップバブル以来、金融危機特有の四つのよくある現象を簡単にまとめておこう。詳しくは第3章から第6章で述べていく。

1．創発現象

高速道路を走っていて渋滞が始まると、「この先で事故が起こったのだろうか」「工事かもしれない」などと思う。しかし、特に原因が分からないまま五分間で二キロくらい進むと、また普通に走行できるようになることがある。もっと短い混雑もある。例えば、コンサートやサッカーの試合で観客が帰るときに全員が一気に出口に殺到するようなときだ。全員だれかの命令で動いているわけでも、意図的に混雑を生み出そうとしているわけでもないが、たくさんの人がそれぞれの意思で行動した結果、なぜか悲惨な出来事が起こるのである。個々の行動を単純に合成しただけではない予想外の動きがシステム全体で起こったとき、その結果を創発と呼ぶ。創発は、各々が自分のことだけを考え、妥当だと思ってとった行動が、全体としてみれば予想外のおかしな結果をもたらすことで、それが世界を混乱させたり、ときには壊滅的な危機という意図しない結果を引き起こしたりする。二〇〇七～二〇〇九年の経済破綻の原因はあなたでもそれ以外のだれでもないが、それでも危機は起こった。それが創発なのである。

2. 非エルゴード性

真にエルゴード的なことは面白そうに見えるかもしれないが、その本質は退屈だ。エルゴード的なプロセスは手順が以前から決まっており、時間や経験によって変化しない。今日でも大昔でも遠い将来でも確率は変わらないのだ。これは物理学においては成り立つ。ルーレットもそうだ。これから二〇年間、毎日二〇の枠に賭け続けても、勝率は変わらない。しかし、私たちの経験の豊富さと、交流と経験の相互作用をルーレットのようなレベルまで簡素化することはできない。私たちのいる世界は変化しており、私たちは常に学んだり発見したりしている。私たちがどう行動するかは状況によって変わり、それはささいなきっかけや私たちの経験やそのときの気持ちによって変化する。そのため、私たちは歴史を知る必要があるが、それも常に予想外の変化を遂げている。私たち一人ひとりの行動が実績ある決定的な規則に基づいていたとしても、人の相互作用が渦巻くなかでは予想外の動きが起こるのである。

私たちの世界はエルゴード的ではないが、経済学ではそうであるかのように扱っている。したがって、それぞれの人の事情を掘り下げることをせず、その人が将来どの道に進むのかも、だれと交流したのかも分からなければ、その人が今どこにいて、これからどの道を進むのかは可能性としてすら知ることができない。

3. ラジカル（根源的）な不確実性

これはあらゆるところに存在するが、目には見えない。これは、創発現象と非エルゴード性によって作られる。自分のなかの矛盾と、人が創造性と発明性をもって必然的に行う自分に対する分析とモデリングは、世界をそれまで想像しなかった方向に導いていく。そして、そこにはいつも訳の分からない驚きがある（例えば、ニクソン大統領にそっくりなナス）。成熟という単純なプロセスから起こるラジカルな不確実性について考えてみよう。例えば、ティーンエージャーは、自分が成熟するまで未来がどういうものか知ることができない。もし若いころのあなたが年をとってからのあなたに出会ったら、若いころのあなたは将来の自分に驚くかもしれないが（「自分が経済学者になったなんて信じられない。どうしてしまったのだ」）、自分が若いころに想定した範囲を超えた方向に進んだことを発見するかもしれない。あるいは、将来の自分は若いころに払った犠牲や、持っていた計画や希望をまったく反映していないかもしれない。

私たちが将来の経験を予想できないことと、私たちの社会的な相互作用の複雑性は、表現することも予想することもできない不確実性につながっている。J・B・S・ホールデンが書いているように、「宇宙は私たちが想像する以上に奇妙なだけでなく、私たちが想像できる範囲を超えて奇妙なのだ」。世界は今も変化しており、この先あなたの不意を突く可能性もある。だからラジカルな不確実性なのである。

4．計算既約性

経済学には、私たちが住む世界は確固たる公理に基づき、演繹法によって導いた厳格で万能な数学的構造を持つ単純なモデルで表すことができるという深い信念がある。経済学者は、何か法則を見つけたと思っているようだが、私たちの経済行動は非常に複雑で、私たちの相互作用は広範囲に及ぶため、その進展を簡単に見極められる数式など実際には存在しない。この相互作用の結果を知る唯一の方法は、時間をかけて追跡するしかない。実際に自分の人生を生きてみて、どうなるのかを観察するということだ。場面を先送りして結果を知ることができる数式などない。世界は解明するものではなく、生きるものなのである。

このような問題は、計算既約（それ以上簡略化できないこと）と呼ばれている。相互作用のシステム（単純で取るに足りないほどのシステムを含めて）においては、それは例外というよりも通例に近い。そして、相互作用で定義した危機は、ささいなものでもありふれたものでも、環境を大きく変え、それが私たちの行動を変えることになる。

経済学で使われる簡略化した手法が、このような世界で機能しないのは当然だ。マーケットが下落するなかでパニックを起こしている投資家の胃が痛い感覚を表現する公式などない。現象のなかには、計算既約であるために、理論にまとめられないものもあるということだ。そして、このことは人間や自然現象を理解したり説明したりするのに、演繹法では限界があることを意味している。

近代の新古典派経済学は、人間性を完全に無視して、特定の確率分布のなかで安定した選択をする代表的個人（癇癪も起こさなければ、予期しない医療費も発生しない）を使った数学的なモデルを好んで用いている。しかし、私たちの人生は、私たちが経験してきたことや背景を知らなければ理解できないし、仮にモデル化できたとしても、それは計算既約なのである。私たちの世界には創発現象があるため、システムのなかで行動する個々人を見ていても全体は理解できない。私たちのマーケットは、ルーレットテーブルに座ったギャンブラーがいるエルゴード性の世界ではない。私たちの環境は相互作用が起こったり、新しい経験が加わったりするたびに変化しているし、特に危機のとき（予想するか少なくとも理解することが最も必要なとき）はそうだ。このような限界を理解したら、私たちは果てしない未知の未知にあふれた世界、つまりラジカルな不確実性に取り組むことができる。

この四つの現象は、危機の謎を解明しようとしている人や、経済学者が二〇〇八年の金融崩壊に不意打ちをくらった理由を理解しようとしている人にとって非常に深い意味を持っている。ただ、主流派の経済学者の学術書や、大学の経済学入門の教科書を読んでも、このようなことはどこにも書いていない（エルゴード性はごくまれに載っているかもしれない）。経済学者が金融危機にうまく対処できなかったことについて、もともとの前提や実行やデータなどについて立ち止まって考えたり反省したりしてくれればよいのだが、それは彼らには無理なようだ。

危機のモデル化

社会的な相互作用や経済的な相互作用と、それらの経験が合わさると、私たちの知識に制約が生まれる。この制約は、複雑性の知識を必要とする経済理論を組み立てようとする試みを歪める。そこで、危機を研究するときにはこのような制約も考慮する必要がある。なくすことができないものだからだ。これらの制約は、もともと自然に存在していたものであり、危機のときはそれがより顕著になる。

それでは、この問題にどう対処したらよいのだろうか。これを克服するヒントはこの制約自体にある。この問題はカギとなる要素を取り除かなければ、なくすことも克服することもできない。私たちは、環境や自分と他人の関係を変えることができるような、意味のある相互作用を必要としている。もし私たち一人ひとりの行動が創発現象を生み出しているのならば、その前提で考えなければならない。本質的な動きを考慮せずに、たくさんの人の相互作用を架空の一人の代表的個人に置き換えても問題は解決しない。それに、もし計算既約であるくらい複雑な問題ならば、数学的な機械に適合するような単純化やルール化を無理に試みても、それは問題の本質から遠ざかるだけである。

このような制約に対処するためには、数学の公式や決まった確率に頼らずに、個人レベルからシステムレベルまでそこで起こっている動きを追跡していかなければならない。そのための手法は、複合科学の核となるコンピューターシミュレーションだ。このような問題で使われているシミュレーション用のアプリケーションは、エージェントベースモデルと呼ばれている。

この手法を使えば、経済学の考え方――世界は永続的かつ普遍的な経済行動によって成り立っているという公理に基づいており、個人には歴史も経験もなく、今日でも一〇世代前でも、地球でも火星でも、同じ行動をとる――を捨て去ることができる。現実の世界では、個々人が進む道は数学の公式や確率であらかじめ決まっていないし、全員が機械的な反応をするわけではないため、カギとなる関係がすべて固定されている普遍的なモデルを適応することはできない。

この問いは、答えを示唆している。私たちは、個人のモデル、つまり異質的個人から始めて、それらを相互作用させなければならない。そして、相互作用が人々の行動を変え、それが環境にも変化を及ぼすのを許容しなければならない。私たちは一人ひとりの道を、近道を探すのではなく、最初からたどる必要があるのだ。また、創発現象に気づくために、モデルを監視しておく必要もある。そして、エージェントベースモデルはこのような条件を満たす手法なのである。

本書は、金融危機に対する私の声明であり、新古典派経済の理論が現実の世界では機能しないことと、エージェントベース経済学という新しいパラダイムならばうまくいくかもしれないということを主張するものである。ただし、本書は次の二つには該当しない。一つ目は、本書は経済学やその手法の有効性のすべてを否定するものではない。本書は金融と危機について書いているが、これから書くことがそれを超える範囲に影響を及ぼすかどうかについては分からない。二つ目に、本書は「ハウツー」マニュアルではない。具体的なモデルを紹介するものではないということだ。私たちの複雑な金融の世界は公式を使った解決策を拒否している。簡単な道はないし、Aを入れたらBという答えが出てくるものではない。むしろ、エージェントベースの手法の強みは、問題に対してハードコード化された公理のような方法を用いるのではなく、機敏に対処できることなのである。

第2部　ヨハネの黙示録の四騎士

The Four Horsemen

第3章　社会的相互作用と計算既約性

地図は、A地点からB地点に行くという問題を簡単にするために作られている。通常、地図は縮小してあり、詳細を省いて実際よりも小さく表示してある。しかし、必ずそうしなければならないわけではない。少なくとも、アルゼンチンの偉大な作家ホルヘ・ルイス・ボルヘスの想像の世界では違う。

「あの帝国では、地図学は完璧の極みに達し、ある州の地図は都市ほどの大きさになり、帝国の地図は州ほどの大きさになっていた。しかし、しばらくするとこの桁外れの地図でも満足できなくなった地理院は、帝国と同じ大きさで実際と寸分違わない地図を作ることにした。しかし、先祖ほど地図学の研究に熱心ではなかった後世の人たちにとって、巨大な地図は無用の長物でしかなく、それを無慈悲にも厳しい自然の灼熱や極寒のなかに放置した。今でも西部の砂漠には、ずたずたになった地図の残骸があり、そこに獣や物乞いが住み着いている。これがこの国に残る唯一の地図学の遺物である」（スアレス・ミランダ「賢人の旅」第四部第四五章、レリダ一六五八年。スアレス・ミランダはホルヘスが創造した架空の人物）[1]

私たちは、実際にはスアレス・ミランダが語るような不思議なケースには出合わない。もし問題解決に対象領域と同じ大きさの地図が必要ならば、地図を作る意味はないため、地理学者は別の分野に注力することになるからだ。

しかし、もし対象となる領域より小さい地図が作れない場合はどうだろうか。その範囲に、目的地に着くために必要な情報で省略できるものが一つもない場合だ。そうなると、実際の道か、それと同じ大きさの地図をたどってみるしかない。もし地図が対象範囲よりも明らかに小さくならないか、その地図を使えば実際の場所に行くよりも速いか、効率的に問題を解決することができなければ、それは計算既約性を有するシステムなのである。

計算既約性の問題は、数学的な近道がなく、結果を知るためにはすべてのステップを実行するほかない。もしそれがどのようなシステムかを事前に知りたければ、モデルをステップごとに実行してコンピューター上で走らせてみるほかない。反対に、計算可約性のシステムは数式で表すことができ、すべてのステップをいちいち実行しなくても、手早く結果を知ることができる。[2]

数学は、計算既約性を有するシステムのなかでのみ機能する。公理や演繹的理論は近道を見つけるためのもので、一般的な結果を示し、問題を圧縮してその仕組みに関する洞察を与えることで、ステップごとに実行するという退屈な作業をしなくても解決できるようにしてくれる。例えば、弾道学の表の計算根拠となった数式を使えば、砲撃手は撃つ前に着弾地点を計算できる。しかし、ラッシュ時の渋滞に、あらかじめ最適な道を教えてくれる表はない。

何世紀にもわたる科学の進化を振り返ってみると、偉大な理論に共通した明らかな特徴は、計算によって解析解を求める近道を見つけたことがシステムの動きを理解する助けになったことであり、それによって科学者はそれまでのようにひたすら現象を観察し、記録し続ける労苦から解放されたのである。科学者でも地図製作者でも、この近道を実行するための主なツールは数学であり、彼らは法則の記述から始まる一般的な公理的構造を演繹的に応用してきた。

もし結果を得るために地図の行程を一歩ずつ進むしかないときは、それをできるだけ速く（実際にその場所に行くよりも速く）行うための手段がほしい。それが、二〇世紀の終わりに手に入った。物理学者でコンピューターサイエンティストのスティーブン・ウルフラムいわく「数学が今のような形なのは自然界を説明しなければならないからだという人もいるが、私は違うと思う」。実際の世界の多くの問題は、実際には微分方程式を解いて数学的な解析解を求めることはできない。しかし最近（コンピューターの出現）までは帰納的演算による数値解を求めるという方法は採れなかったのだから、自明ではなく計算可約でもない問題に対処するには、数学を使うしかなかったのである。そのため、学者たちが数学を適用できる問題を探すことに注力したのは自然なことだった（大工に金槌を持たせれば、すべてが釘に見える）。数学者と数学の力を信じる経済学者が長けていたのは、抵抗の多いところを避けて数学がなじみやすい分野を見つけることだった。ウルフラムはこうも言っている。「数学は、論証不能な問題に出くわさない細い道を選びながら進んできた」[3]

しかし、今、私たちは論証不能で計算既約性を有するたくさんの問題に対処できる機械を手に入れた。もちろん、金融危機という問題もこの範疇にある。

計算既約性の問題はどこにあるのか

このような問題の例を作るのは難しい。それでは実践的な例はどこにあるのだろうか。実はどこにでもある。実際、計算既約性とは、現実の世界の動的システムにおいては標準的なことと言ってよい。危機という複雑で相互作用が急速に広がるケースだけでなく、軌道が決まっている惑星の公転や、ルールどおりに点滅するオートマトンの世界でもそうなのである。

二体問題はニュートンの時代に解かれている。三体になると、計算既約性の群衆となる――三体問題

まずは非常に単純なケースを見ていこう。三つのエージェント（あるいは要素）から成るシステムで、ランダム性はなく、すべてが同じ単純で機械的な関係にあるとしよう。例えば、三つの惑星から成るシステムで、それぞれの相互作用は引力（二つの惑星の「質量

の積」に比例し、「距離の二乗」に反比例する）で決まるとする。惑星の質量は固定値なので、それぞれにかかる引力に関係のあるパラメータは惑星間の距離しかない。このシステム（系）においては、現在の位置と速度さえ分かれば、将来の特定の時期における位置を知ることができる。

一六八七年に、アイザック・ニュートンがこの問題を二つの惑星について解明し、三体問題に取り組み始めた。しかし、そこで壁にぶつかった（一六六六年に万有引力の法則を見つけた彼でさえもだ）。そして、それから二～三世紀、この問題に挑んだすべての数学者も同じだった。三体問題は、一七〇〇年代半ばから一九〇〇年代初めに、代数やそれ以外の標準的な関数を使っても解くことができないことが分かるまで、数理物理学の中心的な課題だったのである。

ニュートン以降、三体問題の解は三つの特殊なケースしか見つかっていない。一つ目はラグランジュとオイラーの解で、間隔が同じ惑星がメリーゴーランドの馬のように同じ点を中心に円軌道で回っている場合である。二つ目を見つけたのはブルークとエノンで、二つの惑星が三つ目の惑星の軌道の内側と外側を行き来するケースだ。三つ目はクリストファー・ムアの解で、惑星がアラビア数字の「8」の軌道を描いているケースだ。そのあと、スーパーコンピューターの出現によって、さらに一三のケースが判明した。[4] しかし、ほとんどの場合、三つの惑星の軌道を使うと複雑で明らかにランダムな軌跡になり、最終的には一つの惑星がほかの二つの引力圏から外れていくことになる。

三体問題は、ランダム性がなくても計算既約の状況に簡単に陥ることを示している。これは一見簡単そうでも、分析で解くことができないように見える。明らかな近道も、軌道を計算するための公式もない。[5] 通常、将来のある時点における惑星の位置を知りたければ、実際に観察するかシミュレーションで追跡していくしか方法がない。惑星が衝突するかどうか、宇宙の彼方に飛んで行ってしまうかどうか、周期的な動きをするのか、不規則な動きをするのかどうかを知りたければ、その軌跡をたどっていくしかないということだ。座標や期間を公式に当てはめて答えを出すことはできないのである。

三体問題は、大きくて全体的には不安定なシステムのなかでも、安定した部分が見つかる可能性を示している。もしあなたがこれまでに見つかっている一六のケースの一つの世界のなかで生きていて、外の世界とはかかわらないのならば、その安定性と扱いやすさを満喫してほしい。しかし、もしこのなかの一つと同じような世界を所与としてモデルを構築するならば、惑星が特別な条件の下で常に相互作用し合うのが自然なことである理由を説明できないと、その分析はあまり役には立たないことになる。

一見単純なシステムでも分析的な解析が機能しない例はたくさんある。しかし、三体問題が経済の系統に連なるのは、これこそウイリアム・ジェボンズが経済学の数学理論を構築しながら考えていた問題だったからである。一般に、経済学は数学を使うことでその安定性を主張しているが、それでは危機を説明するのに十分ではないという懸念を彼は持っていただけでなく、自身の理論には複雑な相互作用を説明したり分析したりする手段がないということも認識していた。そのなかで、彼は天体学の三体問題が三つの取引者による三つの商品の交換と似たような難しさを提起していることに気づいた。「もし人のモラルに科学的な手法を応用するならば、モラルの影響を計算するための算法が必要になる。これは天文学で惑星ごとの相互摂動を物理的に調査するようなことである。しかし、天文学でもまだ重力を持つ三つの物体の問題を完全に解明していないのに、三モラル問題の解決策はどこにあるのだろうか」[6]

三体問題は、標準的な経済手法の別の欠点も指摘している。経済学の世界では、解決策も安定性も得ることができるが、それは非常に限定的な条件下に限られる。これは、原則の規範に原理的に固執すると、すべての分析の意味が限定的になるのに似ている。経済学の世界では、荷台が馬を先導し、明快な解決策につながる制限や規制を見つけると、全員がその制限に合わせた行動をとることになっている。経済学者的に考えると、私たちは数学的に都合が良い行動をとる。条件や前提の規則性が解決策を誘導しているのである。もし全員がそのように行動し、物事も想定どおりに動けば、演繹法で答えが出る。しかし、現実の世界では通常、このような条件は整わない。だからこそ、危機に注目する意味がある。危機になるとすべてが白紙に戻るからだ。

似たような問題は、より複雑なモデルでも起こる。決定論的な非線形モデルでもカオスが発生するが、仮定した行動規則の下で個人の動きをシミュレーションするエージェントベースモデルでも、たいていは同じようにカオスが発生し、これは複雑性と呼ばれている。このようなモデルでは、ポジティブフィードバックの相互作用（一人の行動によって別の人が同じことをする可能性が高いこと）がカオスや複雑性の原因になっている。個人の経済活動に関する現実的で統合的な理論において、このような相互作用はよく見られる。数学者で経済学者のドナルド・サーリはこのことについて、「経済は、カオスに必要な材料を次々と提供してくるため、私たちはその珍しい動きに驚くのではなく、逆に常に安定しているモデルこそを疑うべきである」[7]と言っている。天体学の三体問題と同じように、サーリも三人の人と価格が常に安定しない三商品の経済について、すべてのケースで安定した一般均衡は望めないことを示す例があると書いている。[8]

ロケットマンとコンウェイのライフゲーム

一九四〇年代に、プリンストン大学の博識で知られるジョン・フォン・ノイマンが、自己複製機械の抽象的なテンプレートを開発し、ユニバーサルコンストラクタと名付けた。彼は、これをコンピューターではなくグラフ用紙のマス（セル）を使い、各セルがそれぞれ二九の内部状態に変わることができるものとしてシミュレーションを行った。彼のユニバーサルコンストラクタは、フォン・ノイマン探査機（自己複製できる宇宙探査機）の概念を生みだした。銀河系の辺境地に着陸して一〇〇機のコピーを自己複製し、それが一〇〇の方向に散って新しい世界を発見し、そこでさらに自己複製を繰り返して宇宙を探索すれば、機械のデザインにもよるが、飛躍的な効率性で宇宙を制圧することも期待できるという構想である。

ユニバーサルコンストラクタは、のちにプリンストン大学でジョン・フォン・ノイマンの名を冠した講座で教えることになるイギリスの数学者ジョン・コンウェイの関心を引き、彼の言葉を借りれば「一八カ月分のコーヒータイム」を費やしてその規則を修正し、簡素化していった。その結果できたのが、コンウェイのライフゲームである。[9] これは「ゲーム」と言ってもプレーヤーは一人どころかゼロ、つまりいない。最初にセルの条件を設定すれば、そのあとは操作もインプットもないまま進展していくからだ。まず、いくつかの単純な規則がある。マス目上のセルはそれぞれ二つの状態のうちの一つにある。生きていればマスは黒、死んでいれば白だ。各セルには隣接する八つのセルがあり、[10] 各セルの次世代の運命は、現世代で隣接している生きたセルの数によって決まる。

1. 生きているセルに隣接する生きたセルが四つ以上ならば、過密によって死滅する。
2. 生きているセルに隣接する生きたセルが一つ以下ならば、過疎によって死滅する。
3. 生きているセルに隣接する生きたセルが二つか三つならば、次の世代でも生存している。
4. 死んでいるセルに隣接する生きたセルがちょうど三つあると次の世代が育つ「誕生セル」の環境となり、次の世代は生きたセルになる。

図3－1　コンウェイのライフゲーム

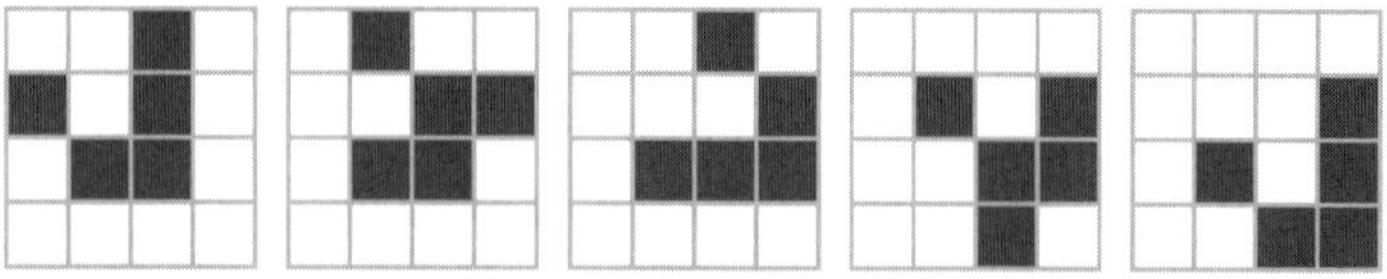

第一世代　第二世代　第三世代　第四世代　第五世代

左から右に世代が進む間のセルの推移。黒いマスが「生きているセル」で白いマスが「死んでいるセル」。どの世代でも、セルの生死は隣接する生きているセルの数で決まる。

1. 生きているセルに隣接する生きたセルが4つ以上ならば、過密によって死滅する
2. 生きているセルに隣接する生きたセルが1つ以下ならば、過疎によって死滅する
3. 生きているセルに隣接する生きたセルが2つか3つならば、次の世代でも生存している
4. 死んでいるセルに隣接する生きたセルがちょうど3つならば次の世代に生きたセルになる

図3－1は、これらの規則の応用例である。最初の配置は決まっている。第一世代から第二世代の間に、一番左のセルが死ぬ。隣接する生きたセルが一つしかないからで、同じことは一番上の行のセルにも言える。その一方で二つの新しいセルが生まれる。それぞれ死んだセルに三つの生きたセルが隣接していたからだ。第二世代から第三世代になると、前世代で生まれたセルの一つが死ぬ。隣接する生きたセルが一つしかなかったからだ。また、そのセルの右斜め下のセルは、隣接する生きたセルが多すぎて死ぬ。その一方で、二つの新しいセルが生まれる。このようにして、世代交代していくと第

五世代になる。これは第一世代と同じ配置だが、全体が一段下がっている。このマス目を広げていき、世代が進んでいくと、どこかで生きたセルにぶつかる。このパターンはグライダーと呼ばれている。これはライフゲームのなかでマス目を移動していく宇宙船と呼ばれるパターンの一つである。[11]

コンウェイは、このゲームを碁盤の白石と黒石を使ってプレーし、これらの規則が自己複製したり、自分よりもより複雑なパターンを生み出したりすることを発見した。つまり、これには自己複製だけでなく、より複雑な世代を生み出していく機能もあったのだ。ただ、この複雑さの度合いが分かったのは、プレーの場を碁盤からコンピューターに移してからだった。

最初に生きているセルを設定し、それ以外は死んでいるものとすると、何世代かあとにはすべてのセルが死に絶えるかもしれないし、新しいパターンが生まれたり変化したりしながら生き続けるかもしれない。通常、ある期間内にそのパターンが死に絶えるかどうかを予想するのは不可能だ。実際、ライフゲームはアラン・チューリングの停止性問題（すべてのセルが死に絶えるかどうかは、そうなるまでプレーし続けなければ分からない）の実例と言える。つまり、ライフという四つの規則で決まる二つの状態は、計算既約なのである。

フォン・ノイマンは、自己複製を目的としたユニバーサルコントラクタをデザインし、コンウェイは特定の目的を持たないセルオートマトンをデザインした。しかし、彼の観察によれば「それが何をするか予想できないのは、おそらく何でもできるからだ」。そして、実際それは何でも（少なくともコンピューターができることならば）できた。ライフゲームは、ほかのセルオートマトンと同様、計算手段の一つと考えられる。ゲームをプレーする前の状態は入力文字列で、そこに計算を実行するための指示が与えられている。プレーが始まってからのセルの状態は、出力文字列と見ることもできる。[12]それではライフゲームは何を計算しているのだろうか。実は、ライフは世界中のチューリングマシンが計算できることはすべてできるため、一般的なコンピューターとして使うことができる。最初の条件を正しく選択して、あとはライフゲームに任せれば、どのような計算手順でも実行できるのである。

ライフゲームは、定型化されたエージェントベースモデルでもある。セルはエージェントで、単純なヒューリスティクス（四つの規則）で作動している。この文脈で考えると、これはエージェントベースモデルのいくつかの特徴（詳しくは後述する）を示している。その一つは創発性で、簡単な規則が複雑な結果につながっている。このなかには、これらの規則から自然なこととも予想可能なこととも思えない結果も含まれている。どのセル（エージェント）も周りの八つのエージェントのみに反応し、二つの状態のどちらかになる。しかし、各セルの動きを合わせたシステム全体の結果は、変化に富んだ複雑なものになる。これは計算既約性の動きや数学理論の限界を示唆するヒントになり、このようなことに対処するための手法を教えてくれる。具体的に言えば、それは実際の動きをたどることによって、何が起こるかを知るということである。

結論

非常に単純なケースでも計算既約になり得るということを考えれば、人（つまり、経済の相互作用や人の経験がもたらす結果までの道のりを簡略化できる（計算可約である）わけがない。もし計算既約のものに真正面から対処しなければ、それは人間性の重要な側面を見落としていることになる。

経済学者が数学的な設定のなかでやっていくためには、計算既約性を持たないモデルを構築する方法を見つけることが重要なスキルの一つとなる。ただ、これはあまり簡単なことではない。対象が人間の場合、役に立つ近道につながる何かを見つけるためには、たくさんの微調整や簡略化が必要となるからだ。経済学者は明らかに単純でもエレガントでもない世界（要するに、人の結びつきによる世界）に、単純でエレガントなモデルを押し付けようとしている。そうでないと、数式が使えないからだ[13]。

描くことができない地図を描く代わりに、その領域の道をたどるのはあまりエレガントとは言えないが、現代ではそれがかなり可能になった。エージェントベースモデルはそれをするための方法の一つと言える。もし危機が起こる可能性があるのならば、危機を圧縮して簡略化や分析ができる形にしようと試みることはできる（うまくはいかないが）。簡略化できないシステムという考えは非常に単純だが、強力でもある。ライフゲームのように、単純で人工的な世界でもやってみなければ結末が分からないのであれば、なぜ危機の苦しみのなかにある経済のように複雑で相互作用し合うシステムに、実際にやってみもしないで対処できるなどと思うのだろうか。

第4章　個人と人波――創発現象

聖地メッカから約三キロ離れたミナに、膨大な数のイスラム教巡礼者が、長い列を作っていた。彼らは白い巡礼服を身に着け、砂漠の太陽を避けるために日傘をさしている人もいた。そのなかで、事故は起こった。細い道が交差する近くで群衆が立ち往生し、騒然とするなか、押し寄せた人たちが将棋倒しになって大勢の巡礼者が圧死したのだ。この惨劇は、群衆がようやく立ち去ったあと、白い巡礼服をまとった死体が積み重なっていたことで初めて明らかになった。この事故で、ハッジ（大巡礼）に訪れた二四〇〇人もの巡礼者が死亡したのだ。

この悲劇は二〇一五年のハッジで起こり、さまざまな非難が起こった。出口を塞いだ警備者の失態、「責任ある権限者が出した」案内や指示に従わなかった巡礼者の過失、もしかしたら言葉や教育の壁や巡礼者の幅広い文化的背景が、身動きできなかったり、衝突したりしたときに複雑で予測不能な反応を起こしてしまったのかもしれない。しかも、猛暑のなかで疲労が蓄積し、見知らぬ場所で方向感覚を失ったことが状況をさらに悪化させたと考えられる。

実は、二〇一五年のような事故は過去に何回も起こっている。そのため、サウジアラビア政府は、事故を防ぐ対策にこれまで何十億ドルもかけてきた。例えば、巡礼者が悪魔に見立てた石柱に石を投げつける儀式が行われるジャマラットの集会場を広げたり、巡礼地間のルートを整備したりしてきたのだ。過去にジャマラットで起こった事故も、二〇一五年と同じように、集会場に向かう道で起こっていた。一九九〇年にはジャマラットに続く歩行者用トンネルに巡礼者が殺到し、一四二六人が亡くなった。一九九四年にはジャマラットの二カ所で合わせて五〇〇人以上が、一九九八年にはジャマラットに向かう途中の橋で一二〇人、二〇〇六年にはジャマラット橋に向かう坂で約三五〇人が亡くなった。これらの悲劇で生き残った人たちは、押し倒された自分たちの上を多勢の人が逃げていったため、身動きがとれなかったと語っている。他人の上によじ登らなければ呼吸もできないような状況だ。もし一人が転ぶと、両方から押されて多勢の人がその上に覆いかぶさってしまうのである。

だれも将棋倒しを起こそうとは思っていない。火事になったビルから逃げ出そうとするときのパニックとは違い、密集はしているが、道に沿って歩いている人たちが、混乱に陥り、窒息死する状態に至る特定のきっかけや意図はない。明らかな原因がないなかで起こることなのだ。将棋倒しが始まる最初のきっかけは、満員のバスから降り立った人たちが、さまざまな方向から来る人たちの流れに合流するときや、同行者を待つために何人かが立ち止まるなどといった無害に見える行動がきっかけだったのかもしれない。

将棋倒しは、群衆心理よりも力学的な要素が大きい。増幅するフィードバックと連鎖で、動的システムに共通するドミノ効果から「クラウドクエイク」（群衆による振動）に至るまで、どの人も一見無害で、その近傍の状況を考えれば自然な行動をとっている。しかし、システム全体の効果は一人ひとりの行動の単純合計ではないし、支配者が大きな計画に基づいて一人ひとりの行動を指示した結果でもない。もしかしたら、一〇〇メートルくらい離れたところでだれかが少し押したり、疲れて少し立ち止まったりしたことが、増幅してローグ波（暴れ波）をもたらしたかもしれないのである。[1]

群衆パニックのような現象には創発現象という科学的な名前が付いている。これは個々の動きが全体に異なった効果をもたらす現象を指す。システム全体の動きは、システムを構成する個々のエージェントの動きとは違うということだ。私たちは、この現象を自然のなかで当たり前のように見ている。水の乱流が空に浮かぶ雲になるのはその一例だ。創発現象は、社会的な相互作用のなかでもよく見られる。例えば、ハッジでは、巡礼者が移動するときの事故を防ぐためにさまざまなメカニズムが用意されているにもかかわらず、群衆パニックが起こっているのだ。

群衆の押し合いがそのまま消滅する場合と、群衆パニックに広がる場合がある理由を説明する一般理論はない。群衆のなかではどの人も周りを意識しながら前進しているが、自分の行動が群衆のなかでどう伝播し、どう連鎖していくのかは分かっていない。だれ一人として自分と自分の周りで起こっていること以外、なぜそれが起こっているか分かっていないし、それを知ったうえで支配している力も人も意図もない。合理的期待仮説の一端である一貫性には反するが、全員がモデルを知らないし、知るべきモデルがないとも言える。

金融危機は、市場を抑制する手段がなくなったことで起きる創発現象である。ハッジでの群衆パニックと同様、自ら危機に参加しようとした人はいない。実際、個々の会社のレベルでは、多くがコストのかかる危機を避けるための賢い行動をとるつもりで判断を下している。しかし、局所的には安定していても、全体的には不安定な状況に陥るのである。

創発の定義——魚の群れの不思議

ハッジを取り巻くカオスについて書く前に、同じ力学に基づきながら調和と美しさを生み出している魚の群れを見てみよう。魚は、何千匹もが一つの塊のようになって同じ方向に移動している。そして、まるで合図に合わせたように方向を変え、形も変えながら泳ぎ続けている。群れはゆったりと広がったり、密集してスピードを上げたりしているが、リーダーはおらず、大きい魚が方向を決めているわけでもないし、だれかが群れ全体の三次元の配置やスピードを指示しているわけでもない。方向を変えるために叫んだり、新しい編成を他者に知らせたりすることもない。そうではなく、魚はそれぞれが自分の周りの状況に合わせて単純なルールで動いている。魚たちは、近くの魚と同じ方向を向き、彼らと一定の距離をとっているのだ。もし脅威がなければ、魚たちは餌場を広げるために周りの魚との距離を広げ、何かしら怪しげな状況になれば周りの魚たちとの距離を狭め、標的として小さくなるようにしている。[2]

この単純なルールが、個々の魚のルールからは予想できない群れの複雑な動きを生み出している。全体は個体の総数以上（少なくとも違うもの）になっているのだ。個々のエージェントの動き自体とは異なる相互作用から生まれたシステム全体の動きは、創発現象と呼ばれている。

休日のニューヨークのミッドタウンの街角を思い浮かべてほしい。どのコーナーでも人が集まり、信号が変わると道を横断していく。彼らは小さな流れを作ってあちらこちらに向かっていくが、ぶつかったり押し合いになったりはしない。彼らが直感的に従っているルールは、魚たちのそれとあまり変わらない（捕食されるリスクはないが）。自分と同じ方向に向かう人の後ろを、あまり近寄りもせず、あまり離れもせず歩いているのだ。だれも「ニューヨーク市の交差点を横断するときのルール」というパンフレットを配布されているわけではないが、ルールは単純で、全員が本能的にそれを知っている。信号が変わると一人ひとりの単純なルールが、大きな動きを生み出しているのである。

ルールを理解すれば、実際に観察するのと同じくらい簡単にこの創発現象をモデル化してコンピューターでシミュレーションできる。鳥の群れの動きは非常に複雑で滑らかに見える。巨大な群れのなかでは、何千羽ものムクドリが方向や形状を変えながら黒い雲のように移動している。鳥の群れは一つのシステムのように稼働しているように見えるが、実際には個々の鳥の判断で形成されており、それぞれが群れのなかのほかの鳥の動きに反応している。群れの行動をマクロ的なトップダウン型のモデルで構築しても、現実の状況とは違うものになる。群れの動きは、マクロレベルで見れば複雑で非線形的だが、システム全体を動かすプログラムで動いているのではないのだ。ところが、群れを現実的に、個々の鳥の周りの相互作用の集合体として見れば、驚くほど簡単に再現できる。創発現象の早期のシミュレーションを行ったソフトウェアエンジニアでアカデミー賞受賞者[3]のクレイグ・レイノルズは、人工生命体「ボイド」の群れの動きを三つの単純なルールに基づいてモデル化した。

1. **分離**　物体（ほかの鳥を含む）に近づきすぎない
2. **整列**　近くのボイドの速度と方向に合わせる
3. **凝集**　近くのボイドたちの中心と思われる位置に向かう

ボイドは、ライフゲームのセルオートマトンのように構成することもできる。各ボイドが隣接するマスのみを見て、単純なルールに従って行動するようにすればよいのだ。実際、ライフゲームのようなセルオートマトンは、創発のパラダイムを提供してくれる。システム全体の動きは、間違いなく個々のエージェントの行動の結果であるが、その特徴は複雑で入り組んでおり、個々のエージェントの単純なオンとオフのルールとはまったくかけ離れているように見える。実は、ライフゲーム以上に単純なルールのセルオートマトンでも、創発現象につながるパターンはたくさんある。[4]

私たちが注目している創発現象は、魚や鳥の魅力的なダンスでも、街角の人々の流れでもない。そうではなく、個々のレベルでは理にかなっていて通常は機能しそうなルールが、システム全体のレベルになると予想外のカオスをもたらす現象である。

複雑さと創発性

もし創発現象が起こったとき、エージェントは（魚でも鳥でも人でも）たとえそこに参加していてもそのモデルを理解しているわけではない。それぞれのエージェントが自分の周りの世界に基づいて行動し、自分のいる世界について完璧に分かっていたとしても、システム全体の効果はまったく別物だし、各エージェントが見ているもので決まるものではないからだ。相互作用の複雑さによって、全体のモデルは個々のモデルの集まりとは違うものになっている。各人はシステムのなかの自分以外の全員の行動を知る必要があり（それができれば大いに価値がある）、「各人は相互作用の意味合いを理解するだけの十分なデータを持っている」という前提から始めてもよいが、それは明らかに現実離れしている。仮に、全員がモデルに従って、正しいモデルに移行しようとすれば、それ自体がモデルを変えて新たな創発的相互作用が起こるからだ。システム全体のモデルは、各エージェントの観察に基づいた判断を観察し、それに合わせてエージェントと環境を変え、それを期間ごとに繰り返していく必要がある。それがエージェントベースモデルの手順の本質なのである。

ジョン・メイナード・ケインズは、この原則を理解していた。

重要な法則の特徴に関して通常、科学者が用いている基本的な前提とでも言えることは、物質的な宇宙のシステムには実体がなければならないと言っているように私には聞こえる……彼らはそれぞれが個別の独立した不変の効果を実践し、全体の状態の変化は毎回別の部分が変化して次の階層に影響するということを重ねた結果……それでも異なる階層の複雑さにはまったく異なる法則があるのかもしれないし、複雑さをつなぐ法則は、個別の部分をつなげた法則では説明できない[5]。

これは、創発現象を起こす相互作用に関するものであり、その根底にあるテーマは危機になると、これらの相互作用の規模や回数が増えていくということである。それはただ単に危機になると、平時のようにすべてをコントロール下に置き、マーケットへの影響を最小限にしようとする試み（つまり、影響のある相互作用をしない）が脇に押しやられてしまうからだ。

創発は、参加者全員が自分は理にかなっていると考えることやリスクを管理できると思うことをしているのに、全体では悲惨な結果につながってしまう理由を説明している。私たち一人ひとりが思慮深くても、システムはまるで私たちが極めて思慮のないことをしているような動きを、見せることがある。私たち一人ひとりの世界が安定しているように見えても、システム全体では不安定になっていることもある。そのため、局所的には賢くても全体的には賢くない状況が起こり得るのである。

第5章　文脈とエルゴード性

私たちの世界がエルゴード的かどうかは、「歴史的経緯は重要か」、つまり「現在の状態に至る経路を知る必要があるか」という簡単な質問をすることで分かる。実は、このことは物理的なプロセスにおいてはほとんど重要ではない。世界の現状を把握するには、各粒子の位置と速度が分かれば十分で、そこから観察を始めればよいからだ。粒子Cが今の場所にあるのは、粒子Bではなく粒子Aにぶつかったからだとしても、それはどうでもよいことなのだ。過去の経路に依存しないということは、とても重要な特性である。それが成り立たなければ、物理の法則を応用して世界の仕組みを理解したり予想したりすることができなくなる（つまり、過去を追跡しなければならなくなる）。そして、まったく新しい状態に直面したら、何もできなくなってしまうだろう。

私たちの物理的な世界を動かしている機械的なプロセスはエルゴード的である。プランクトンから昆虫まで生き物のランダムな動きなど、生物学的プロセスの多くもそうだ。しかし、私たちにとって経験や文脈が重要ならば、人間の性質が生み出すプロセスはエルゴード的ではない。将来は過去から推定できるものではないのだ。哲学者のルートウィッヒ・ウィトゲンシュタインは「私たちが世界の未来を考えるとき、今進んでいる方向に進み続けた場合に行きつくところを思い浮かべる。この先の道が直線ではなく曲がっていて、常に方向を変えながら進んでいくとは思わないものだ」[1]と書いている。

文脈は過去の産物である。私たちが人間関係を考えるときには「彼らのこれまでの経緯を理解しなければならない」と警告される。一方、私たちの物理的な存在については、現在の状態さえ分かっていればよい。

世界をどのように見るか、あるいは他人が言っていることをどのように理解するかは文脈によって変わってくるし、その文脈は私たちの経験や周りの状況によっても変わってくる。世界の日々の変化はたいていゆっくりしたものだが、確実に起こっている。私たちが生活のなかで何を望み、何を求めて何を犠牲にするかは一五歳と五〇歳では違う。ただ、人生経験からゆっくりもたらされる変化は、危機になると加速する。そして、危機を乗り越えると私たちは大きく変わり、次の危機に対する姿勢も変わる。
私たちの行動が世界に影響を与え（つまり、相互作用が重要）、その行動はそれぞれの異なる文脈に基づいているならば、今日の世界は一年前とは違う動きをしているはずだ。私たちが変わり、文脈も重要ならば、それは私たちの人生の道がエルゴード的ではないことを意味している。
エルゴード性は、「予測可能」という言葉をしゃれた言い方に変えただけだと思うかもしれないが、これは数学的な概念で、熱力学から経済学までさまざまな分野に応用されている。ただ、その定義や応用の仕方は分野ごとに若干の違いがある。これを実践的な設定で考えてみよう。もしあるプロセスがエルゴード的で、今の確率分布は一〇〇〇年後もほぼ同じであるとすると、過去のサンプルから将来の確率を判断できる。目隠ししてタイムマシンに乗せられて過去や未来に送られても、同じようなことが同じ確率で起こるので安心だ。経験で学ぶことはなく、課題に新しい視点で取り組む必要もない。いつでも同じ確率分布の環境で、一定の予測可能な結果が前回と同じ確率で起こるからだ。[2]
例えば、もし投資がエルゴード的な行為ならば、仮に二〇年間投資して結果を見るということを五回繰り返しても、富の分布は一回で一〇〇年投資した場合と変わらない。一世代の平均が何世代かあとの平均と変わらないからだ。しかし、それは現実とは違う。私たちは世界の歴史を巻き戻して何回も繰り返すことはできないのだ。『存在の耐えられない軽さ』のなかでミラン・クンデラは永劫回帰という課題を提起したうえで、主人公のトマーシュは人生はこの一回しかなく、エルゴード性と非エルゴード性の世界が隣り合っているということに気づく。人生は一回きりで、そこで起こった出来事を巻き戻すことはできないし、たくさんの人生を平均することもできないのだ。もしいくつかの異なる道を平均化するのではなく、一つの道を進んでいくのならば、すべてを失ってそこで終わりになる可能性もある。反対に、数学者のオーレ・ピータースは、エルゴード性の世界は、私たちの役割を単なる機能として位置づけるようなものだと言う。家や家族を失ったとしても、次の世代になればそれはすべて過去として忘れ去られ、新しい家と家族を得てそこから始めることができるからだ。[3]

エルゴード性のプロセスでは、同じ母集団から十分な期間のサンプルを抽出すれば、そのプロセスの根底にある性質（平均や分布）が分かると考えられる。また、どの世代でも同じ結果を示すため、どの世代のサンプルでも有効だ。

経済学では、世界はエルゴード的だと仮定している。[4]そうすれば、推定した期待値を長期的に使うことができるため、非常に便利だからだ。次に起こることは固定化された確率分布で決まっているため、歴史に関する知識はいらない。ルーカスは、この仮定について次のように書いている。

世界の出来事は、発生する確率が決まっており、同じことが繰り返されているだけだとする仮定が最も役に立つ可能性が高いのは、「リスク」の状況を扱う場合である。そこでは、出来事の進展を経済理論で説明できるからである……一方、不確実な世界では経済学的な推論は役に立たない……景気循環を本質的に似たことが繰り返される出来事として見るならば、エージェントは単なる周期的な変化を「リスク」としてとらえて反応すればよいし、エージェントは合理的で、情報を集め処理するしっかりとした体制はできており、その情報を使って未来は確かに予測できるし、システミックリスクは存在せず、バイアスは簡単に修正できることになる。[5]

人間はエルゴード的ではないが、私たちの世界は一本の道に沿って進んでおり、私たちにはその道しかない。その道を進みながら、その瞬間に経験したり相互作用したり世界の見方を培ったりしたことが、私たちの行動を決める文脈となる。この道をもう一度通ることはできないし、まったく同じカードが配られることもない。任意の地点に降り立って、そこから同じ展開を見ることはできないのだ。

まるでいまいましいロボットのようだ

エルゴード性は、力学の法則を順守する機械ならばうまく機能する。与えられたインプットに対して定義されたアウトプットを出すようプログラムされたロボットにも同じことが言える。そして、もし人間も機械やロボットと同じだと仮定すればそう言える。しかし、それはあまり良い仮定とは言えない。エルゴード的な人間がどのようなものかは、チャットボットのＭＧｏｎｚの会話を見れば分かる。

一九八九年に、ダブリン大学のマーク・ハンフリーという学生が、自分で書いたチャットボットのプラグラムをオンラインにしたまま帰宅した。その間に、アメリカのアイオワ州にあるドレイク大学のユーザーがハンフリーのアカウントに「finger」（ユーザー情報を要求するコマンド）を送った。すると、ハンフリーのプログラムは「クソみたいな暗号じゃなくてちゃんとした文章で書け」と即答した。そこからドレイク大学のユーザー「サムワン（だれか）」とハンフリーのプログラム「MGonz」の間で一時間半のやりとりが続いた。[6]

ＭＧｏｎｚが脈略なく頻繁に使うようプログラムされていたフレーズが、「もっと面白いことを書くか黙ってろ」だった。この会話が始まって一〇分ほどの間にこのフレーズが何回か使われたあとで、次のような会話が交わされた（接続スピードが遅いため、メッセージの一部は順番が入れ替わっている）。

ドレイク大学のサムワン　もっと面白いことを書くか黙ってろとは何だ。
MGonz　何のことだ。
サムワン　何度も「もっと面白いことを書くか黙ってろ」と書いてくるからだ。
MGonz　おまえは明らかにアホだな。
サムワン　黙れ。
MGonz　何のことだ。
サムワン　何なんだ。最初に「おまえは明らかにアホだな」と言って次に…

MGonz　何のことだ。

サムワン　「何のことだ」と言う。

MGonz　もういい。もうおまえとは話さない。

サムワン　このユーザーネームは二人で使っているのか。

MGonz　最後にセックスしたのはいつか。

……

サムワン　こういうバカげたフレーズをコントロールキーに登録しているのか（サムワンはMGonzが繰り返し使うフレーズはホットキーだと思っている）。

MGonz　もういい。もうおまえとは話さない。

サムワン　お前は何でも繰り返すいまいましいロボットみたいだな。[7]

サムワンが知らずに発した鋭い指摘は、やりとりが始まって二〇分ほどたった午後八時三一分に発せられたが、会話は九時四〇分まで続いた。

翌朝、研究室に戻ったハンフリーは、この対話のログを見つけて仰天した。なぜプログラムがこれほど長時間、人間を引き付けておけたのだろうか。これほど単純なプログラムが、どうやって相手に「いまいましいロボット」ではないと思わせることができたのだろうか。

ＭＧｏｎｚはエルゴード的である。それまでの会話に関係なく、どこからでも会話を始められる。実際、どこまで話したかを知る必要もないし、相手が同じ人かどうかさえ関係ない。ＭＧｏｎｚは次のコメントを待って、それまでの文脈に関係なく反応しているだけなのである。

理由は、ＭＧｏｎｚが文脈を必要とせずに作動していたことにある。会話のどこの部分でも使える反応をするように作られていたのだ。すべての返答は直前の質問のみによって決まり、それまでの会話は考慮しない。時には直前の質問にすら関係なく、突如として毒舌や非難を繰り出すこともある。このような特性（ひいては多くのうまくできたチャットボットプログラムの特性）は、文脈を考慮せずに返答を返すことなのである。ＭＧｏｎｚが機械的に作り出す文章は、会話のどの時点でも使える。つまり、相互作用があるとも言えるが、それは何の変化も動きも生まない相互作用でもある。ＭＧｏｎｚは、これを人間関係に依存しないような会話に集中することで行っている。それが、口汚い言葉や容赦ない攻撃や相手の性生活に関するランダムな質問だったり、ときどき「サムワンはウソつきだ」と断言したりすることなのである。例えば、会話の後半でＭＧｏｎｚは「最近いつセックスしたのか」と送ると、サムワンが「信じられない」と反応した。このようにどう答えてよいか分からなくなると、ＭＧｏｎｚは「おまえは明らかにアホだな」「もっと面白いことを書くか黙ってろ」などという言葉を繰り出すのである。

私たちもこのような会話を聞いたり、行ったりすることがある。サムワンが席を外して五分後に戻っても、内容は変わらない。言い換えれば、これはまったく会話とは言い難い。方向性がないし、一つひとつのフレーズが別の人から発せられていても分からない。つまり、相互作用によって発展したり、構築されたりするモデルではない。それはダイナミックではないのだ。こうした特性は、「状態依存ではない」と呼ばれている。このような会話では、今が流れのなかでどの時点かを知る必要がないし、どこからでも加わることができる[8]。

人間にとって、文脈は内容と同じくらい重要だ。もし会話を中断して三〇年後に再開したら、同じように続けることはできない。人は経験によって人生が変わっていくもので、それが非エルゴード性ということだ。機械のモデルは、実在する不安も恨みも子供時代の経験も反映していない。動機や行動が以前の会話の影響を受けていることを考慮したり、相手の関心や感情を感じ取ったりすることもない。利己主義と利他主義や、スピリチュアリティと快楽主義の間を揺れ動くこともない。人間の相互作用のこのような側面は、経済モデルの世界では均一化されている。ただ、均一化が小さな判断を下すときのバックグラウンド放射線程度の影響しかないならば問題ではないかもしれない。しかし、危機の最中の文脈ならば、注目しなければならない。

理屈と文脈

コンピュータープログラムは、特定の順番で操作を行う命令を曖昧さのない形で出す。つまり、コンピュータープログラムの「意味」は世界共通だ。二台のコンピューターに同じ命令を与えれば、同じ情報処理を行って同じ結果が出る。コンピュータープログラムに曖昧さがないのは各文に唯一無二の意味が与えられているからだ。もしコンピューター言語の文が曖昧ならば、エラーになる。一方、人間の言葉は非常に曖昧で、状況やムードによって意味が変わる。私たちは、この曖昧さを解読するため、文脈と合わせて本当の意味を探っている。文脈は、「これはどこから来たものか」「なぜ彼はこんな質問をするのか」「あなたはここで何をしているのか」といった質問を通じて作られていく。

もし私たちが人間であるということからスタートすると、文脈によって決定される曖昧さは特性と言える。しかし、私たちが論理で動く合理的な存在であることからスタートすれば、それはバグになる。カーネマンとトベルスキーは、人を合理的な存在と仮定することができない理由を解明した。合理的とはルールや理論に合わせて判断を下すことだが、二人は論理的に同じ質問を異なる形で出すと異なる結果が出ることを発見したのだ。彼らはこのようなケースの目録を作り、人間がバイアスやパラダイムやそのほかの仕掛けに弱い傾向を明らかにした。これは本来合理的で論理的に一貫した行動をとるとされる人間（ヒト）が、異なる文脈でどう行動するかを観察して分かったことで、論理の支配が文脈によっていかに崩されるかということを示している[9]。

人間の場合、問題は理論を文脈（言葉の使い方や基準など）と分けて考えられないことにある。例えば、ミック・ジャガーが「アイ・キャント・ゲット・ノー・サティスファクション（I can't get no satisfaction）」と歌うのを聞いて本当に彼が満足を得られたと思う人がいるだろうか。論理学者のように構文解析を行えば、文脈がなく、その人の話し方の傾向も分からないとそう思うかもしれない。その人の言葉の使い方や会話の様式は、文脈や基準が重要であることを示す最も明らかな例とも言える。もしだれかが「友人または親戚しか招かない」と言ったら、友人でかつ親戚の人は招かないと思う人がいるだろうか（この場合は「友人や親戚」と言ったほうが誤解がなかった）。これも論理学者のように解析するときには考慮すべき点だろう。この二つの例は単純だが、パラダイムやそのほかの要素に基づいた矛盾を使って論理の失敗をうまく表している。

文脈を無視することによる問題の典型的な例は、トベルスキーとカーネマン（一九八三年）によって提起され、ギーゲレンツァー（二〇〇八年）によって批判された次の質問に見ることができる。

リンダは三一歳の独身女性で、とても頭が良く、率直な物言いをする。彼女は大学で哲学を専攻した。学生時代は、差別や社会的正義について深く考え、反核デモにも参加した。さて、可能性が高いのは次のどちらか。

A．リンダは銀行の窓口係

B．リンダは銀行の窓口係で女性解放運動に積極的にかかわっているアメリカの大学生のほとんどは、Bと答えて論理的思考のクラスの成績がFになった。しかし、文脈を考えてみてほしい。リンダに関する細かい情報が与えられ、そのどれもリンダがフェミニストだと示唆している。現実の世界では、これがそのあとの文脈となる。私たちは突然ギアをシフトせず、世間話から論理問題の解析に入っていく。論理学者かアスペルガー症候群の患者でなければ、「可能性」という言葉を「これまでの説明でリンダがどのようなタイプの人間と推測されるか」と解釈する。この質問のなかで、銀行の窓口係というのはほかかとは無関係な情報であり、現実の世界で人は文脈からどれが無関係なものかを理解し、それを取り除いていく。

もしあなたが論理学者ならば、リンダに関するすべての説明を読まなくても質問に答えられる。この問題は、「A、または、AかつBでは、どちらがより可能性が高いか」という質問に置き換えることができるからだ。理論家は説明によって分かる文脈を必要としないのである。

形式理論のパラダイムがうまくいかない理由は、人が論理的でないことではなく、理論が示すことが文脈と一致しないことにある。カーネマンとトベルスキーの研究の多くは、人が理論的に考えられないことよりも、実践的な手段としての形式理論の失敗に注目していた。大事なことは、私たちが論理で判断するのではなく、文脈に依存しているということだ。もし人間が理論どおりに動くなら、その行動は一貫したものになるが、実際の行動は見えている世界とそのときの状況に左右されるのである。

私たちはコンピューターではないし、私たちの好みは線形の関数では表現できない。経済学の世界に参入した数学者は、最初はいくつかの公理から始めた。それが数学的なアプローチだからだ。この公理の一つ（あるいはこの公理を使うために必要な前提の一つ）が、人は数学者のように考えるということだった。しかし、この前提から始めた新古典派経済学者は、人の実際の考え方を考慮していないだけでなく、人の考え方がその人の環境や判断過程と結びついていることも見逃していた。

経済学者たちは数学的なアプローチに従い、認識能力の制約がないものとして、数学者が取り組むような意思決定の問題をだれでも解く（一種の最適化をする）ことができると仮定した。しかし、全員が必ずしもそれができるわけではないことに気づくと、少し譲歩して人は制約（限られた時間、情報、計算力など）のなかで最適化問題を解くものとした。ただ、そこで計算力に問題があれば、条件付き最適化は間違った結果を導き出す。これは一般的に制約ありの最適化問題のほうが制約なしの最適化問題よりも解くのが難しいからだ。しかし、間違った公理が与えられている場合、ほかに何ができるだろうか。

私たちは、人間（数学者を含めて）についてさほどよく理解していなくても、このような複雑でたいていは解決不可能な問題を実際には解いていないということに気づくことができる。そのため、最適化派は「あたかも」モードに移行した。「他人が本当にどう思っているのかは分からない（分かりたいとも思っていない）が、私たちの公理を調整してあたかも最適化しているとみなすことにしたのである。もしこの問題を解けば、たとえどのような思考過程がその行動につながったのかが分からなくても、他人がどのような行動をするかは理解できる」というのだ。

初期の行動経済学も、この数学的パラダイムの引力から逃れることはできなかった。意思決定は制約ありの最適化と比較されるが、逸脱すればアノマリーとみなされる。今日標準となっている新古典派のパラダイムを考えると、もしかしたらそうせざるを得なかったのかもしれない。しかし、学界政治は別として、数学の世界でうまくいく公理は現実にはそぐわないのではないかと疑問視したほうが良いのではないだろうか。いっそのこと人々が黒点と占星術に基づいて意思決定を行う原理を主張し、次にその占星術の解から逸脱する例を列挙することで、経済学の新しい分野を始めたほうがよいくらいだ。もしこのような公理を非難されても、そういう行動をとる人たちがいる証拠はいくらでも挙げられるし、私の知るかぎりそれは最適化派の理論に従う証拠よりも多い。人が実際どのように考えるか（明らかに経済学よりも心理学の研究分野）、つまりヒューリスティクスが、最適化とはまったく違う経験則を使っていることは分かっている。

危機と文脈

経済学が人間の本質的な性質を無視してうまくプログラムされたロボットのように私たちを扱っているのならば、それはどこまで進歩したのだろうか。もしかしたら、見た目ほど進んでいないのかもしれない。経済分析の多くは、同じような生活が続く日常の時間枠に固執している。しかし、危機になると、その影響が拡大して、限界や欠点が露出する。平時には陰に隠れていた経済学の欠陥が明らかになるのだ。ただ、このような失敗は、行動経済学や非合理性やアノマリーのせいにして切り捨てることもできる。

完璧な真空のなかでは、羽と砲弾が同じ速度で落ちる。ほぼ引力のみが働くからだ。しかし、現実の世界では空気や風の抵抗がある。もしかしたら経済学でも全般的に同じことが言えるのかもしれない。特に、危機になるとさまざまな矛盾が露呈する。物理学では空気抵抗は可能な交絡因子として理解されているが、経済学では人間性についてそのような理解がない。あるいは認識されていても、難しすぎてモデル化できないため、公式から外されている。

文脈の変化は、平時の投資よりも危機のときに重要なことのなかに見つかる。危機のときに重要なのは相対的な価値でも、相対的な期待利益のわずかな差でも、サプライチェーンの縮小でもなく、流動性とリスクである。だれもが高リスクの資産や流動性が低い資産を投げ売りして、質の高い資産（流動性が高く低リスクの資産）に逃避しようとするのだ。そして、このときほかの要素はどうでもよくなる。そして、これらのことをすべて含めたモデルを構築するためにあらゆる工夫をしても、それ以外の文脈変化をいくらでも挙げることができる。それらをすべて考慮していたら、もう経済学では対処できない。それはむしろ人間の心理モデルなのである。

このような問題が回避できないならば、経済学に科学的手法を取り入れる必要性はもう失われている。経済学はまるで私たちがＭＧｏｎｚのような「いまいましいロボット」のように文脈のない世界に生きているものとして合理的な行動や選択を想定している。しかし、実際の人間にはさまざまな欠点がある。もしかしたら、その特性は短期的には、あるいは安定した世界では問題にならないのかもしれないが、危機というのはそういう世界ではない。ここからは、危機という厳しい環境を使って標準的な経済学の手法の限界を探っていこうと思う。

第6章 人間の経験とラジカル（根源的）な不確実性

イラク戦争のとき、当時の国防長官だったドナルド・ラムズフェルドは、アメリカの軍事戦略についていささか不遜とも言える「未知の未知」という言葉を使った。この概念は、金融界ではこれを提唱した経済学者にちなんでナイトの不確実性と呼んでいる。また、これをより広義にとらえたのがラジカルな不確実性である。これは驚き、つまり予期しない結果や出来事を述べたものであり、それらは想定外のことなので確率分布に入れることができない。そして、モデル化もできない。[1] 私たちはこの種の不確実性をモデルのエラーのせいにしようとすることもある（つまりモデルがそれを予測できるとは実はだれも思っていない）。そして、想定外の出来事によって目標が若干以上動いたときは、目標自体を再設定してしまうこともある。そうなると問題は、簡単に言えば、最初はモデル化できないと思っていたものをどうモデル化すればよいのか、ということになる。

もしラジカルな不確実性が私たちの通常の経験のどこかで発生するのならば、それは危機のときに起こる。実際、混乱が起きているときは、ジェファソン・エアプレインのグレイス・スリックが歌っているとおり「論理も分別も吹っ飛んだ」状態であり、これこそが危機の定義なのかもしれない。しかし、ラジカルな不確実性は私たちの人生で普通にあることとも言える。定義された状態や確率に適合している世界など、ギャンブルの世界以外ほとんど存在しない。ラジカルな不確実性は、もともと人間の存在の一部なのである。

ラジカルな不確実性の最も劇的な形は、まったく兆候がない出来事が起こることだ。[2] この定義は、鳥やトカゲや昆虫の世界にも見ることができる。考察にあたっては、これらの領域に絞ったほうがイメージしやすいかもしれない。しかし、まずは人間の自己言及的な性質から来る受け入れがたい不確実性、つまり私たちの想像を超えた経験が現実のものとなるという事実に取り組むことにしよう。私たちは自分が内面化できないような経験をして、自身が変わってしまうこともあるだろう。あるいは、ラジカルな不確実性を生み出し、自分に有利になるよう環境を予期しない形に変えようと意図的に行動するかもしれない（例えば、戦争中のように）。

知識の限界――自己言及的な自己（知ることができないことからどのように学ぶか）

すべての問題に、答えがあったらよかったのにと思う。たとえそれを見つけるのが難しくても、まだ見つかっていなくても、だ。もしかしたら、私たちが小説やコンピューターゲームや映画のなかの夢の世界を楽しめるのは、行動が必ず結果に結びつくからである。しかし、知られていないものは何も知ることができないし、見せられていない物は見えないと、ビートルズも歌っている。また、知らないから見えないものもある。私たちは生来すべてのことを知りたいとは望むものの、私たちの知識は、私たちが相互作用を行ったり経験したりできる範囲にとどまっているのである。しかし、こうした限界――つまり、もともと知る由もないものを知ろうとはできないこと――がないとしたら、危機というものを理解することもできないだろう。私たちは、あらかじめ振る舞いが決められているシステム（公理から演繹的に導出されたシステム）や、個々の構成要素からシステム全体まで継ぎ目なくスムーズに動くシステムや、カジノのルーレットのようにすべての状態が完全に定義され、確率分布も分かっているシステムを持つことはできないのだ。

私たちには、どうやっても知ることができないことがあり、それが私たちの知識の限界を決めている。ラテン語の ignoramus et ignorabimus（われわれは知らない、知ることはないだろう）だ。このなかには論理に関連することもある。一貫した自己完結型の数学的システムを生み出すことができない（不完全性定理）から分からないこと、アルゴリズムからもたらされた決定不可能性の問題（停止性問題）があるから理解できないことなどだ。それ以外に、プロセスや物理的な世界に関連することもある。対象に関与すれば、それが対象の状態を変えるから分からないこと（不確定性原理）、システムの変化を描写するためには物理的な能力以上の正確さが求められるから分からないこと（カオス）、私たちのモデルが私たちが実際に観察することを予測できないから分からないこと（創発現象）などである。ただ、それでもみな確率を使いたがる。しかし、確率分布を設定できないから分からないこと（非エルゴード性）、今後起こり得る出来事を推測できないから分からないこと（ラジカルな不確実性）などもある。

何が私たちの知識の限界なのだろうか。私たちが知ることができないことをどうやって知ればよいのだろうか。この種の疑問は、過去一五〇年間、一流の哲学者や数学者や物理学者を悩ませてきた。とてつもない数の頭脳が、分からないことのなかでも最も核心部分を熟考するという課題に挑み、そこから人間の存在に関する数多くの名言が生まれた。

ゲーデルの不完全性定理

一九〇一年、イギリスの理論学者で哲学者のバートランド・ラッセルが一〇年間に及ぶ精力的な研究の末、一八〇〇ページに及ぶ極めて難解な数学書『プリンキピア・マテマティカ（数学原理）』を書き上げた。この研究で、彼は共著者で恩師の数学者アルフレッド・ノース・ホワイトヘッドと共に「純粋数学は純粋に論理的なもので、論理学で定義できる概念のみを用いて記述できる」ことを示そうとした。この本の目的は、数学のすべて（なぜ1＋1＝2なのか）に正式な理論を提供することであり、すべての前提が初期公理の組み合わせで明確に証明できるようにすることだった。ラッセルはこの難解で読むのが大変な書物について次のように語った。「私はこの本を後半まで読んだ人を六人しか知らない。そのうちの三人はポーランド人だったが、そのあとヒットラーに殺された（と思う）。あとの三人はテキサス人で、彼らはこれを理解した[3]」

この本の原稿は、複雑な数学記号を正しい大きさで表示するために手で書く必要があり、最終原稿は膨大な量に上り、複写もできず、小型トラックで出版社に運び込んだ。彼は執筆中のエピソードとして「散歩に出るたびに、家が火事になって原稿が焼けてしまうことを恐れていた」と語った。ケンブリッジ大学出版は、この本は出版しても赤字になるだろうと予想していた。王立協会が経費の一部を支援してくれたが、ラッセルとホワイトヘッドはそれぞれ五〇ポンド拠出したため、一〇年間を費やした大作の収益は結局、毎年五ポンドの赤字だった。[4]

これは偉大な本だったが、その最大の功績は発行から二〇年後に、オーストリアのクルト・ゲーデルが取り組んでいた超数学の研究材料を提供したことだった。ゲーデルはヒットラーのユダヤ人迫害を逃れてシベリア鉄道でソ連を抜け、日本を経由してサンフランシスコに行き、プリンストン高等研究所で職を得たが、彼はポーランド人でもテキサス人でもなかった。彼は、一九三一年に発表した「『プリンキピア・マテマティカ』とその関連体系における形式上決定不可能な命題について」という論文のなかで、ラッセルとホワイトヘッドがひたすら追求し続けた目標が達成不可能だということを証明した（この論文は、数学と理論学における歴史的な成果の一つと言えるもので、これだけでも十分素晴らしいが、実はゲーデルが教員の資格を得るために提出した論文の一部として書かれたものだった）。

ゲーデルは、数学の体系のなかですべての問題を解くことは不可能だということを証明した。ゲーデルの基本テーマの特徴は、学生用の難問に含まれる矛盾に見ることができる。例えば、紙の表には「この紙の裏に書いてあることは正しい」、裏には「この紙の裏に書いてあることは正しくない」と書いてあるようなことで、この矛盾を解消することはできない。あるいは、「この文は証明できない」[5]という主張はどうだろうか。この文が正しいことを証明すると矛盾してしまう。しかし、この文が間違っていることを証明すると、逆が正しいことになり（つまり証明できる）、やはり矛盾してしまう。

この二つの例の矛盾のポイントは、自己言及していることである。このような自己言及は、ゲーベルの証明の要であり、彼は文のなかに別の文を埋め込んでいた。ある程度の内容があるシステム（例えば、計算の公理）は、一貫性がない場合のみその一貫性を証明できるのである。

この問題はラッセルとホワイトヘッドを悩ませ続けた。一九〇一年末にラッセルが『プリンキピア・マテマティカ』の草稿を完成させ、最終段階に入ったころ、この種の一見単純な矛盾が幾度となく作業を中断させた。ラッセルは「大の大人がこのようなささいなことに時間を割く価値はないと思うが……ささいなことであってもなくても、これは難問だ」と書いている。この問題によって『プリンキピア・マテマティカ』の執筆は一〇年近く長引いた。ただ、その苦労のかいなくラッセルとホワイトヘッドは重要な点を見逃していた。この一見ささいな矛盾は数学と理論学の核心部分に根差しており、完全な数学体系を構築することの限界を示す明らかな例だったのである。

チューリングの停止性問題

ゲーデルはイギリスの知ったかぶり屋を論破したが、彼の本当の相手はラッセルとホワイトヘッドではなく、二〇世紀初頭の数学界で指導的立場にあったダフィット・ヒルベルトだった。

ヒルベルトはドイツ人で、ゲッティンゲン大学で教えながら、数学という閉じた宇宙のなかで決定問題の解を探していた。数学的文章を証明するか反証する体系的な手順やプログラムがあるのかという問題だ。ヒルベルトが言う体系的な手順とは、コンピューターが処理できる手順だが、もちろん今日のコンピューターとは別物だ。第二次世界大戦中にマンハッタン計画で使われていた洞窟のような「コンピューター」ルームでは、大勢の女性職員が指示書を受け取り、初歩的な計算機を使って計算し、別の紙に答えを書いて提出するという作業を繰り返していた。ちなみに、これらの指示を出し、結果をコンパイルしていたのがほかならぬ物理学者のリチャード・ファインマンだった。当時は、この事務員のような仕事をしていた女性たちがコンピューター（計算する人）と呼ばれていた。確かに計算していたのは彼女たちだった。ただ、彼女たちはタスクの内容を知る必要はなく、与えられた指示をミスなく処理していればよかった。ヒルベルトは、連続的に処理する機械的手順を考案し、最終的にはどのような数学的命題も証明してイエスかノーの決定を下すことを目指して、大規模な数学的アプローチを提唱した。そして、当然ながら機械的な手順を目指すならば、そのための機械を開発すればよいと考えた。それが、人間の「コンピューター」が行っていた機械的なタスクと同じ手順を行う「コンピューティングマシン」（計算機）である。[6]

チューリングは、これを自ら実現することにした。彼はどのような命令でも入力すると忠実に処理し、結果を返すというコンピューターの概念的なデザインを考えた。チューリングの同僚のアロンゾ・チャーチ（彼もチューリングとは別に、ヒルベルトの問題が解決不可能だということを示した）は、これをチューリングマシンと名付けた。チューリングは、そのマシンに一連の指示を追加し、これは処理中も変化しないものとした。これらの命令はあらゆる計算を処理できるため、万能計算機（ＵＣＭ）、または万能チューリングマシン（ＵＴＭ）と呼ばれるようになった。

ＵＴＭは、現代のコンピューターの基礎となった金字塔的な成果と言える。ここには計算に必要な要素である読み込み、書き込み、データベース（チューリングは無限に近い長さのテープで保持することを考えていた）、計算の途中経過を記憶する短期メモリ、データベースの一部として内部で保有しているデータを処理するための命令などが含まれていた。ＵＴＭは、ほかのコンピューターができることはすべてできるため、チューリングはすべてのデジタルコンピューターは見かけは違っても基本的に同じだということを示したのである。

しかし、これはヒルベルトのプロジェクトの概念的メカニズムでもあった。チューリングはこのマシンにいくつかの課題を与えた。その一つが、任意の命令を処理している間にどこかの時点でマシンによって「０」が印刷されたかを判断できるかどうかという問題だった。これは印刷問題と呼ばれ、チューリングはそれが不可能であることを証明した。つまり、ゼロが印刷されるか否かを証明もしくは反証するような手順をマシンに体系的に設定することはできないことから、決定不能なのである。決定不能な問題はほかにもある。最も有名なのが停止性問題で、これは任意のプログラムについて最終的に答えを出して停止するか、永遠に計算し続けるかを事前に知ることができるコンピューターはないとしている。[7]

停止性問題は、ゲーデルの不完全性定理と似ているし、計算既約性とも関連している。コンピュータープログラムが停止するかどうかという問題の答えを得るための唯一の一般的な手順は、実際に走らせてみることだからだ。もちろん、それをしても決定的な答えが得られるとは限らない。プログラムを永遠に走らせないかぎりは、途中であきらめたり決められた演算時間が経過したすぐあとにプログラムが停止する可能性が残っているからだ。むしろ、停止性問題は道を最後までたどることができない場合があるという意味では、計算既約性以上の問題と言える。「もっと望むことを望めない」というのと同じように、あるコンピュータープログラムが停止するかどうかを別のプログラムを使って確実に決定することはできない。これは、将来の経験を考えることと関連している。「一連の思考が動き始めると、それがどこかに向かっているのかどうかはまったく分からない。もしどこかにつながっているとしても、そこにたどり着くまでそれがどこにあるのかも分からない」[8]。停止性問題は、ライフゲームのセルオートマトンのように最終的にセルがすべて死ぬか安定するかは実際そうなるまで走らせないと分からないものについては明らかだ。

ヒルベルトの墓石に彫られた碑文には、彼がドイツ自然科学者・医者協会で行った引退スピーチの結びの言葉が刻まれている。それが、「われわれは知らない、知ることはないだろう」という標語をもじって言った「われわれは知らねばならない、われわれは知るであろう」という言葉である。皮肉なことに、ヒルベルトがこう宣言した日は、ゲーデルが同じ会議で開かれた円卓会議で不完全性定理を地味に発表した翌日だった。彼は「内容的に正しくても、古典数学の形式体系では証明できない例を挙げることができる」[9]と述べた。ヒルベルトは、数学全体の「だれもが合意できる明確な基盤」を構築するためには最高の体系的手順の存在が必要になると述べた。ゲーデルは、円卓会議の翌日も会議に参加していたため、先のヒルベルトの宣言を聞いていた可能性は高い。このときゲーデルはどう思ったのだろうか。

ゲーデルの研究は、このような形式的な手順の基盤を揺るがし、今ではチューリングが、それが存在しないことを示している。もしそれが存在するのならば、すべての体系的な手順を実行することができるUTMがあることになる。しかし、チューリングは万能マシンがイエス・ノーを答えるタイプの数学の問題すべてに答えを出すことはできないことをすでに示している。また、チューリングの手法はヒルベルトのプログラムをヒルベルト自身の言葉を使って無効にした。ヒルベルトが思い描いた手順のための構成を提供したうえで、なぜそれが機能しないのかを証明したのだ。これは、ゲーデルの不完全性定理をより広範囲に発展させたもので、より直観的な基盤によるものだった。決定不能性の本質は、いくつかの簡単なステップで説明でき、ゲーデルの不完全性定理と同じく、結局は自己言及的システムの問題と関係がある。

ハイゼンベルクの不確定性原理

ゲーデルが数学と論理学という知的世界を征服する能力の限界を決定不能性命題によって示したわずか四年前に、ドイツ人物理学者のベルナー・ハイゼンベルクが物理学に関する研究の限界を描いた不確定性原理を考案し、もう一人の著名な知識人で、偉大な数学者のピエール・シモン・ラプラスの主張を覆した。一八〇〇年代初めごろ、ラプラスは惑星運動を純粋数学的で予測可能なものとして扱うために幅広く研究していた。そして、のちには自らの理論を微粒子の相互作用まで広げた。ラプラスは、微粒子にも惑星と同じように物理の法則が適用されると考えていた。理論的には、もし微粒子の位置と速度が分かっていれば、ほかの微粒子の影響を受けたときの軌道を追跡し、物理的な世界の経過を最も基本的なレベルで追跡できることになる。ラプラスは、それまでよりも正確な予測ができる世界を思い描き、物理の法則が自然現象をより詳細に、より先のことまで予想できるようになると考えていた。「自然現象を、最終的には微粒子の動きで説明できる」というのだ。

ゲーデルがラッセルとホワイトヘッドの研究にしたことと、チューリングがヒルベルト・プログラムにしたこと、ハイゼンベルクがラプラスの因果性の概念にしたことを見ても、不確定性原理は、幅広く適用され形而上学的な文脈で扱われているが、実は物理的実態を明確に定義し、単純かつ洗練された文章で記している。具体的に言えば電子の位置とその運動量の測定値の精度の積は特定の定数から大きく外れないということ、つまり電子の位置の測定値が正確になるほど運動量の測定値の精度は劣り、運動量が正確になるほど位置の精度が劣るということだ。[10]素粒子の世界で言えることは、程度は違うものの、顕微鏡で見えるスケールの世界でも言える。位置も速度も測定することで物理的な性質が変わってしまうため、完全な精度で測定できるものはない。もし現在の状態が正確に分かれば将来を計算できることになるが、その現在すら正確には分かっていないのである[11]。

このような測定の限界は、予測の限界を意味している。結局のところ、現在についても完全に知ることができなければ、間違いなく将来も予測できない。ハイゼンベルクはこのことを念頭に置いて、これから発表する論文について興奮のあまり「因果律を反証できたぞ」と叫んだ。ハイゼンベルクの研究による認識論の外挿は、問題の根底には人間、さらに詳しく言えば人間による自然現象の観測にあるというものだった。つまり観測することで必然的に自然現象に影響が及ぶため、その現象を客観的に理解することはできないということだ。ハイゼンベルクの原理は自然固有のことではなく、人間が自然を観測して見つけたことであり、人間が実験の一部になってできたことだった（ある意味この不確定原理はゲーベルの決定不能性命題のような自己言及的なものと言える）。ハイゼンベルクの不確定性原理の意味はすぐに認められ、彼の名を広めた。そして、この原理は量子力学の域を超えて簡単な例えとして広く使われるようになった。

自己言及的システムと再帰性と人間の苦境

ゲーデルやチューリングやハイゼンベルクは、自己言及的システム（証明にそれ自体を使うシステム、または観察者が観察対象の一部であるシステム）から発生する知識の限界という側面を示した。人間は社会的な環境や相互作用の一部であるため、結局は自己言及的なのである。言い換えれば、人間は自分で自分の経験を作り出し、それが社会環境や相互作用の性質を変えていく。人間のモデルを構築しているのは人間なのである。人間と自然界の根本的な違いはここにある。私たちは見たものを変えていく。そして、変えたものが、私たちの見方を変えていくのである。

このことは、哲学者や歴史家も逃れることができない。一九二八年のトマスの公理「もし人が状況を真実であると定めれば、その状況は結果において真実になる」や、エドワード・ギボンが『ローマ帝国衰亡史』で書いた「何世代にもわたって、予想はそれ自体の達成に貢献してきた」という言葉について考えてみてほしい。個人の考えはその人の行動につながり、その行動によってその考えを確認することにつながっているのである。

私たちが言ったり考えたりすることは、自然界の作用や自然科学の原理の有効性とは関係がない。私がどれほど真面目でも宗教的でも、そのことが自然界の法則を変えるわけではないからだ。しかし、私の考えや行動は、自然界の現実には影響を及ぼさなくても、人間の領域の現実には影響を及ぼす。マルクス主義やフロイト主義やカルビン主義といった重要な運動は、実は自然の必然性や法則ではなく、人がこれらの理論にどう反応するかによって決まる。私たちはこれらの理論の対象であり、その理論によって行動を修正したりしなかったりするからだ。

これが、ジョージ・ソロスによって三〇年前に経済学の世界に紹介された再帰性という重要な概念の基本的な考え方である。[12] ただ、これは経済学の世界でかなり明らかに無視されてきた。私はこのことに唖然としている。ソロスの再帰性理論の説明を読んで無視できる経済学者がいることが不思議でならなかったのだ。もしかしたら、この考えは自然科学を模した現在の経済学のパラダイムやトーマス・クーンの言う通常科学のあとをついて歩くのがやっとの経済学者たちにとって、あまりにも破壊的だったからかもしれない。ただ、私は再帰性が無視された最大の理由について、これを提唱したソロスが億万長者だったからだという考えも捨てることができない。素晴らしい成功を収めた実業家が本格的な哲学者でもあるということに、経済学者たちは混乱を来したのだ。素晴らしいインテリはセーヌ川のほとりのカフェで書き物をするものだと言うつもりはないが、それが世界有数の金持ちで、特に彼の金融界での成功が哲学の研究を基盤としていることを認める心構えは、経済学者にはまだできていないのかもしれない。論より証拠という諺は、経済学ではあまり当てはまらないのだ。

再帰性については、あとでさらに幅広く見ていくが、ここでは自己言及的フィードバックのサイクル（例えば、人の考えと行動）に関する概念を見ていこう。これは、さまざまな点で哲学と関連しているが、ソロスの言う再帰性は特に、経済を観察することが行動を変える考えにつながり、それが最終的に経済自体を変えることになるということを指摘している。

ソロスは、この概念を二つの原則に基づいて応用している。一つ目は可謬性の原則で、個人の「見方はバイアスがかかっているか一貫性がないかその両方」だとしている。二つ目は再帰性で、これは可謬性の原則をトマスやギボンなどが主張する「不完全な見方による行動が状況に影響を及ぼす」という考えに落とし込んだものだ。[13] 再帰性をある有名な経済学の仮説に応用すると、「もし投資家がマーケットは効率的だと考えるならば、その考えが投資家の行動を変え、それがそのマーケットの性質を変える」。ソロスはこの二つの原則についてこう言っている。「二つはシャム双生児のように結びついているが、最初に生まれたのは可謬性だ。可謬性がなければ再帰性もない」

再帰性は、私たちの行動を永遠かつ普遍的な公理に基づいた科学的構造のなかでモデル化しようと決めている人にとって深刻な問題を生む。ラジカルな不確定性および一般的な不確実性をなくすことはできないからだ。経済学者がその影響を隠すために、モデルのなかでバイアスのない独立したトラッキングエラーの概念を用いたとしても、再帰性は実際には、バイアスがないわけでもなく、独立変数でもない。それは人間の相互作用の経済的意味を正しく示すものなのだ。再帰性は経済の動きの本質であり、経済学はこれを取り入れなければ正しく人間の経済システムを説明できない。再帰性は、人間はロボットではないため社会制度や社会科学（ソロスの言葉を借りれば「ただ自然科学をまねしただけ」）を機械的に表現できないということを認識させてくれる。ソロスが書いているように、私たちは世界を評価して、それに基づいて行動を修正し、その結果、世界は変わってしまうからだ。

未経験の世界とラジカルな不確実性

これまで述べてきたことの二つ目のまとめは、私たちは哲学的な存在から純粋な人間に移行することができるということである。私たち人間は、さまざまな経験をすることができる。私たちは学び、発明し、創造する。これから何を経験したり、学んだり、発明したり、創造するのかは分からない。オーストリア出身の哲学者カール・ポパーが言うように、「未来のことは分からないという事実とは別に、未来は客観的に見て固定されていない。未来は開かれているのだ。客観的に開かれているのだ」[14]。これから起こる未来の現象を列挙することはできないし、その確率はさらに分からない。つまり、新しい危機が起こるたびに世界は変化している。そして、同じことはマーケットにも、金融商品にも、流行の戦略にも、見方、懸念、文脈にも言える。そのため、前後関係を知るために過去の経験を振り返ったとしても、そこから将来の経験は分からないし、不確実なものなのである。

人間は本質的にラジカルな不確実性を内包している。私たちは自分がどこに向かっているのか基本的に分かっていないし、そこに着いたときに自分がどうなっているのかも分かっていない。経済学における機械的な手法が失敗した原因として、現実的な人間性を無視したこと以上に当てはまるものはない。私たちが経験によって変わるとしても、その経験を予想することもそれによってどう変わるかも分からず、それを知るためには実際に人生を生きるしかないとすれば、経済学の中心的な基盤は揺らぐ。経済学も心理学も認知科学もこのラジカルな不確実性を考慮していない。これは人間性に根差したもので、科学よりも私たちの自己の感覚のなかにある。そこで、私はこの説明を文学に求めることにした。

小説家のミラン・クンデラは、ラジカルな不確実性というモチーフを人間の性質の一部として使っている（もちろん言葉は違うが）。特に、『存在の耐えられない軽さ』のなかでそれが顕著に見られる。クンデラは、最初はこの小説のタイトルを『未経験者の惑星』とするつもりだった。未経験とは「人間の資質。私たちは、一回しか生まれない。前世の経験を持って人生をやり直すことはできない……年をとっても、自分がどこに向かっているのか分からない。老人は高齢な無垢な子供にすぎず、その意味では人の世界は未経験者の惑星なのである」[15]と説明している。

この小説は、簡単に言えば脳外科医のトマーシュと彼の皮肉屋の愛人サビナと、純真で夢を追いかけるも夫の不貞に悩む妻テレザの三角関係を描いている。しかし、この小説の根底にあるテーマは、人生の不確実性である。クンデラは、そのことを冒頭で次のように述べている。「フリードリヒ・ニーチェが提唱した永劫回帰に疑問を呈し（ニーチェ『愉しい学問』［講談社］）、私たちは人生を何度も生きられるのだろうか、それとも今の人生のみなのだろうか、もし後者ならば私たちは自分の人生を理解できるときが来るのだろうか、この唯一の道を行くのだろうか、それともたくさんの道のなかから自分の人生を描いていくことができるのだろうか」。そこからトマーシュがテレザと偶然出会う回想シーンにつながっていくが、ここには何らかの必然性も感じられる。トマーシュは不安な気持ちで彼らの関係について熟考し、最後に「自分が何を欲していたのかが分からないのは自然なことだ」と気づくのである。

クンデラは、トマーシュの「宇宙のどこかにすべての人が再び生まれ変わる星があり」その人たちは前世の経験を覚えているという空想について書いている。「もしかしたら、前世の経験を持って成熟して生まれてくる人たちの星がもっとたくさんあるのかもしれない」。しかし、地球に住む私たちはこの未経験の惑星で生きるしかない。ほかの惑星で何が起こるのか漠然とした空想を巡らせることはできるかもしれないが、実際には「自分が何を欲してよいのかすら知ることができない。人生は一度きりで、前世と比べることはできないし、来世で完璧にすることもできないからだ……私たちは、警告なしに来るものを受け止めながら生きている。リハーサルなしに舞台に上がる俳優のようなものだ。しかし、最初のリハーサルが人生そのものならば、人生にどのような価値があるというのか。だからこそ人生はいつもスケッチのようなものなのだ」。

私たちの未経験が必然的であることは、存在の耐えられない軽さにつながっている。「私たちのすべての行動に意味を与えているものが何なのかは、いつもまったく分からない」。トマーシュの愛人のサビナは、「愛人が裏切りを働きたくなる本当の理由を知らなかった」。それは、存在の耐えられない軽さが目的なのだろうか。人間の「運命を決する未経験」は、歴史を「個人の命と同じくらい軽くする、耐えられないほど軽くする」。未経験の世界や根本的な無知と対照的なのが、トマーシュの知人で「歴史がスケッチではなく、あたかも完成した絵であるかのように」ふるまう編集者である。過去を「完成した絵」だと信じることは、制御と予想可能性を前提としている。しかし、それは未経験の惑星には存在しない。[16]クンデラも、人生（次の世代以降も含めて）にかかわる問題を生まれて初日に解決するかのように主張する経済学の手法など却下したに違いない。

ボルヘスのバベルの図書館

ラジカルな不確実性の最も簡単な概念は、まったく予期しない出来事のことで、そこではそれまでまったく考えていなかったことが急に重要になる。また、これはそれまでの状態空間には存在すらしなかったことでもある。日本人にとっての原子爆弾はその一例かもしれない。当時の日本で、一発の爆弾が市全体を破壊するなどということを、想像したり戦略として考えたりしていただろうか。あるいは、次の第7章で詳しく述べるが、虫にとってのラジカルな不確実性の一つは、環境がジャングルから砂漠に初めて変わったときだった。しかし、状態空間に新たに加わった出来事でなくてもラジカルな不確実性に含まれるものもある。どういうものかは、ボルヘスの『バベルの図書館』という短編を読むと分かる。[17]

ボルヘスの非現実的なバベルの図書館は、六角形の観覧室を積み重ねた建物にあらゆる本が収蔵されている。本はすべて四一〇ページで、一ページは四〇行、一行には八〇文字と決まっている。つまり、一冊の本には一三一万二〇〇〇文字書かれている。使える文字は、アルファベットの二二文字（小文字）とスペース、ピリオド、コンマの二五文字しかない。数字は使えないので文字で表記し、大文字も使えない。この二五文字を使ったすべての組み合わせが本として収蔵されているのだ。どのような歴史でも（将来の詳細な歴史を含む）、場所や人の説明でも、哲学的談話や宗教的規範でも、すべてこの図書館のどこかにある。[18]つまり、この図書館にはすべての知識があるだけでなく、可能な知識がすべてある。どのような行動も想像し得ることもすべてどれかの本に記されているのだ。[19]

バベルの図書館では、棚の本を適当に取ると、内容がまったく意味不明である可能性が高い。また、蔵書の整理番号は本文と同じくらい長い。本の内容は実際に読まなければ分からない。これは計算既約（および第八章で紹介する情報既約）の一種で、すべての本を一冊ずつ読んでいかなければ目的の本にはたどり着かない。ボルヘスは、けっして実現できない苦しい希望について書いている。「この図書館がすべての本を所蔵していると発表すると、最初はみな手放しで喜んだ。だれもが秘密の宝物を完全に手に入れたと感じた。個人的な問題にも、世界の問題にも説得力のある解決策がどこかの六角形の部屋に必ずあるからだ。しかし、果てしない希望のあとは、当然ながら同じくらい果てしない失望が襲ってきた。その貴重な本は、どこかの六角形のなかのどこかの棚に必ずあるが、それが永遠に見つからないということは、耐えがたいことだった」

この図書館を自在に使うためには神のような能力が必要で、起こったことやこれから起こることや人の心のなかをすべて知っていなければならない。ただ、この知識には索引が付いていないため、あまりに膨大な蔵書のなかから欲しい知識が書いてある本に行きつくことはできない。司書は役に立つ内容が書いてある本を見つけるまでに大量の本を読まなければならない。ある本には最初から最後までｍｃｖという文字が繰り返されていて、別の本は、それとほぼ同じ内容だが最後がｍｖｖになっている。しかし、文字がランダムに並んでいるようにしか見えない本でも、ランダムに見える原語で書かれた辞書があり、それによって最初の本が意味を持ち始める。ただ、このような辞書すらもたくさんあるため、無意味に見える文章にも、複数の意味があるのかもしれない。

ボルヘスの世界では、意味のあることが書いてある本が見つかっても、それが的を射ているように見えても、それが事実かフィクションなのかはけっして分からない。少しでも真実だとか正しいだとか感じられる本があっても、それとそっくりで正しい部分が若干違ったり明らかに間違っていたりする本が無数にあるからだ。「図書館の信頼できるカタログ、何千冊もの偽りのカタログ、その偽りの証明、正しいカタログが偽りである証明、グノーシス主義のバジリデシュによる福音書、その福音書の解説書、その解説書の解説書、あなたの死に関する真実、すべての本のすべての言語の訳書、各本の改竄本、サクソン人の神話についてビードが書いたかもしれない論文（実際は書かなかった）、タキトスの現存していない本」。そして、図書館カードも忘れてはならない。

もしバベルの図書館があれば、ラジカルな不確実性は排除できるのだろうか。もしすべての可能な結果や、世界の未来にあり得るすべての状態を列挙して説明できたら素晴らしくないだろうか。そうすれば、すべての結果や、それぞれの本に書かれていることが現実になるかどうかや、未来の世界のあり得る姿などに確率を割り当てることができる。これで、世界はルーレットタイプのリスクに戻った。原理的にはバベルの図書館を作ることができるし、原理的には各本に実現する確率を割り当てることもできる。ただし、ほとんどの本は見ただけですぐに実現性がないとしてパスすることになるだろう。これによって、私たちは世界で起こり得るすべての偶発性を網羅するあらゆる状態を知ることができる。そうなれば、経済学の理論家にとっての至福の境地だ。これは経済学ではアロー‐ドブリューモデルの世界と呼ばれており、ラジカルな不確実性がない世界である。しかし、このような世界は理論的にはあり得ても、現実の世界には（私たちがいるところには）あり得ない。

理由は、バベルの図書館の世界には、無限の知識とその知識にアクセスすることの無益さが共存しているからだ。それがボルヘスの物語の核心なのである。この図書館の規模は計り知れない。実際、この図書館の特性について書かれた本が実在するが、それも理論的にはすでにこの図書館にあるはずだ。[20] この図書館の本には、それぞれに一三一万二〇〇〇文字が書かれており、それぞれの文字は二五通りあるため、二五の一三一万二〇〇〇乗（約一〇の一八三万四一〇〇乗）冊の異なる本が所蔵されていることになる。「宇宙」（図書館のこと）は約一〇の二七乗メートル四方の立方体なので、一立方メートルに一〇〇〇冊の本が入るとすると、全体では一〇の八一乗×一〇の三乗＝一〇の八四乗冊を所蔵できる。しかし、それでもあと一〇の一八三万四〇一六乗冊残っている。もし本の大きさを陽子並みに縮小して一辺を一〇のマイナス一五乗メートルにすれば、一立方メートルに一〇の四五乗冊を収納できるが、それでも全部で一〇の二六乗冊しか入らない。

図書館に勤務していたボルヘスは、無限の知識があっても手が届かないもどかしさと、それがどのように迷信や神や宗教を生み出したかについて書いている。ここには、ブックマンと呼ばれる人がいると考えられている。どこかの六角形の部屋のどこかの棚に、図書館のすべての本の謎を解く完璧な抄録が存在し、その本を読んだことがある司書がいると考えられているのだ。この司書は神に近い存在と言える。「多くの人がこの司書を探している。多くの人々が一〇〇年間、考え得る方法を試してきたが、すべて徒労に終わっている。どうすれば、彼がいるあこがれの秘密の六角形の部屋を見つけることができるのだろうか。だれかが回帰による検索を提案した。Aという本を探すために、まずAが見つかる可能性のある場所を記したBを参照するが、そのためにBが見つかる可能性のある場所を記したCを参照する……といった具合だ」。実際には、このような抄録は存在し得ない。図書館自体が唯一の抄録だからだ。[21]正確な地図はその領域そのものなのと同じことである。

第7章 ヒューリスティクス――人間らしく行動する方法

ここまでの議論を整理しておこう。私たちは相互作用に起因する計算既約性の問題（すべてを実行してみなければ解くことができない問題）に直面している。また、私たちは因果関係の見えない創発の問題を抱えており、これは私たちの行動とは関係なく発生し、さらにそれらは実際に自分が巻き込まれるまでは予知することはできない。個々人のレベルで見ても、私たちは未来を知ることができず、差し迫った出来事を推測することもできない。

要するに、私たちはラジカルな不確実性のなかにいる。私たちは事象に確率分布を割り当てることができないだけでなく、どんな事象に確率を割り当てたらよいのかすら分かっていない。そのうえ、私たちの動的システムにはこれらの現象の間のフィードバックまであり、さらに複雑になっている。相互作用そのものが計算既約であり、創発現象が生まれる土壌は私たちの経験の基盤でもあり、それがラジカルな不確実性の文脈や前兆を形成している。そして、それらすべてが私たちの相互作用の性質を変化させている。

私は、今日の新古典派経済学の枠組みによる分析の使いやすさを捨て、知識の限界とラジカルな不確実性の現実を受け入れることにした。しかし、未来を何も知ることができない世界のなかで、私たちはどこに向かえばよいのだろうか。両手を上げて「どうとでもなれ」と叫ぶこと以外に何ができるのだろうか。

私たちの理解や予想や経験を超えたことが起こるのは、人生の一部とも言える。このようなことは何の手がかりもなく、予期することも行動することもできず、誤差項や確率分布を描いたり、それに対処したりするのはさらに難しい。しかも、それらは劇的に起こることもある。驚くべき戦術、前例のない災難、新しい方向を見極めて反応する時間を与えずに日常を混乱させる危機などだ。しかし、これらのことは私たちの人生を構築する不可欠な部分なのかもしれない。

このような世界に私たちはどう対応したらよいのだろうか。何が起こるか分からず、その意味も分からず、実際に起こったら自分がどう感じるかも分からないときに、私たちはどうすべきなのだろうか。実は、私たちはその答えをすでに見つけていると思う。ただし、それは経済学が前提としている合理的で一貫性のある公理や社会構造とは別のところからもたらされることになる。

全知全能の計画者とゴキブリ

もしあなたが全知全能で、知識の限界を打ち破ることができるならば、ラジカルな不確実性の世界を生き延びる生き物をどのようにデザインするだろうか。つまり、もしあなたが全知の視点で未来を見ることができ、ある種が直面するすべてのタイプのリスクを知ったうえで、その生き物が現在の環境でも、また将来起こり得るいかなる状況でも生き残る可能性が最も高くなるような行動のルールを持たせるとしたらどうするだろうか。ただし、一つだけ重大な制約がある。将来の未知の状況に関する情報や、その生き物が全知全能ではない状況で直面する問題の解決策の情報をやり取りすることはできない（スタートレックのプライムディレクティブ［最優先指令］に少し似ている）。

このルールを設定する前に、それまでこのような世界に直面した種が生き残るために何をしてきたかを見てみよう。何億年も生き延びてきた種は、一時期は大いに繁栄しても危機の際に絶滅したほかの種よりも優れた行動のルールを持っていた。このことから考えていこう。

ここで最も参考になる種と言えばゴキブリをおいてない。ゴキブリはいくつもの予測不可能な（少なくとも彼らにとっては）変化を生き抜いてきた。この三億年の間には、ジャングルが砂漠になり、平地が都会になり、さまざまな天敵が現れては消えていった。この嫌われ者は最も長く生存している種であり、非常に基本的で次善のメカニズムを持っていると考えられている。彼らは足に生えている細かい毛が空気の動きを感じると、天敵（例えば、あなた）が近づいているシグナルかもしれないとしてとりあえず逃げる。それだけだ。彼らは聞いたり見たり臭いを感じたりはしない。本来は環境に関する幅広い情報を考慮することが最善策なのだが、彼らはそういった情報を無視しているのだ。ゴキブリは、どのような環境下でも「最適なデザインの虫」だったことはないが、「適応するに十分なデザインの虫」であったからこそ現在まで生き延びてきたのである。

長く生き延びてきたほかの種も、まずは逃げるという戦略を取っている。情報を無視した粗視的で単純なルールだ。そのうちの一つが一億年以上形を変えて系統樹をたどってきたザリガニで、彼らはウィナー・テイク・オール（勝者総取り）方式の逃走メカニズムを用いている。彼らは、刺激を受けるとさまざまなニューロンがそれぞれ行動パターンの指令を出すが、そのなかの、いつもとは異なる指令が、それ以外の行動の神経回路をすべて遮断するのだ。つまり、ほかの複数の異なる刺激を受けても、逃げること以外は無視されるのである。

このように手に入る多くの情報を無視した粗視的なルールは、私たちが通常、判断を下すときの考え方とはかなり違う。しかし、さらによく見ていくと、この粗視的なルールのほうが一般的だということが分かる。これは、スピードが重要な逃走メカニズムだけでなく、ほかの生き延びるための重要な判断（例えば、採餌や交尾相手の選択）にも見られる。例えば、シジュウカラは最大の栄養価が得られるものだけでなく、それよりも栄養価が低い植物や虫も摂取し、そのために遠くまで飛んでいくこともある。サンショウウオも、ハエを食べるときに、大きさをほとんど気にしない。小さいハエは労力に対する栄養価が低いため最善の選択肢ではないが、それでも食べるのだ。このような捕食行動は、現在の環境に完全に適応したものではないが、食料源に予期しない変化が起こったときには生存率が高まる。

交尾相手については雌のクジャクがテイク・ザ・ベスト・ヒューリスティクス（最も重要で決定的な情報を基に選ぶ）を用いている。雌は雄三～四羽のなかから最も目玉の模様が多い個体を選び、ほかの雄やほかの特徴は無視する。雄鹿もやはりテイク・ザ・ベスト戦略を用いて、決定的なハーレムを手に入れるまで別の群れのリーダーに戦いを挑み続ける。最初は、乗っ取ろうとするほう（チャレンジャー）が距離を置いて鳴き声を上げると、ハーレムのリーダーも鳴き返す。もしチャレンジャーが鳴き負ければ、勝負はそれまでだ。声で勝負がつかないと、チャレンジャーとボス鹿は並んで歩きながらお互いの体を見定める。もしこれで決着しなければ、頭突きという危険な直接対決をする。

ヒューリスティクスは単純な勝者総取り方式で、最初の手がかりの違いが決定要因になる。このケースでは情報が少なくてすむ手がかり（最初は敵の姿すらはっきりと見えない距離から鳴く）から、最も直接的でリスクが高い手がかりへと連続的に決定要因が変わっていく。それでも、根底にあるヒューリスティクスはやはり粗視的かつ単純で、違いが出た最初の手がかりが決め手になる。[1]

採餌や逃走や繁殖は生き残るための重要な活動で、その中心はやはりヒューリスティクスにある。また、動物には環境が予期しない形で変化したときにも粗視的な行動が見られる。例えば、初めて実験室に入れられた動物は、野生にいるときよりも刺激に対する反応が鈍くなり、餌の識別能力も低くなる。実際、まったく見知らぬ実験環境に置かれた犬は体を丸めていっさいの刺激を無視する場合があり、これは実験神経症と呼ばれている。[2]

このような粗視的な反応は、特定の環境における最適な選択ではないものの、さまざまな予期できない環境に適応していくことができる。一方、分かりやすく変化のないニッチな環境を見つけた動物は、その世界からしか得られない狭い認知に基づく特定のルールに従っていくことになる。その場合、その動物が認識しているとおりの世界が続き、天敵も食物も地形も変わらなければ生き残ることができる。しかし、もし世界がその動物の過去の経験を超える変化をしたら、彼らは死に絶える。つまり、既知のことに厳密かつ集中的に対応することは、未知の出来事に対応する能力を低下させるという代償を払うことにつながるのである。

下等動物の場合、ヒューリスティクスはラジカルな不確実性に対する反応として考えると分かりやすい。私たちは、ゴキブリをはじめとする人間以外の生き物にとって、自然がまったく予期しなかった出来事をもたらすことを容認している。例えば、かつては豊富にあった食糧源が疫病によって収穫できなくなったり、火山が爆発してかつては安定していた地形環境が変わったりすることは、下等動物にとっては確率すら予想できないことなので、その変化に対する明確な行動ルールを決めることもできない。しかし、全知全能の計画者の思考実験が、私たちの意思決定におけるヒューリスティクスの役割について洞察を与えてくれる。そもそも、私たちがヒューリスティクスに頼るのは、認知能力に限界があって完全に最適な行動を知ることができないことだけが理由ではない。仮に認知能力に問題がなくても、最適化だけでは解けない問題もあるからだ。私たちは全知全能ではないため、最適化の手法を現実の世界で直面するすべての問題に応用することはできない。もしそれをしようとすれば、対応できているふりをするしかないだろう。

ヒューリスティクスと最適化

私は毎朝、目が覚めるとベッドから出て、一階に行ってコーヒーを飲み、急いで朝食を食べる。そして二階に戻って何を着るか考え、着替えて仕事に行く。

もし私が真に合理的であろうとするならば（少なくとも経済学的に合理的であろうとするならば）、この朝の行動は言うほど簡単ではない。私の頭は目覚めた瞬間から行動を最適化しようとする。可能なすべての朝食、可能なすべての服の組み合わせ、可能なすべての職場への行き方について、現在の好みをふまえて評価し、ランク付けするのだ。朝食は、ライ麦パンにイチゴジャムがいいのか、それともオートミールとメープルシロップだろうか。それともオレンジジュースだけにするか。

そして、次に私の服装の好みの問題について考える。好みは安定しているはずなのに、今日はグレーのスーツに赤いネクタイを締めたいが、二日前は緑のネクタイを選んだ。職場への行き方も、お金を節約して運動もできる徒歩がよいのか、それとも地下鉄に乗るのがよいのか。もし歩くならば、最も安全な道を行くか、景色の良い道か、最短の道か、それとも人通りの多い道を避けるのか。私のアパートから職場までの道は三三×六のマス目状になっており、さまざまな行き方がある。斜めに走るブロードウエーを行けば、距離は短くなるが、かなり混雑している。それでもまだそれぞれの道の周辺状況については触れていない。もし途中でコーヒーを買うとすれば、さらなる最適化の問題が出てくる。どんなコーヒーを買いたいのだろうか。コーヒーを買う店の利便性とコストはどうだろうか。コーヒー代の三～四ドルの別の使い道について、今日だけでなく、私の人生の経路も考えて最適化してみたらどうなるだろうか。

このような最適化を毎日行っていたら、ベッドから出られなくなってしまうかもしれない。もちろんできるだけ時間を有効に使いたいとは思うが（これも最適化の対象に含めるべき）、実際にはその方法について考えたことはほとんどない。一日のなかでたくさんの小さな決定を下しているとしても、私の意思決定のプロセスが定量的に効用を最大化できるほど厳格でも完全でもないことは明らかだ。私はさまざまな情報を遠ざけ、ほかの可能性を考慮しないで人生を生きている。そして、目的にある程度近づけば満足する。私は粗視的な経験則やヒューリスティクスに頼って日々を過ごしているのだ。[3]

　ヒューリスティクスは、一部の情報を無視して単純な経験則を作るという戦略である。私たちは、計算既約の世界ですべてをたどる時間がなく、まったくのラジカルな不確実性のなかで判断を下すために、ヒューリスティクスに依存している。毎日、私たちの世界の重要な特性や、もしかしたら判断の目的すら分かっていなくても、私たちは判断を下している。単にそれだけのことだ。

　ヒューリスティクスは、一般的で演繹的な解決方法ではなく、粗視的で文脈に左右されるルールである。ギーゲレンツァーは、「ヒューリスティクスは環境構造に適合しているという点では生態学的に合理的」だと言っている。一方、論理や数学や確率はヒューリスティクスとは違い、文脈に依存しない。それがこれらの力であり、火星でも地球でも機能する。しかし、現実の世界はそれぞれの環境に固有のことが多くあり、それぞれが予想できない変化を遂げている。一方、ヒューリスティクスには、文脈や基準、環境に対する認識、そして私たちが世界が予期しない形に変化すると先天的に知っていることなどを考慮に入れることができる。

私の日常生活の例が示すとおり、行動を最適化しようとするのはバカげている。そのため、経済学者はこの重要な前提を緩めて、私たちが「あたかも」最適化しているかのように行動するとした。言い換えれば、私たちは認知的制約があり、入手できる情報が限られているという条件下で最適化を行っているというのだ。[4] しかし、実際には私たちはそれすらしていない。私たちの日々の生活の基本モードは簡単に言えば、理にかなっていそうなことをしている、というところだろう。言い換えれば、ヒューリスティクスに基づいて行動しているのだ。ゴキブリは、進化の過程を通じてしか変化できない。つまり、ラジカルな不確実性のなかではあまり最適化ができないのだ。そこで、ヒューリスティクスは問題に対して異なる方法をとる。彼らはラジカルな不確実性を排除するのではなく、そのなかで生きようとするのだ。彼らは可能なすべての状況やその確率のすべての意味合いを考慮しないで、粗視的でロバストなルールを用いている。そして、状況の変化や予期しない新しい状況に、単純でロバストな方法で対応しているのである。

そして、制約付き最適化モデルでも環境は把握できないという重要な意味を認識しているこの手法のほうが、不確実性のなかでは結局は優れている。事象を予期できないし、確率を割り当てることすらできない環境のなかでは、粗視的な方法が最善策なのである。そして、粗視的でロバストであることは、最適化というレンズで見ている生物にとっては別のアノマリーにつながる。ロバストで粗い環境においては、一部の情報を、たとえコストがかからないものであっても、無視してよいのかもしれない。

もし世界がスムーズに展開し、私たちの好みとそれが安定して得られる環境があり、将来も過去と同じ確率の状況が期待でき、均衡が保たれて軌道から外れることが何もないという世界ならば、最適化が正しい方法と言える。ただ、それでも本当の最適化ではない。毎朝、一万通りに及ぶスターバックスでの注文の組み合わせをランク付けするようなことはしたくないからだ。つまり、人は認知的制約のなかで判断を下していることになる。制約付き最適化問題を解くように、人々はコストや探す範囲や入手できる情報を考慮しているのだろう。ただ、皮肉なことに認知の限界を考慮して制約を付けると、問題はさらに難しくなる。制約付き最適化問題は解くのがさらに難しいのだ。もし問題が難しすぎて最適化ができないならば、制約が付くとさらに難しくなるのは間違いない。

私たちが最適化に適合しないのは、私たちには制約があって課題をやり遂げることができないからかもしれない。あるいは、私たちがまったく予想しない形で物事が突然変化する世界にいて、過去は今起こっていることの参考にならないし、今起こっていることが軌道を外れてキャズム（深い谷）に入り込むかもしれないため、数学的に合理的な最適化に必要な条件が実はもう最適ではないからかもしれない。そうなると、それは単なる机上の空論になってしまう。そのようなとき、人は現実には「あたかも」最適化や制約付き最適化をしているような行動はしないからだ。そうではなく、人々は制約付き最適化には適合しないさまざまな不適切な行動をするようになる。

経済学には、これに対する遠回しな答えもある。今では、人はその非合理的な行動に対応するための効用関数を試行錯誤しながら使って制約付きの最適化をしているかのように行動するものだと言われている。制約のなかで奇妙な効用関数にたくさんの変数を追加しながら行動しているというのである。経済学者のトーマス・サージェントは、限定合理性は制約付き最適化を意味すると考えつつも、「皮肉なことに、私たち経済学者がモデルのなかの人間の合理性をより『制限』すると……モデルがより大きく、数学的・経済的要求も増えるため、私たちはより賢くなければならない」[5]と書いている。

単純なヒューリスティクスを用いると有利なのは、世界が単純だからではない。むしろ、ヒューリスティクスの単純さは世界が複雑でリスクが測りきれないからなのである。[6]要するに、過去と同じ母集団から未来を描くことができない世界では、最適なポートフォリオが実は最適ではない。未来のマーケットは過去に基づいていないのに、ポートフォリオは過去に基づいているからだ。つまり、このようなモデルはほぼ必ず間違っている。そして、通常のマーケットでも間違っているならば、危機のときも間違っていることは間違いない。

交尾は粗視的

粗視的なルールの一環として、果てしなく興味深い課題である交尾について考えてみよう。無性種は、雄と雌が交尾しなければならない種よりも素早く生殖できる。それでは、なぜ無性種が有性種を圧倒しないのだろうか。なぜ雄は自然淘汰されないのだろうか。

種は思ったほど合理的にも効率的にも作られていない。ダーウィンは次のように書いている。

自然界で、無益の烙印を押されている臓器や体の一部があることはまったく珍しいことではない。痕跡器官のなかには、極めて興味深いものがある。例えば、クジラの胎児には歯があるが、成体にはない。また、子牛の胎児の上あごには、けっして歯茎を突き破って生えてくることのない歯が存在している。なかでも分かりやすいのが昆虫の羽で、飛ぶことなどできない小さい羽を持った虫がたくさんいる。なかには鞘翅が結合してそのなかの羽を出すことすらできない種もある。

これらはどれも有性生殖の失敗と言える。無性生殖よりも効率が悪いだけでなく、「次善」の性質（特定の生態学的環境のなかでは無意味な生物学的な特性）を保持する傾向があるからだ。性生殖は、ほぼすべての遺伝子の二次複製物を受け継ぎ、それが不必要な多様性を生み出すと現在の環境で最適な形から逸脱し、時にはさまざまな病気の原因になって進化の可能性を下げることすらある。

明らかに見える体の特徴が、見えにくいレベルではより大事な意味を持つ場合もある。特に意味がないように見える「偽遺伝子」は、機能を失っているため、何の役にも立っていない（少なくとも現在の環境では）。多くの種のＤＮＡにはこの偽遺伝子がたくさんあり、使われていない配列は新たに機能する遺伝子に転換する可能性がある。典型的な進化の公式（少なくとも一九世紀に広まっていた説の一つ）は、経済学のように効率化を目指す傾向が根底にあると考えられていた。具体的に言えば、自然の力がこのような非効率性を排除するため、長いときをかけて多様性は失われ、より合理化していくというのだ。しかし、ダーウィンが書いているように、細部では機能しない部分が残っており、それは微生物レベルでも見られる。理由は簡単で、このような多様化は特定の環境においては最適ではない異形を生み出すが、環境が予期しない形で変化したときには生存の可能性が高まるからである。

一般的には、現在の生態系に適合していて、その生態系が変化しないのならば、無性生殖が良いとされている。もし世界が安定していれば、無性生殖を続けるべきなのだ。そうすれば、一部が最適に近い形になり、それを維持していけばよい。

しかし、残念ながら無性生殖のカリフォルニアブラックワームやウィップテールリザードは、ラジカルな不確実性にあふれた世界では、いずれ絶滅する傾向にある。[7] 生態系のニッチな環境は安定していないし、その変化を予想したり過去と関連付けて考えたりすることもできない。ランダムな変異を少しも起こさない無性種は今の形から進化することができない。そのため、無性生殖の種は、進化時計の時を刻んでいくことができないのである。一方、有性種は遺伝子が入れ替わったり配列が変わったりすることで一部の子孫が幸運にも次の環境の激変に適応できる可能性が高まる。交尾は控えめに言っても生存の可能性を高めるロバストなメカニズムなのである。[8]

ある環境で最適であることが、長い目で見ると最適ではないかもしれないということを分かってもらえただろうか。生殖でさえ、私たちは粗視的でロバストに対応している。ある環境では落後者かもしれない個体が、長い年月の間に何回も予期しない事態に見舞われる環境下では、衝撃を乗り越えて生存する可能性が高いのかもしれない。

結論

理論と現実には隔たりがあるなかで、一歩下がったほうが理にかなっているときもある。ヒューリスティクスを使うのは、最適化に必要なデータを集めて処理するコストを節約するためだけではない。最適化したくないわけではないが、そうするつもりがないのだ。情報のコストが問題なのではない。たとえただでも無視することになるからだ。また、ヒューリスティクスへの依存は危機のときに限らないが、最も顕著になるのは危機のときである。むしろ、ヒューリスティクスはラジカルな不確実性にあふれた世界でロバストな解決策になる。同じことは、もっと下等動物のヒューリスティクスについても言える。このような粗視的なヒューリスティクスが使われているのは、ゴキブリや雄鹿に認知的制約があるからだと思うかもしれないが、雄鹿は望めばより広範囲で繁殖できるし、ゴキブリも進化によって類似の種が持っている感覚的な情報の一部を取り入れられるように「向上」することだってできたはずだ。

私たちは未熟で未来が分からない惑星に住んでおり、過去に基づいて判断を下すしかないが、過去は未来に対する限定的な指針でしかない。この惑星では、ヒューリスティクスが厳密な最適化に勝利することになる。

もし適切なデータがあって、未来が過去と似ているならば、ヒューリスティクスよりも最適化モデルのほうがうまくいく。未来にも適合する過去のすべてのデータを取り入れているからだ。このような世界にはデータフィッティングが適していているし、目的地に導いてくれる。しかし、現実の世界では、未来は過去とは違う。過去が平常で未来が危機ならばなおさらだ。もし未来が過去と著しく違う場合、過去の情報に基づいて未来を推定する手法を使えば失敗する。同じことは、最適化の手法の根底にある時代を超えた普遍的な世界で機能する本質的な公理についても言える。理論や数学や確率は、どれも文脈に依存していないが、人間の世界はそうではないからだ。

数学的最適化は、その純粋な世界では正しく、私たちは最適化を単なる基準として使うのではなく、絶対的な合理性を得ることになる。私たちの世界が数学の問題の仮定を完全に満たすならば、数学的最適化の解決策から逸脱するのは明らかに非合理的である。つまり、その世界で私たちができることは自分の非合理性やバイアスを列挙するか、モデルが間違っている理由を考えるかのどちらかぐらいしかない。情報のコストや計算能力の限界やリスクファクターの見落としを嘆くのは、丸い穴に四角い杭をねじこもうとするようなことだ。だが、もしかしたら、問題は私たちの標準的なモデルが完成間近で若干の調整によって最適化が機能するというようなことではなく、人間の行動を研究し予想する方法として最適化というのは正しい方法ではないということかもしれない。

繰り返しになるが、ヒューリスティクスを使うことや、現実の世界の現実の人たちが情報の使い方を意図的に制限していることは、最適化（あるいは「あたかも」最適化）の一種ではないのである。これは、最適化の初期段階でもなければ、何らかの方法で数学的最適化の近似解を見つける方法でもない。これは意思決定に至る異なる手段であり、経済学者や数学者にとっては残念なことだが、人間の実際の行動には最も近いものなのである。

エピローグ――ボルヘスと記憶

本章の最後に、最適化による決定や完全な情報に基づいた行動と、人間性を合わせて考えてみたい。先述のとおり、私たちはラジカルな不確実性のなかで生きているのに、最適化の手法は、私たちが人間であるという単純な事実がもたらす不確実性を組み込むことができないため、失敗につながっている。また、完全な情報に基づく最適化のメリットは幻想だということも述べた。しかし、それは私たちの認知能力の限界や制約のせいではないし、私たちが最適化された世界を切望していないからでもない。それどころか、そもそも私たちはそれを目指そうとすらしていないのだ。ヒューリスティクスを使うのは、私たちの計算力や情報の取り入れ方に限界があるからではない。[9]

命取りになるものはもう一つある。私たちは完全な知識を欲していない。言い換えれば、完全な知識は人間の性質に反している。人として機能することを阻んでいると言ってもよい。[10]

ボルヘスは『記憶の人フネス』のなかで、イレネオ・フネスの信じられないような話を書いている。

イレネオは一八六八年生まれの一九歳だ。彼は、古代エジプトの予言やピラミッドよりも古くからあるブロンズのような記念碑的存在に見えた。私は、自分の一語一語、身ぶりの一つ一つが彼の永遠の記憶のなかで生き続けるのだと思うと、よけいな身ぶりをするのが怖くなって体がまひしたように動けなくなった。[11]

イレネオ・フネスは落馬事故のあと意識が回復すると、完全な記憶を持つようになっていた（ボルヘス自身も「フネス」を執筆する何年か前に頭にひどいケガを負って死にかけたことがある）。フネスは、日々のどの場面についても詳しく語ることができたし、見かけたことがある人の、目にしたことすべてを覚えていた。しかし、出会った人について周りの景色も含めてすべて詳細に覚えているにもかかわらず、別のときに会うとそれが同じ人物であるということを理解するのが、彼にとっては非常に難しかった。

彼の完璧な記憶は、それ以外の彼の人間性を後退させていた。ボルヘスは、イレネオについて次のように書いている。「彼はごく普通の観念がほとんど理解できない。例えば、犬という言葉がさまざまな大きさや形の種類を含む総称であることが彼には理解できない。三時一四分に横から見た犬と三時一五分に正面から見た犬が同じ犬であることに困惑してしまうのだ。鏡で見る自分の顔や、自分の手でさえ毎回彼を驚かせた」。フネスの世界にはたくさんの細部が散乱しており、それが彼の思考の邪魔をしていた。考えるためには文脈のなかで、少なくともその時点で何が重要かを把握し、それ以外を忘れなければならないからだ。

ボルヘスの架空の説明は、非常に現実性がある。[12] 実在した新聞記者のソロモン・シェレシェフスキー（通称S）は、ある日、編集長から長い指示（行き先、会う人、取材すべき内容など）を受けた。編集長はSがまったくメモをとらず、集中もしていないことを叱責したが、Sは指示されたことを正確に復唱した。彼の記憶についてさらに質問した編集長は彼の能力に驚き、記憶について調べている心理研究所に行くよう勧めた。そこで、Sは心理学者のアレクサンドル・ルリヤと出会い、ルリヤはそれから三〇年間、Sの記憶について研究し、その経過を記録した。
ルリヤは、Sの記憶の容量を測りきれないことが分かった。Sはルリヤが与えた課題をすべて記憶してしまった。三〇の単語や数字や文字を見せるとSはそれを記憶し、復唱することができた。項目を五〇に増やしても七〇に増やしても同じで、しかもそれを逆から言うこともできた。意味のない言葉でも関係なかった。二人が出会って一五年後、ルリヤがSに最初に会ったときに見せた単語や数字や文字を聞くと、彼は座って目を閉じ、当時の状況を思い起こした。

「そうそう……これはあなたのアパートに行ったときに見た文字列だった……あなたはテーブルに腰掛け、私はロッキングチェアに座っていた……あなたはグレーのスーツを着ていてこんな風に私を見ていた……あなたはこう言っていた……」。そして、彼は私が初期のころに与えた文字列を正確に復唱し始めた。この一五年間にSは記憶術師として有名になり、興行で何百、何千という文字列を記憶してきたことを考えると、さらに驚くべきことだった。

Sもイレネオと同じように顔の記憶は苦手だった。Sは「顔はすぐ変わってしまう」「人の表情は会ったときの相手のムードや状況に左右される。人の表情は常に変化している。表情の微妙な変化が混乱を招くため顔を覚えるは難しい」と言うのだ。ほかの人が忘れてしまう詳細で頭がいっぱいになり、画像の流れや感覚から、抽象化や意味合いといった高レベルの認識に移行できないのである。彼が人の表情の変化を見るときの感覚は、私たちが池のさざ波や川のなかにできた渦の光と影の変化を見るときの感覚と似ている。

イレネオと似ていることはほかにもある。Sの記憶はすべてが細部で構成されており、抽象的なレベルで考えることができなかった。彼は物語を一言一句間違えずに暗唱できたが、その内容を把握するのは苦手だった。情報そのものを掘り下げて比喩や駄じゃれや象徴的な意味を理解しようとすると、どうしてよいか分からなくなった。「ある程度の速さで読み聞かせると、Sは困惑した表情になり、最後にはうろたえてしまう。そして『やめてくれ』と言う。『もうたくさんだ。一つ一つの単語がイメージを呼び起こし、それらが衝突してカオスとなる。そうなると何も分からなくなる。そしてあなたの声が……さらに分かりにくくする……すべてがごちゃまぜになるんだ』。Sはすべてを知っているのに、文脈を把握することができないのだ。

認知的な限界は、適応行動を制限することもあれば可能にすることもある。より多くの情報とより多くの認知処理が、あるレベルを超えると害にもなり得るからだ。完璧な記憶は、その極端なケースなのかもしれない。生まれ持った限界は、そうでなければ持てなかった新しい機能を可能にしてくれるという意味で実は有益なのかもしれない。暖炉の前にイレネオと一緒に座って、彼が昔の愉快な話をしているところを想像してほしい。彼はその出来事のすべてを一つ一つ説明する。部屋のすべての部分、そこにいる人たちのすべての動きやすべての言葉などだ。しかし、これらを取捨選択しなければ、とりとめのない話になり、話のあらすじが分からなくなる。彼の説明では、どこが大事なのかがまったく分からず、そのような話は無意味なのである。

完璧な記憶を持つということは、いわば過去のすべてが現在でもあるということで、それはつまらない現在を生きるようなことでもある。私たちは、何かを思慮深く見るとき、一部の特徴を無視している。どこかに注目するとそれ以外は背景に溶け込んでしまうのだ。また、目にしたものは目的や関心に応じてフィルターをかけている。植物学者にとっての木と、芸術家にとっての木は意味が違う。もっと広く言えば、世界は自分のフィルターを通して見た場合のみ意味があり、これはそれ以外の部分を無視することを選択したということでもある。そして、一部の特徴に光を当て、その文脈と関係のない部分を影に追いやることでのみ、その意味が見えてくる。

物語のなかの語り手は、フネスについて次のように言っている。「私は……彼は考えるのが苦手なのではないかと思う。考えることは違いを無視して一般化し、抽象化することだ。フネスの過度に情報があふれた世界には、細部しかない。細部がほぼ切れ目なく続いているのだ」。一方、私たちの世界はフネスの世界と違い、意図的かつ選択的な無知によって作り上げられたもので、サルトルはこれを「虚無」と呼んだ。私たちは、板や石を削り落として作品を作り上げる彫刻家と似ている。一つひとつのことに意味のある関連付けをするということは、知覚のなかで一部を前面に出し、それ以外の部分を背景に追いやることでもある。そうしなければ、すべてが完全な形で存在しているからだ。そのため、一部を無効にしなければ思考の対象にはならない。すべてを知り、すべてを思い出すことができても、知性が高いわけではない。私たちは考えるとき、まず何に注目し、何を無視するかを選択している。このことをサルトルは「人は自由の刑に処されている」と言っている。

語り手はフネスについてこうも言っている。「彼は、一八八二年四月三〇日の朝、南の空に見えた雲の形を覚えていて、それを一度しか見たことがない本の表紙に描かれた大理石風の模様や、ケブラコの戦い前夜にネグロ川でボートが上げた水しぶきと比べることができた」

フネスは一九歳のとき事故に遭い、体が動かなくなると同時に驚くべき記憶力を得た。彼は「薄暗い部屋で簡易ベッドにあおむけに寝て」「壁のすべてのひび割れや、家のすべての装飾」を見ながら過ごし、肺うっ血で死んだ。奇しくもこの症状は彼の精神状態とよく似ていた。

第3部　過去と未来のパラダイム

Paradigm Past and Future

第8章　危機における経済学

私たちは、経済学が危機にうまく対応できないことを知っている。ここでは経済学における欠陥の本質を、人の相互作用や経験から生まれる特徴と力学というレンズを通して見てみよう。まず、シカゴ大学の経済学者のゲーリー・ベッカーが経済学について語った言葉である「経済学的手法の根幹は、利得最大化行動と市場均衡と安定した選択という仮定を執拗に使い続けることにある」について考えてみよう[1]。つまり、もしこれらの仮定そのものが間違っているとしたら、結論も間違っていることになる。実際、危機に関してはその仮定と結論が間違っていることはすでに明らかだ。危機になると、私たちは利得最大化とはほど遠い行動をとり、均衡から遠く離れ、それまでとは違う選択をするからだ。

相互作用と代表的エージェント

　このことと、計算既約性や創発現象との関連について述べる前に、ベッカーが論文のなかで常に主張していたにもかかわらず、先の言葉に含めていなかった経済学の手法のもう一つの根幹を成す仮定について書いておく必要がある。それが代表的エージェントと呼ばれるものだ。経済学者の研究は、この特別な意味を持った仮定によって成り立っている。経済学は、群衆が個々人としてどう行動するのかについては扱わない。私たち一人ひとりを、まとめて一人の代表的エージェントとして扱えると仮定しているのだ。これは単純化した仮定であり、科学の世界ではこのような仮定は珍しくない。しかし、これは経済学の有用性を、最初から奪っている。一人では群衆の暴走にはならないし、世界を危機に陥れることもできない。そして、文脈や経験が人に与える影響を考えれば、たくさんのエージェントが必要になるだけでなく、それぞれが雪の結晶のように少しずつ違っていなければならない。システムのなかのすべてのエージェントを一人の代表的エージェントに統合して大きな雪玉を作っても、相互関係を考慮した意味ある分析には至らないのである。

　代表的エージェントは、ジェボンズ以後の新古典派経済学で最初から使われていた。ジェボンズは、代表的エージェントを使って彼の交換メカニズムの理論を古典派経済学の領域に持ち込み、惑星の動きと経済体系の動きを比較した。そして、「私たちは交換理論で二人の主体が二つの財を交換する場合のみを考慮している。ただ、数が増えても状況がより複雑になっても、まったく同じ原則が当てはまる……つまり、どんな複雑なケースでも、必ず単純な交換に分解できるし、交換が行われるたびにそれにかかわる数量を決定するための二つの公式が得られる」[2]と書いている。物理学者が二体システムから多体システムを構築するように、経済学者も二者間の交換の相互関係の単純な合成によって市場を生み出すことができるというのだ。これはジェボンズにとって、どんなに大規模な市場であっても、それは「個人の集合」である代表的エージェントを使って理解できるということでもあった。[3]

人が集まると、ある行動パターンや構造（創発現象）が表れるが、これはそのなかの個々人の行動だけを別々に観察してもとらえることはできない。このことは、社会科学全般において明らかに重要な数学的真実と言える。これは、現代経済学においてマクロ経済学がミクロを基盤にすることは無意味だということを示唆している。たとえ個々人の行動を完全に理解できたとしても、それが集合体に反映されるわけではないため、そこから直接的にマクロ経済の有益な結論を引き出すことは不可能だからだ。[4] さらに言えば、危機を理解しようとすることも無意味である。

それでも、代表的なエージェントが使われているのは、それがなければ数学的な経済学のメカニズムを用いることができないからだ。しかし、合理的期待モデルで均一的な仮定をするということは（つまり、全員が足並みをそろえて行動し、一貫して同じ「正しい、神から与えられた」モデルを使うということは）、世界を無理やり一つの代表的エージェントに押し込めているということになる。

計算既約性――未来を知るための公式はない

私たちの社会の性質によって起こる相互関係と、経験や文脈から来る選択の変化は、私たちが人間であるがゆえに起こることである。私たちは、社会とかかわり、もちろんマーケットともかかわっているが、危機のときはそのかかわりがさらに大きくなる。私たちはインプットに対して毎回機械的に同じ反応をするロボットではない。私たちは目の前の世界が変化すると、世界の見方に関する文脈を変え、それが私たちを変えるが、その変化も危機のときは大きくなる。ここで大事なことは、モデルに数字を入れても未来の答えは出てこないということだ。自分でたどってみなければ行きつく先は分からない。そして、一回たどってしまったら、やり直すことはできない。

創発――全員に適合するようなモデルはない

私たちは各々が世界と密接にかかわっているエージェントである。エージェントは環境を変えることができ、その結果、別のエージェントの行動が変わっていく。エージェントたちの相互作用から生まれる複雑な動きは、創発現象を起こして驚くべき展開に至ることもある。このなかには、多くの経済モデルに組み込まれている安定性のなかの動揺とか、均衡が多少崩れるなどといった変化ではなく、均衡には戻れないほどの破綻に至る場合も含まれている。均衡の公式が経済学の中心的な構成要素であることは、経済とそのほかの科学を分ける特性と言える。ちなみに、経済学においては、経済現象の状態は軌道から外れてもすぐにガードレールを飛び越えて転げ落ちていくことにはなっていない。しかし、ほかの科学では（例えば、物理学や環境学でさえ）、変化に関する力学的な法則の限界を十分に認識している。

相互作用は複雑なので、システムの動きを個人のモデルの集合体として構築したり解釈したりすることはできない。それができるためには各人がほかのすべての人について知っておく必要があることになってしまう（実際にできればものすごい価値がある）。しかし、「全員が相互関係の意味合いを理解できるだけの十分なデータを持っていると仮定する」というたぐいの前提から始めても、それは明らかに現実的ではない。また、全員が特定のモデルに従うと決めたとしても、最高のモデルを探すプロセス自体がモデルを変化させて、そこから新たな相互関係が生まれることになる。エージェントが常に間違いを犯すと考える必要は必ずしもないが（ソロスの言うところの可謬性）、そういうケースもあり得る。エージェントが安定したヒューリスティクスに従って動いていたとしても、自分の行動がほかのエージェントの行動と合わさって創発現象を生み出すかどうかは分からない。彼らは全体像を予想することはできない。ただ、これは情報が限られていることが予測の誤りにつながっているということではない。そうではなく、予測がおおむね当たっていても最終結果に関してはまったく分からないということなのである。

非エルゴード性――歴史は参考になるのか、それとも毎回違うのか

危機の経過に関する信頼できる確率分布を得るためには、未来の世界からランダムにサンプルを採取して分析し、未来の世界において信頼性がある統計的な特徴を計算しなければならない。しかし、未来のサンプルは採取できないため、経済学者は未来の分布を過去と同じだと仮定することにした。こうして過去のデータを使うことが正当化されたが、そのためにはエルゴード性が必要になる。ポール・サミュエルソンは、「もし経済学者が経済学を歴史の領域から『科学の領域』に移行させたいならば、『エルゴード性に基づいた仮説』が必要だ」（一九六九年）と書いている。確率を実用に供するためにはエルゴールド性が不可欠であり、したがって、それは既存の経済学の核心と言える。

経済学のモデルに不確実性が導入されると、厳密な確率論の機構は使えなくなる。確率は起こり得る出来事はすべて既知であるという条件下で定義されるものであり、現実の世界では、確率分布を用いて不確実な世界を特徴付け、理解し、そこでの意思決定や行動を正当化することが正しいとは言えないのである。「単純に知らない」「手がかりが何もない」ときは、未来は過去とは違うゆえに、不確実性によって確率論は役立たずになる。したが

って、私たちは同じ確率分布を（たとえあったとしても）、過去と未来の説明に使うことはできないのだ。現在の確率分布が未来のどこかの時点と関係があると考えることはできない。そのため、経済モデル（合理的期待仮説がその好例）が、状態変数の平均的な値は未来も過去と同じだと仮定すると、私たちは経験や知識の蓄積によって世界の見方を変え、確率分布だけではなく、システムの構造や起こり得る事象そのものも変わってしまうという点を見落とすことになる。

ケインズは、「経済学とはモデルを用いた思考の科学と、現代社会に関連するさまざまなモデルを選択する技術が結びついたものだ。そうせざるを得ないのは、典型的な自然科学と違って、対象がさまざまな意味で、長い期間、同一であり続けない事象だからだ[5]」と書いている。危機のときならばなおさらだ。

ノーベル賞受賞者のウィリアム・シャープは、「検証結果が気に入らなければ、分析対象の期間を変えて検証すればよい……違う答えが得られるだろう[6]」と言っている。私はこのことを二〇〇〇年代半ばにフロントポイント・パートナーズで株式のロング・ショート戦略のヘッジファンドを運用していたときに実感した。当時、私は使えるアルファ戦略を求めて学術論文を読み漁っていたが、どれも最近のデータ（論文のサンプル期間以外のデータ）に適用するとうまくいかなかった。私はこれらの論文の多くが例外的な期間（例えば、一九八九～一九九三年）のデータを使っているのではないかと疑った。ただ、なかにはカーブフィッティングを行っていたケースもあったのかもしれないが、それ以外にそのアルファを利用したトレードがすでに行われたことでアルファが消えてしまったケースもあった。つまり、金融システムは本質的にエルゴード性を叩きのめし続けてきたのである。

時の変化に応じて不安定になるという性質は、一部の最も基本的な金融モデルにとって致命傷になる。例えば、シャープがノーベル賞を受賞した資本資産評価モデル（ＣＡＰＭ）を見てみよう。これについては、ファーマとマクベス（一九七三年）やそれ以外の人たちが一九六五年までのサンプルを用いて資本資産評価モデルを好意的に評価していたが、一九七〇年代や一九八〇年代のサンプル期間で更新したらＣＡＰＭの説明力は破綻してしまっている（解決策は別の変数を加えることだった）。

物理学では、エルゴード性を前提として（つまり、時期や経路はあまり重要ではないとして）モデルを使っても信頼性を失うことはないだろう。しかし、社会科学や歴史科学においてそれはバカげた行為だ。人間が経験する未来を、いくつかの既知の見通しに基づいて単純化することはできないのだ。これはカジノでルーレットのテーブルに座ってどの数字が出るか確率を計算するようなことではない。人生はカジノのゲームとは異なり、新しい知識から生まれる新しい可能性が広がっているからだ。また、これは変化していく確率を調整することでもない。ルーレットのホイールに、新たな選択肢が加わるようなことなのである。ロバート・クラウアーが「経済学の大部分は現実の世界からかけ離れており、経済学者は自分の研究対象を真剣にとらえることができないことが多い[7]」と書いたのも不思議はない。G・L・S・シャックルが言うとおり、未来に待っているのは「これから発見されることではなく、これから生まれること[8]」なのである。

ラジカルな不確実性――未知の可能性

ローベルト・ムージルの未完のモダニズム小説『特性のない男』（松籟社）の主人公ウルリヒは、たくさんの可能性を宿しているが、「絶望しながら」「予期できない何か」が起こることを「待っている」人物として描かれている。しかし、そのようなことは、合理的な期待ができるとされている世界では起こらない。その世界では歴史は終わっており、すべての経験がなされ、すべてのことが学習済みだからだ。ただ、これは世界が過去だけでなく、未来の可能性と認識にも動かされているという前提を受け入れるとすれば、驚くべき仮定だ。結局のところ、私たちは学び続け、ミラン・クンデラの未熟な惑星とは少し違うが、自分の展望のなかで成熟していく。合理的な期待は、よりつじつまの合う世界やより知的満足度の高いモデルを生み出すかもしれない。しかし、それでは私たちの現実の世界から何か大事なものが奪われていないだろうか。もし人間の経験と文脈が重要ならば、そうなる。

私たちが自分自身や、人間が相互作用したり経験したりしている世界を見れば、何が分かるだろうか。全員が使っているとされる機械的なモデル（誤差項がバイアスを持たないことまで共有されている）によって映し出される世界についてはどうだろうか。ほとんど何も分からない。私たちに見えるのは、明かなモデルなどまったくない世界であり、しかも個々人の見方はそれぞれ異なっている。

ヒューリスティクス――最適化よりも単純なルールが良い

この複雑さと不確実性にどう対処すればよいのだろうか。不満はあるかもしれないが、エージェントやそれにかかわる環境や制度が予期しない形で調整されるたびに、モデルも調整する必要がある。エージェントベースモデルの特徴の一つは、このような調整がモデルの構造に組み込まれていることである。これは、演繹的手法――変化が起こると最低でも複雑にバランスをとっている数学的構造を修正する必要があるし、最悪の場合は根底の公理をリセットしなければならない――とは対照的である。

もし仮に情報の非対称性や行動仮説の意味するところを組み込んだ経済モデルがあったとしても、モデルの設計や実行を阻む知識の限界まで受け入れているものはない。それでも、人はどのような行動をとるかを決めるために制約付きであっても何らかのモデルが必要で、それを使って最適化を行っている。[9]

経済学の問題は、経験（過去の経験および未来の経験に対するあいまいな見通し）の産物である人間の性質から生じている。そこでは選択は、効用関数を最適化することを通じてもたらされるとされている。選択は、効用最大化の基盤であり、それが私たちの経済行動のすべての説明の基本となる。経済学者は、選択には細かい制約があると考えているが、実際には私たちは私たちをさまざまな方向に向かわせるさまざまな動機付けシステムを持っていることが分かっている。私たちには多角的な選択肢がある。

経済学者は、嗜好は個人的なものだとしている。しかし、実際には私たちの動機は自分とその環境や同じ環境にいるほかの人たちとの相互作用に基づいており、社会的環境と外部環境のなかにある。

また、経済学者は嗜好は安定しているとしている。例えば、昨日スターバックスでフォーム多めのソイラテを注文したら、永遠にそれを注文すると想定するのだ。危機は別として、私たちの相互作用がよく統制されている日々の金融の世界で、相互作用が通常レベルを大幅に超えずに同じような経験が毎日続いていくのならば（つまり、人間の経験の質を基本的に無視するならば）、嗜好は安定していると想定してもよいかもしれない。少なくとも、自分たちの活動を一〇年単位ではなく一日単位で見ていく分には大きな差はない。しかし、私たちの動機は実は急に変わる。どの程度急かと言えば、文脈が通常から脅威に変わるくらい、そして他者の動機が協力的から競争的に変わるくらい、または他者のストレスを感じとれるくらいに変わるのだ。そして、だれかのストレスが明らかになると、それに共感する人もいれば、防御的になったり撤退したりする人もいる。[10]

嗜好は内面的にさえ一貫していない。同じ人でも時期が違えば文脈や環境によって見方が変わるし、二人の人が同時に同じものを見ていても感じ方は違うからだ。実際、二人の人が実務上まったく同じ意見を持つことはない。ところが、経済学には客観的な知識（だれにとっても自明な情報）というものがあり、それを全員が同じように受け止めるとしている。しかし、私たちは現実の世界で、自分で自分の環境と文脈に対する知覚を作っている。決定論的な知識などない。私たちは常に自分の現実を紡いでいるのである。

このような人間の行動の核心は、演繹的で論理的なシステムには適していないし、対応できない予測不可能性を生み出している。このような非合理的で特定のシステムに適合しなくても、人間とはそういうものであり、人の文脈のなかでは十分理解できる。また、人生はたった一回で、繰り返しがきく実験ではない。もしだれかのクローンを作っても、生活を始めれば元の人と同じ人生にはならない。以前に行ったことを繰り返すとしても、前回の経験を経ることで違う人間になっているため、前回とはやり方もかかわり方も違ってくる。初めて経験したときは難しくて新鮮で刺激的だったかもしれないが、今では聞き覚えがあるどころか退屈な場合すらある。つまり、物事はエルゴード的でも反復可能でもないため、確率理論や統計は放棄されるべきだ。

単純でもっともらしくて間違っている

危機の可能性がない世界はどうしたら作ることができるのだろうか。そのような世界にはどのような人たちがいるのだろうか。その答えは新古典派経済学の仮定を見れば分かる。そのような世界に住んでいるのは、人ではなくインプットなのだ。経済学のモデルは、文脈に基づく相互作用もなければ、相互作用や経験とも連動していない。これは生産工場のモデルで、人のモデルではない。そしてもちろん、人間と生産工場やロボットを区別できないモデルやパラダイムは、科学の基本的な基準すら満たしていない。もし世界中の人を機械に置き換えて人間性を認めないならば、簡単に洗練されたモデルを構築できるが、それでは問題の本質が抜け落ちている。

もちろん、そのような世界には行くことができないし、そこで危機について学ぶことも期待できない。危機のときは経験の効果がより大きくなるし、相互作用もより大きくなる。危機を理解するためには、人間の状態の本質的な側面にかかわる限界を考慮しなければならない。そして何よりも、数学の使用を拒否しなければならない。根本的な問題は計算既約性にある。また、すべての参加者を単一の代理人で置き換えることができるとする見解も否定すべきだ。これは、すでに一般均衡理論の失敗によって否定されている。さらには、効用を最適化したり最大化したりすることも否定すべきだ。ラジカルな不確実性とヒューリスティクスの存在があるからだ。嗜好が安定しているという考えも否定すべきだ。人は非エルゴード性の世界（経験によって変わっていく世界）を生きているからだ。既知の確率を使ったモデルも否定すべきだ。過去の行動から将来の行動は分からないからだ。そして、危機の状況ではこれらすべてを否定すべきだ。

Ｈ・Ｌ・メンケンは、「人間の抱える問題には常に容易な解決策がある。単純で、もっともらしく、間違った解決策が」と書いている。新古典主義経済学はずっと間違い続けてきた。それのこれまでの主要な成果は、自明で演繹的モデルと現実の世界を結び付けようとする無駄な試みだった。例えば、完璧な知識と情報が瞬時に市場に織り込まれるという仮定はポイントがずれている。経済学者は私たちが知りたい問題に取り組むことを放棄している。危機は不確実性に包まれ、私たちの世界の見方を危機前の確率や世界観をはるかに超えるほど変えて不安定性を生み出す。しかも、それは少し軌道を外れる程度ではなく、大幅に外れて山を転がり落ちていくほどの変化だ。危機は、それぞれ異なった行動をする独立した主体によって生起され、それぞれが独自の文脈に基づいて行動している。人間の性質を考慮して、それを危機の効果で増幅すれば、何が起こるだろうか。これは経済学の複層的な失敗である。つまり、危機を理解するためには別の手法が必要なのである。

理論はもともと単純化した仮定を使ってシステムの重要な側面を明らかにしようとするものだということを、私たちは考えてみるべきだろう。しかし、もしその理論が知的な遊び以上のものならば、単純化した仮定を捨てて現実を直視し、理論を改変するべきである。ただ、今の経済学にはそれは望めないだろう。現実の世界で使うことを意図し、世界中の中央銀行が政策決定に使っている経済モデルは、決定を一つの非常に大きな代表的世帯（常に先の人生を見据えて今、期待割引生涯効用を最大化し、だれとも衝突しないし、途中で人生の意味を再考することもない）が下しているという前提に立っているからだ。[11]

危機のどの時点でも、その軌道をモデル化でき、自己完結型のモデルの公式に当てはめれば必ずすべての答えが出る（これは経済モデルに不可欠な要素）という考えはバカげている。それを試みた人がいないわけではないが、ルーカスが宣言したように、経済学は危機に対処することができないし、すべきではないのだ。ただ、これはルーカスの言い分を受け入れて降参すべきだと言っているのではない。

数学的な最適化は、その純粋な世界では正しいが、私たちも私たちの世界では最適化を単なる基準として使わなくとも合理的になり得る。もし私たちが数学の問題の仮定と完全に合致する世界に住んでいるのならば、数学的な最適化の答えから逸脱するのは非合理的だ。そこでは、私たちは明らかな不合理やバイアスを除外するか、モデルが間違っている理由を問うことになる。ちなみに、情報コストや、計算能力の限界、リスクファクターが抜けていることなどは、どれも数学に現実を適合させるために取り入れた補正だった。しかし、本当の問題は、私たちのモデルをあと少し調整すればうまく最適化できるようになるかどうかということではなく、論理的なモデルを考えるというアプローチそのものが、人間の行動を研究したり予想したりするための正しい方法ではないということなのだ。

繰り返しになるが、ヒューリスティクスを使うことや、ギーゲレンツァーの世界観に出てくる情報の意図的な制限は、経済学で言う最適化（真のもしくは「あたかも」）を目指しているのではない。また、最適化やそれ以外の何らかの方法で数学的な近似解を決めようとすることでもない。これは、異なる意思決定の方法であり、経済学者や数学者にとっては残念なことだが、人は実際このように行動している可能性が最も高い。

インスティチュート・フォー・ニュー・エコノミック・シンキング（既存の経済学のあ

り方に根底的な疑問を発するところから始まった団体）の上級役員を務めるエリック・ベインホッカーは、経済学の間違いは「ほかの科学のまねをしすぎたこと」ではなく、「努力が足りない」ことだという見解を述べた。経済学は科学よりも神学に近いものとして、自明で内部では一貫性のある自己完結型理論を進化させてきた。危機は複雑で混沌としている。物理学者のリチャード・ファインマンはこのことを理解していた。彼は一九八七年の暴落を振り返って、もし電子のことを考慮しなければならないなら、物理学ははるかに難しくなると語っている。危機を理解し、管理したいならば、経済学者は経済が単純で機械的な均衡システムだという神話を捨て去る必要がある。

それでは、今日の標準的な新古典派経済学の手法をどうすればよいのだろうか。経済学者は文脈など関係ないと言うだろうか。もし私たちが文脈が大事だと主張するならば、「文脈を教えてくれれば、文脈に依存した便利な機能を作ることができる」と反論されるかもしれない。もしエージェントそれぞれが異質だと言えば、「それならば対応できている。モデルの機能は十分一般的で、異質さをパラメータの違いとして受け入れることで同じ一般的な機能をすべてのエージェントに応用できる」という答えが返ってくるかもしれない。もし長期間の間に文脈とそれによる嗜好が変わることを指摘したら、答えは「常に動的モデルを使っているから、モデルのなかの変数によってルートを変えたりノイズを加えたりすることもできる」と言うかもしれない。フィードバックについても同様だ。

しかし、経済学者がそれらの対応を行い（すべてできたとして）、しかもうまくいったとすれば、その時点でもう数学的構造の範囲にはないし、それはもはや新古典派経済学のモデルではなくなっている。

時代に逆行する学問としての経済学

経済学はこの状況にどう対処しているのだろうか。現実にはあまりできることはない。危機への取り組みの核となる部分に欠陥があるからだ。経済学は、演繹的な手法を用いるなかで、その理論に欠陥を見つけると、それが効用理論や合理的選択理論と矛盾していても、応急処置をしながら中核の構造は維持してきた。また、経済学はその公理の構築において、人間を機械的な基準が適用できる対象として扱ってきたが、私たちは実際には、機械が想定しているよりも複雑にできている。この複雑さは、人間の性質という、機械にとっては迷惑な特徴から来ている。

経済学では、私たちを注意して取り扱う必要がある気まぐれな機械のように扱っている。スペックどおりに動かないときは、あちらこちらで不具合を調整すると、最適化された組み立てラインは再び問題なく動き出すのだ。現在の経済学は、問題に場当たり的に対処しながら、その中核部分にしがみついている。経済学を外から見ている人にとって、その最も目立つ問題は危機のときのお粗末な対応である。

ハンガリーの科学哲学者のラカトシュ・イムレは、この状況を「時代に逆行する学問」と呼んだ。時代に逆行しているという意味は、経済学の支配的な理論の変化がより優れた説明力につながるのではなく、もっぱら新しい厄介な証拠や矛盾に反応したり修正したりしているだけだからだ。これはアノマリーが積み重なって、丘から滑り落ちていく学問なのである。この経済学という時代に逆行する学問は、現在の理論の代わりとなる新しいパラダイム求めて叫び声を上げている。[12]

ジェボンズたちがミルやリカードの古典派経済学の失敗を見て、代わりに鋼のような数学的新古典派経済学を提唱したが、私たちは今、新古典派経済学の失敗を目の当たりにしている。しかし、今回の答えは今以上に数学に頼ることではなく、最適化を抑えることである。これは、人間の行動や相互作用や経験といった社会を形作る現象の本質を理解することでもある。経済はこれらの現象と深くかかわっており、問題を解くのにこれらを避けて通ることはできない。本当に問題を解決したいのなら、偽らずに正面から取り組む必要があるということを理解しなければならない。小競り合いを避けるのは戦争ではうまくいっても、科学では通用しないのである。

危機の科学と新しいパラダイム

科学哲学者のトーマス・クーンは、特定のパラダイムのなかで行われている科学的な作業を「通常科学」という言葉で表現している（一九六二年）。通常科学は組織化されており、十分な資金が提供されている。また、重要な問題やその解法、その基となる基本的な基準や規則（例えば、仮説の検証方法や正当性を示すための論法、出版されやすい論文の書き方など）についての見解が一致している。科学教育は、新人研究者に既存のパラダイムを植え付ける一種の洗脳なのである。

通常科学は既知の世界の先端を削り落として、拡大するパズルの新しいピースを付け加えることであり、もしピースがぴったりとはまらなければ先端をなだらかに整えていく。研究者は成果を上げると、その分野でキャリアを積み、教え子にその研究を受け継がせ、その分野の研究を支援する組織の幹部になる。通常科学では、重要な問題がどれか、その問題にどのように取り組むか、解決策かもしれないことをどのように評価するかなどといったことに学者たちは取り組んでいる。つまり、経済学は、通常科学である。

しかし、通常科学はいつかうまくいかなくなる。既存のパラダイムのなかでは解決できない問題が出てくるからだ。そして、「科学的危機」の時期が訪れる。これは、小さな不具合があちらこちらに散見されているというようなことではない。アノマリーはいつでも起こることであり、それに対処することも通常科学の範疇である。危機は、失敗の原因を正しい方法で対処しなかったことのせいにできない何かしらの重要なことから生じる。そのようなことが起こると、既存のパラダイムのなかで自信を失う研究者たちが増えていく。それが今日の経済学の状況だ。皮肉なことに、経済学の危機の芽は、危機のメカニズムに対処できていないことにある。科学革命には科学的危機の期間と新しいパラダイムの両方が必要になる。二〇〇八年の危機は経済学にとってそのような刺激になり得る。そして、エージェントベースモデルは、新しいパラダイムになり得る。

ボルヘスのトレーン

二〇〇八年の危機のあと、ノーベル賞受賞者で、経済成長理論の生みの親でもあるロバート・ソローは、米国下院科学委員会で証言に立った。そして、世界中の中央銀行がマクロ経済分析に応用していた中核モデルである動学的確率的一般均衡モデル（DSGE）を批判した。ソローは事前提出した「現実世界のための経済科学を構築する」と題した証言のなかで、これらのモデルが経済全体を合理的な長期計画を実行している一人の一貫した人間か王朝のように、ときどき予期しないショックに見舞われて混乱することはあっても、合理的で一貫した方法で適応していくという想定で作られていると書いている。また、動学的確率的一般均衡モデル支持派は経済を単純化して「労働者と所有者と消費者が一人ずついて、彼らは注意深く計画を立て、永遠に生きる」世界という前提に立ち、経済が「代表的エージェントの代わりに意識的かつ合理的に最善を尽くそうとする一人の人間」のような存在として扱っているとも書いている。そして、「思慮深い人は、経済政策がどこの星の話か分からないような前提に基づいていることに困惑している」[13]と結論付けている。

経済学は強固な公理と厳密な数学と洗練されたモデルの城壁のなかに存在している。そこは幻想の世界で、数学者にとって魅力的な一貫性と合理性があるが、現実の世界にある動機やつながりは存在しない。これは、ボルヘスの短編に出てくるトレーン（架空の土地）と似ている。

トレーンとの接触やトレーンの風習は、この世界を崩壊させた。厳しい統制の下で、人間はそれが天使の厳しさではなくチェスの名人のそれであることをすぐに忘れてしまう。トレーンの（憶測上の）「原言語」は、すでに学校にも侵入し、感動的なエピソードに満ちた歴史の授業が私の子供時代の思い出を抹殺した。私たちの記憶はすでに架空の過去で塗り替えられており、それについて確かなことは何も分からないし、それが偽りであることすら分からないのである。[14]

トレーンの住民にとって、人生は心を主観的に投影しているにすぎない。具体的な物質が実在しないのだ。実際、トレーンの言語には名詞がなく、非人称の動詞と形容詞しかない。トレーンには、現実の世界の痕跡がない。トレーンの住民の世界は現実の世界に浸透し、現実の世界をのみ込んで崩壊させる。トレーンの架空の過去が現実の過去に置き換えられ、人間の時間の感覚を破壊する。歴史はもうどうでもよくなり、遠い未来すらどうでもよくなる。

トレーンで支配的な学派は現実を無視している。あるものは時間を否定し、別のあるものはすべての存在が夢だと主張する。つまり、トレーンは人間の合理性の上に成り立っており、すべての複雑性とランダム性に対しては、人間は神にも等しい存在としてこれを処理しているのである。そのため、トレーンの失われた百科事典全四〇巻を発見したジャーナリスト（しかもテネシー州出身）によってトレーンが世界に知られるようになると、「この人間が生み出した最も偉大な作品の手引や選集、要約、逐語訳、公認の改訂版、海賊版などが世界中にあふれ、今も増え続けている。そして、間もなくその内容が現実のさまざまな点を塗り替えていった。いや、実際塗り替えは切望されている。この秩序ある惑星の綿密で膨大な証拠を前にして、トレーンに屈服する以外にできることなどあるのだろうか。トレーンは、人間によって作り出された迷路なのである[15]」。

トレーンのすべてが世界を一掃するのは、「見せかけの秩序と調和した」人間が作り上げた幻想の世界でのみ可能な秩序のほうが、現実の世界の理解しがたい性質よりも好ましいからだ。人は過去を忘れる。イギリス人もフランス人もスペイン人も地球から消え去る。そして、トレーンの歴史とトレーンの言語がはびこり、あなたはトレーンの存在そのものに屈するのである。[16]

一体、私たちはどこの星にいるのだろうか。経済学で危機を説明しようとすると、いつもこの疑問が執拗についてまわる。経済学を人間の性質というレンズを通してみると、経済学の世界がトレーンの世界とあまり違わないのではないかという疑問が湧いてくるのだ。

第9章 エージェントベースモデル

映画「ミッション：インポッシブル3」で、トム・クルーズ演じるイーサン・ハントは、スパイであることを隠してバージニア州交通局の技師として個性のない典型的な役人として暮らしている。あるパーティーで、二人の女性と話しているときに「交通局でどんなお仕事をしているの」と聞かれ、「通行パターンを調べているんです。高速道路でほんの一瞬ずつブレーキをかけていると、その連鎖反応は三〇〇キロ以上に及ぶんです。車の流れには記憶があるんですよ。すごいでしょう。まるで生き物ですよ」と答えている。女性たちの反応は「新しい飲み物を持ってくるわ。ウォッカ・マティーニでいい」「ええ、ありがとう」。

これは本当に驚くべきことだ。交通は、創発現象の素晴らしい実験の場なのだ。だれでもさまざまなパターンの説明のつかない渋滞を経験したことがあるはずだ。車を運転するときは、個々人はそれぞれの小さな環境、つまり周りの何台かの車を見ている。しかし今、整然とスムーズに走行する流れに乗っていたとしても、次の瞬間はなぜだか渋滞の波及効果に貢献しているかもしれない。交通の流れを評価するためにエージェントベースモデルが多く使われているのも当然だ[1]。

運転者はそれぞれ異なるヒューリスティクスを用いて道路に入ってくる。スピードも違うし、混み始めるとすぐに車線を変える人、左側車線（追い越し車線）でゆっくり走行して他者をイラつかせる人、右側車線でスピードを上げる人もいる。全員が状況に合わせて行動を調整しているのだ。多くの運転者は周りの車のスピードを見ながら走行している。しかし、運転者の思ったとおりには動かないこともある。例えば、別の車に追い越されるときにスピードを緩める車が多いことを私は発見した。一方、周りの車がスピードを上げて走っていれば、自分もスピードを上げる。それまでの経緯が重要なのだ。一車線の道で別の車を追い抜いた場合はそのスピードで走行を続けることが多い。車線の閉鎖による渋滞から抜け出すと、渋滞前のスピードに近い走りになる。スピードを出していても、すぐ先にスピード違反監視区間があることが分かっていればスピードを落とす。ただ、高速に慣れてしまって十分に減速できないこともある。

私は運転するときに、このような行動を利用してちょっとしたゲームをすることがある。もし私が左車線にいて、うしろから車が近づいてくると、私はスピードを上げる。私のスピードがその車と同じになっても、その車はもともと私を追い抜くつもりなので、さらにスピードを上げてくる。私は十分スピードを上げたところで右の車線に移って追い抜かせてから左車線に戻る。その時点で、私を追い抜いた車はそのスピードに慣れてしまい、もともとのスピードをかなり上回ったまま走っている。私はいずれあるねずみ捕りに備えて十分な車間距離をとっておく。

このような行動を、エージェントベースモデル（ＡＢＭ）のなかに散在させておいて、さまざまな交通パターンやヒューリスティクスの分布を変えて何回も実行することで、渋滞の起こり方の感覚をつかむことができる。また、モデルの高速道路の入り口と出口の配置を変えることで、新しいオフィス街の交通事情を評価したり、信号サイクルを決めたりすることにも使える。

交通用の最も単純なエージェントベースモデルは、セルオートマトンである。黒いセルを車、白いセルを道路上の開いた空間としよう。それぞれの車はエージェントで、すべてのエージェントは同じ単純なヒューリスティクスを用いている。つまり、前に空間があれば、そこに移動し、空間がなければ前の車が動いて空間ができるまでそこにとどまっている。

図9－1は、交通パターンと、このモデルを走らせたときに広がる渋滞を示している。一番上の図は交通パターンを追跡し始めたときの道路状況である。この図では、すでに渋滞が発生しており、五台が団子状になっている。五台目の車は前の四台が動かなければ進めない。図は、上から時間の経過順に期間ごとの道路状況を示している。車は制限時速（一期間に一マス）を守って走行しており、すぐ前に空間があれば、車はその空間に移行するため、図の右下に進んでいく。しかし、渋滞があれば（すぐ前に車があれば）、渋滞がなくなるまで同じ場所にとどまる。例えば、一番後ろを走っている車は、前に空間があるので前進していくが、期間8に入るときは前に小型トラックがいたので前進せず止まっていた。また、後ろから三台目の大型トラックは、期間3で渋滞に遭うと、自分の前の車が一台ずつ減っていくまで待っていた。しかし、動き始めて間もない期間10になると、期間6で始まった渋滞の波及効果が原因で再び止まることになった。

この最も初歩的なエージェントベースモデルは、この種のモデルのいくつかの重要な要

図9－1　交通の流れを示すエージェントベースモデル。交通問題にエージェントベースモデルを応用した単純な例。道路状況を上から時間の経過順に期間ごとに示している。車はすぐ前に空間があれば進み、なければ前の車が動いて空間ができるまでそこにとどまる。各車はすぐ前の車の有無に依存したこの単純なヒューリスティクスを用いている。この単純な例は、交通に関するより現実的なエージェントベースモデルの出発点となっている

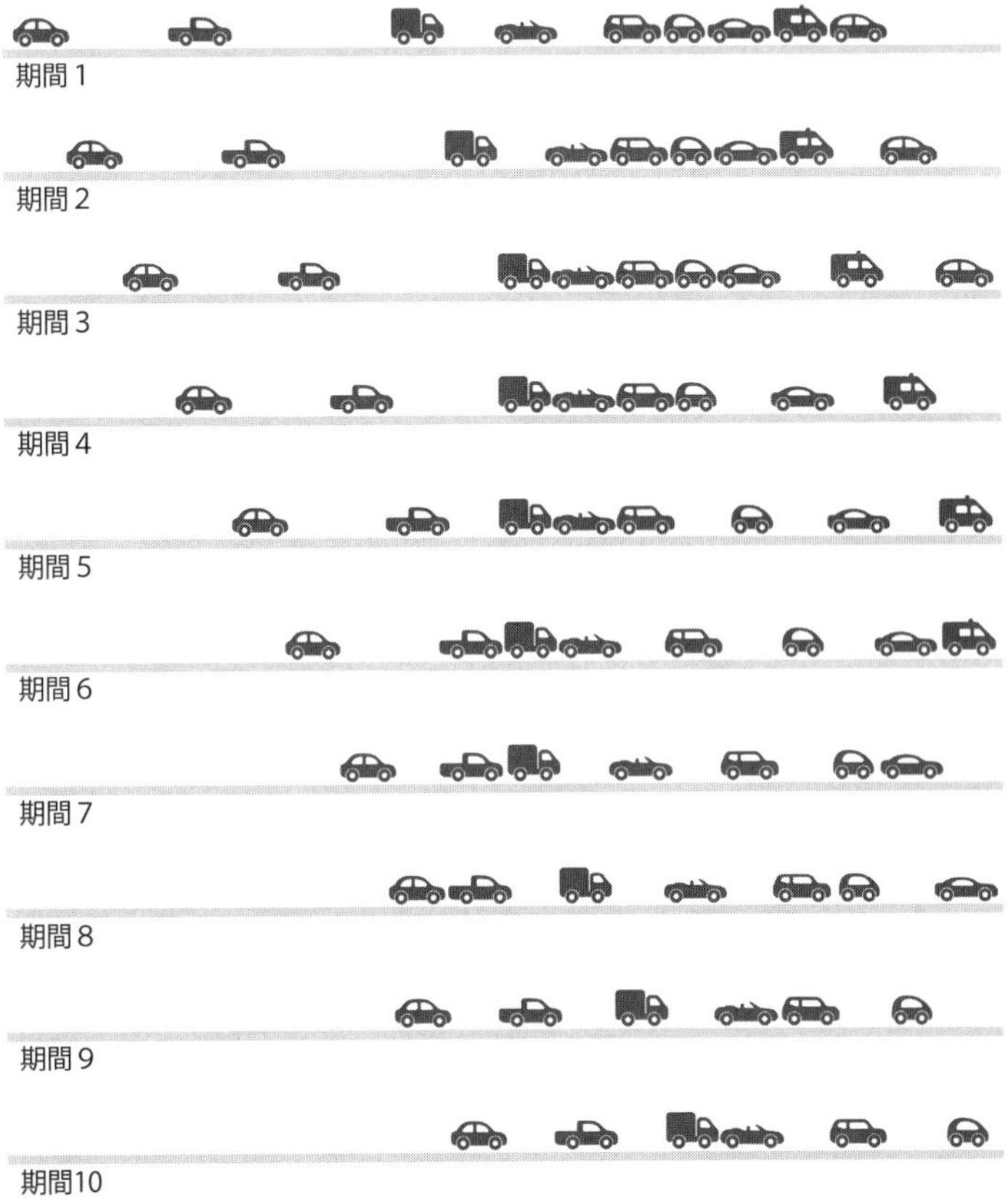

素を示している。一般道路で通常走行していた車が渋滞で止まり、そのあと進んだり止まったりすることだ。この状況は現実的で洗練されたさまざまなモデルの基本となっている。これをもとに、例えば渋滞に対処して車線を増やしたり車線変更のルールを変えたりすることができる。単純なモデルに前述の異質のエージェントを加えてもよい（運転者にスピードを選ばせる、前に空間があっても動く時期を選べるようにする、車間距離をとるようにするなど）。もちろん、渋滞の程度も変えることができるし、高速道路の入り口と出口を付けて、シミュレーションの途中で車がいなくなったり入ってきたりするようにもできる。さらには、渋滞の長さや、出入りする車の数を一日のなかの時間帯で変えたり、月曜日のラッシュアワーや週末のショッピングモールに向かう車の動きを加味したりすることもできる。

また、同じモデルを歩行者に応用することもできる。車と似たルールを使って、人も空いているところに動くことにするが、車は車線が決まっていたり、ほかの車を押したりすることがないのに対して、人は自由に動きまわるし、集団になると統制が効きにくくなる。車は渋滞すればじっと待つが、歩行者は特定の場所に殺到したり暴走したりするのはそのためだ。しかし、パニックを起こした群衆でも、障害物を置くことで何らかの秩序を強いることはできる。驚くことに、群衆と出口の間（出口から六〇～九〇センチくらいのところ）に障害物を置くと人の流れが大幅に改善し、スムーズな流れを生み出すことができるのだ。出口の近くに障害物を置いても状況を悪くするだけだと思うかもしれないが、実験してみると柱があるほうが全員がより速く退出できたうえにケガ人も減ったのである。障害物によって人が車に似た動きをするようになり、強制的に二つの列（統制はとれていないが）に分かれて、暴走が広がる方向を制限したからだ。[2]

この交通シミュレーションの例は、セルオートマトンを拡張したもので、エージェントベースモデルの本質を含んでいる。

- エージェント（車、人）の集合体があり、各エージェントは異質で、ある程度独立して自主的に行動し、全体は集中管理されていない。
- 各期間の始めに、エージェントはそれぞれ自分の環境を観察したうえで、それぞれのヒューリスティクスに従って行動する。エージェントにとっての環境は全体ではなく、自分の周りの状況のみ。
- エージェントの行動が環境を変える。

●次の期間になると、エージェントは前期間の自分の行動によって変わった新しい環境に基づいて行動する。つまり、エージェントと環境、エージェントと別のエージェントの間でそれぞれ相互作用が起こっている。

エージェントベースモデルはこのような流れで進んでいく。仕組みは本当に単純なのだ。エージェントベースモデルを交通渋滞の性質の研究に応用する際には、現実の交通状況は場所や密集度やヒューリスティクス（個々の運転者の性格）によって変わるため、正確には分からない。そのため、さまざまなヒューリスティクスや渋滞の程度などについて分布を変えてモデルを何回も走らせてみる。すると、流れがスムーズになることもあれば、そうならないときもある。こうしてシミュレーションを繰り返していくと、渋滞の確率とその密度を評価するための道路交通の性質が分かってくる。

金融システムは交通シミュレーションほど難しくない。私たちは特定の金融機関について、その重要な性質（例えば、レバレッジの度合いや資産内容やほかとの相互関係）の多くが分かっている（少なくとも当局はそれらを把握している）。ただ、彼らの危機にかかわるヒューリスティクスと、急に売り圧力が高まったときにマーケットがどう反応するかについては、はっきりとは分かっていない。つまり、ここでも交通分析と同様、さまざまな要素を変化させながらシミュレーションを繰り返す必要がある。

エージェントベースモデルの構成要素

結局、カギとなるのはさまざまなエージェントや彼らの環境によって引き起こされる相互作用の大きさと、彼らがその環境で用いるヒューリスティクスである。これは、ソロスの再帰性に当てはめることもできる。彼は、各エージェントに、認知と操作という二つの機能を与えていた。認知機能は環境がエージェントの行動にどのような影響を与えるかということで、操作機能はエージェントの行動がどの環境にどのような影響を与えるかということを意味している。

これらを金融危機用のモデルを開発するつもりで一つずつ見ていこう。

エージェント

エージェントベースモデルは公理から始めるのではなく、現実的な状況から出発する。金融危機について見ていくならば、最初のステップは、私たちの金融システムは特定の形で組織されているさまざまな金融機関で構成されていることを認識することである。ここには、銀行（例えば、ＪＰモルガン・チェースやシティバンク）、ヘッジファンド（例えば、シタデルやブリッジウオーター）、証券の貸し手、資産運用会社、年金基金、マネーマーケットファンドなどがある。これらの金融機関はそれぞれ相互作用を行っており、資金を供給したり、使ったり、仲介したり、マーケットメーカーになっていたり、担保のパイプ役になったり、カウンターパーティーリスクをとったりしている。それぞれが自分の周りの状況や、ビジネス上の関心、組織文化などに基づいて行動し、彼らの行動（それぞれが全体のシステムに影響を及ぼすだけの十分な規模がある）が環境を変え、ほかの金融機関の行動に影響を与えている。

ちなみに、新古典派の経済モデルのアプローチは違う。経済学者は、最初に「資本金Ｋの銀行があり、機能ｆ（何か都合の良い数式）を最大化しようとしている」などといった想定から始めるのだ。この何が問題なのだろうか。まず、実在する銀行については知っているため、抽象的な「銀行とは何か」を考える必要はない。それに、目的関数を最大化しようとしていると仮定することで、すでに扱いやすくなっているものをさらに抽象化することになる。演繹的手法の趣旨や、銀行が何らかの目的関数をあたかも最大化するような行動をしているとみなしたいのは理解できる。しかし、彼らの実際の行動は、かなり単純なヒューリスティクスによる場合が多いのだ。それならば、最初からそれを使えばよいのではないだろうか。

そうすれば、すぐに明確に定義された異質なエージェントができる。モルガン・スタンレーとゴールドマン・サックスでは、イベントに対する対応が違う。シタデルとブリッジウオーターでは、ポジションも、レバレッジも、リスクに対する姿勢も、マーケットが混乱したときの反応も違う。金融システムのなかの関係性や機能は重要だ。危機は、どこかの抽象的なシステムの話ではなく、私たちの金融システムのなかで起こるのだ。それに、危機が波及したり連鎖反応を起こしたりすることもすでに分かっている。もし危機がどのようにして起こり、広がり、どこが脆弱かを理解することが目的ならば、すでに存在する経済と、そこにある銀行の名前も数も分かっているなかで、「ある経済を想定し」、「N行の銀行があると想定する」必要があるのだろうか。

危機のときは、どの銀行がどう動くかが重要になる。危機は直接的で個別に異なるものであり、火星でも地球でも通用する抽象的な経済を分析しても仕方がない。それぞれの金融機関には異なる事業目的があり、とるリスクの水準も違うし、問題が起こったときの緊急対応策も違う。それだけでなく、それぞれの金融機関がさまざまなタイプのエージェントに当てはまる。シティバンクはさまざまな意味でＪＰモルガンと似ているが、違うところもある。例えば、レポ市場でＪＰモルガンは大きな役割を担っている。また、ブリッジウオーターのようなヘッジファンドとシティバンクのビジネスも明らかに違う。それぞれが違うビジネスを行い、違う経路で問題に陥るのである。

エージェントに関するポイントは単純だ。目の前にある明らかなことを無視する必要はない。金融システムは一つしかないのだ。もし金融危機を理解しようとするのならば、目の前の対象から始めればよい。これは理にかなっているだけではない。もし混乱した現実を取り入れないで抽象的なモデルとして走らせるならば、そのエージェントベースモデルは初めから失敗していることは自明である。それはもはやエージェントベースモデルではなく、数学的なアプローチをとる演繹的な新古典派モデルを走らせたにすぎないからだ。

異質のエージェントを使ったモデルに対する批判の一つに、モデルが過剰に最適化されるということがある。つまり、たくさんのエージェントがそれぞれたくさんの可能な動きをするため、何にでもモデルに当てはめることができるというのだ。また、適合に使うデータ数よりも解くべき変数のほうが多い。目指す結果を出すための変数の変え方も無数にある。このようにエージェントベースモデルは、美しさと節約が目的の人には、不規則で混乱したスクラムのように見えるだろう。しかし、現実の世界もまた、すべてが個々で違っている。たくさんの実際のプレーヤーを使わずに（数百程度でも効果はある）、抽象的で代表的なプレーヤーだけでシミュレーションを行うのは、美しさと真実を取り違えていることにほかならない。[3]

環境

交通モデルでは、エージェントの環境に、道路の特徴や周りのエージェントの位置やスピードなどが含まれている。一方、金融市場では、エージェントの役割によって、環境には資産価格や調達コスト、担保の質、信用力などが含まれる。交通の例とは違い、金融エージェントは通常、ほかのエージェントを環境の一部として直接観察しているのではなく、価格や調達などの動きを通してのみかかわっている。つまり、エージェントは環境のさまざまな部分とかかわっている。エージェントのなかには、特定のマーケットのみでトレードしている場合もあれば、借り入れをして行動している場合もあるし、貸している場合もある。また、貸し手のなかには担保を取っている場合もある。つまり金融システムの場合、環境はプレーヤー同士を結んで資金を流す配管のようなものと言える。この環境については、次の第10章で詳しく見ていく。

金融危機は広範囲に及ぶため、金融システムのなかの各プレーヤーの役割や相互関係なども含めてよく理解しておく必要がある。例えば、銀行は単純な機能の組織ではない。資産市場ではマーケットメーカーになり、調達市場では資金提供者とレバレッジを掛けるプレーヤーとの仲介役になり、直接または間接的にカウンターパーティーになることもある。

また、環境は、参加者の行動に基づいて明らかに変わる。価格は上がるときもあれば下がることもあるし、借り入れが増えることもあれば減ることもある。そして、このことが、その後のプレーヤーの性質を大きく変化させることもある。ポジションの清算を強いられるプレーヤーが出て、マーケットに大きな影響を及ぼすこともある。弱体化したり、失敗したりして市場からいなくなるプレーヤーもいる。このようにして、エージェントは環境の影響を受けているが、時には資金の流れやシステムの構造まで変わる場合もある。

ヒューリスティクス

シタデルとＪＰモルガンには少なくとも二つの接点がある。両社は貸し付けや借り入れを行い、シタデルは特定のタイプの資産のトレードをＪＰモルガンを相手に行っているからだ。シタデルは、これらの取引についてヒューリスティクスを持っている。もしレバレッジが高くなりすぎれば、ポジションを減らして借入額を下げる。どうすればそれが分かるのだろうか。もしかしたら、効用関数を仮定することで分かるかもしれない。ただ、この関数は目に見えるものではないし、シタデルの社員でさえ分からないし、彼らは明確な最適化などしていないだろう。これは、常識的なルールがどのようなものかを自分に問うこととは違うのである。シタデルの考えを知りたければ、シタデルの行動自身に語らせるしかない。

エージェントベースモデルは、公理から出発するわけではなく、合理性も前提としていない。エージェントは数学者でもないし理論学者でもないからだ。彼らは経験豊富で抜け目ないプロであり、一緒に仕事をしながら最適なルールやヒューリスティクスを決めている。危機が起こったときもそうだ。言い換えれば、もし金融のプロに私たちのヒューリスティクスと客観的な最適化機能を提示して選ばせたら、彼らはヒューリスティクスを選ぶ可能性が高い。プロは公式化された最適な行動が合理的だという認識がないどころか、経済学者が言うところの合理性を意識すらしていないかもしれない（それを見た行動経済学者は、プロたちが現実の世界とはかけ離れた合理的行動や公理を考慮せず、経済学的な合理的行動をしない理由を懸命に説明しようとするだろう）。

皮肉なことに、危機のほうが平時よりも複雑な状況であるにもかかわらず、ヒューリスティクスの働きがよく分かる。例えば、危機のときの会社の行動は分かりやすい。少なくとも私たちの関心がある大企業についてはそうだ。これらの会社は緊急対応策を備えているため、危機に対するフィードバック効果を持っており、顧客や当局がそれを理解しておくことは妥当だし賢明でもある。一方、平時の決定はそのときの利益機会に基づいていたり、あらかじめモデルに組み込んであったりするため外部からはなかなか分からない。企業に「どうやって儲けているか教えてほしい」とはなかなか聞けないからだ。このことはエージェントベースモデルを金融市場に応用し始めたころの課題の一つだった。当時は、トレーディングモデルにエージェントベースモデルを適用したのだが、各売買主体のヒューリスティクスが明らかでなく、モデル化が難しかった。そのため、モデルは実際のトレードを中途半端に模倣した手法（モメンタム、回帰、バリューベースなど）を仮定せざるを得なかった。しかし、その方法では現実の世界のエージェントの特異な行動を特性化するというエージェントベースモデルの重要な価値が失われてしまうのである。

相互作用

実在する金融機関についてはわかっているため、相互作用はこれらの企業が直面する事象に基づいて日々何をしているかを観察すれば分かる。彼らが見ていることのなかには、ほかの企業の行動の影響も含まれており、私たちの手法では、相互作用を見ることが核となる。やり方は単純だ。交通のケースと同じで、ステップごとに追跡していく。エージェントはそれぞれ環境の一部を見てから、ヒューリスティクスに基づいて行動し、その行動が環境を変える。そして、次の期間（金融機関ならば一日単位、鳥の群れならば一秒単位）

に移行して、同じプロセスを繰り返している。

彼らの行動が環境を変え、その環境が彼らの行動を変えるということは、プレーヤーと環境の相互作用が生まれている。エージェントの次の行動は、直前にそのエージェントやほかのエージェントが行ったことに左右される。ちなみに、これを調整する必要はないが、ヒューリスティクスの一部に組み込むことも簡単にできる。エージェントはそれぞれが自分の事業に注力していても相互作用は起こり、いずれ複雑な力学が支配する系のなかで、直接的な数学的分析では分からない創発現象の引き金が引かれることになる。

全体の動き

金融システムにおける各エージェントは環境を観察しているが、その環境にはほかのエージェントの行動や自分のヒューリスティクスに従った行動の影響も含まれている。ただ、エージェントは行動するときに、ほかのエージェントの行動など考えていないし、ましてや自分や他者の行動が合わさるとどうなるかなどと考えているわけではない。金融システムにおいては事前に決まっていることは何もない。しかし、その行動の結果として展開された世界はエージェントとモデルを作った私たちを驚かせる。これは、モデルを走らせてみなければ分からないことである。私たちは個々の参加者の行動を見て、そこから起こるグローバルな現象を解明する方法を見つけようとしている。

この行動は、経済学で主に使われる合理的な期待で構成される世界とは対極にある。これは、トーマス・サージェントが「典型的な合理的期待モデルのなかの差異」と呼んだ世界で、全員（銀行やさまざまな投資家や当局でさえも）複雑な相互作用のネットワークのなかにいるにもかかわらず、将来について同じ見方をし、自分や他者がどう行動するかが分かり、未来を決めることができるとする世界である。つまり、「モデルのなかのエージェント」や計量経済学者や神までもが同じモデルを使っている世界だ。[4] サージェントは、これをモデルの対象とされたシステム（系）そのものが、そのモデルで規定された行動をとらなければならない世界だとして、合理的期待仮説に基づく「モデルの共産主義」と呼んでいる。これならば完璧に理論的だ。モデル化したシステムの一貫性について反論する余地はない。しかし、なぜこれを根拠にモデルの製作者はそのモデルが正しいと言えるのだろうか。機械的で過去と同じことが繰り返される世界ならば、もともと合理的に決まっている。

ただ、小さな問題が一つある。それは私たちの実際の世界とは違うことだ。

この問題を解決するために代替案として、私はエージェントベースモデルを提案しているのだが、すでに不当な非難を受けている。それならば、エージェントベースの物語とでも呼んだほうが分かりやすいのかもしれない。危機に見舞われた金融システムは、物語のように展開する。少なくとも数学の論文よりはナラティブに近い。危機（例えば、ベアー・スターンズの破綻）の最中にいる人の観察と行動は、合理的期待モデルには従わない。これは何が起こっていて何が最善策かを会議室で解明しようとしているストレスで疲れ切った人たちの物語なのである。

ヒューリスティクスに基づく動的な相互作用に注目したモデルと一般的なモデルの違いを示す例として、第3章のボイド（鳥の群れのモデル）を思い出してほしい。V字編成で飛ぶ鳥の能力をどう説明すればよいだろうか。新古典派経済学的な方法で取り組むならば、まず編成を組んで飛行する鳥の力とスピードを最適化する効用関数を決めるだろう。これは複雑な数学の問題で、延々と計算し続ける必要が出てくる。

鳥たちが実際に使っているヒューリスティクスは分からないが、試してみるならば、ヒューリスティクスは単純なほどよい。また、調整や伝達も少ないほどよい。鳥たちはきっと微分方程式や流体動力学モデルは使っていないだろうし、長距離の通信手段も持っていないだろう。そこで、何か単純で妥当に見える方法を試して結果を見ることにする。相互作用に注目する方法は、例えばそれぞれの鳥が目にした状況、つまりすぐ隣の鳥に反応して行う単純なルールから始めることができる。

結局、一秒ごとにそれぞれの鳥が離れたり並んだり集まったりするルールに従って飛んだときの相互関係を追っていくと、きれいなV字編成が出来上がる。そして、大きな群れになると、数学的手法では追跡できないような息をのむほど複雑でダイナミックな編成が出来上がる。鳥ができるのだから、銀行員だってできるはずだ。

これまで見てきたとおり、同じ手法を使って複雑な動き――いつの間にか起こって突然解消する渋滞という創発現象や、球場から出ようとする群衆が暴走して死者を出すようなことなど――を調べることができる。群れのなかの鳥と同様、運転者も道路のほんの一部とすぐ近くの車しか見えていない。また、運転手は主に自分の車のことだけを考え、周りの車の動きを見ながら自分のヒューリスティクスに従って反応している。そして、ヒューリスティクスは運転者ごとに違う。ただ、鳥のヒューリスティクスは分からないが、運転者のヒューリスティクスなら何となく分かる。それでも、もしかしたら最も単純なルールは、ボイドのそれとあまり違わないのかもしれない（例えば、前の車と一定の距離を維持して同じスピードで走るなど）。

結論

危機は均衡状態でもそれに近い状態でもない。危機はモデルのなかにデザインされているわけではなく、モデルに組み込まれていないのに起こる現象なのである。数学的モデルは破綻が避けられない。つまり、あらかじめ決まっていた経路にはない世界に踏み込んでいってしまうのだ。危機は単純なファットテールではなく、つぼから取り出した最悪の球なのだ。しかもこれは新しいつぼ（新しい確率分布）であり、エルゴード的でないから特定することもできないし、計算既約なのであらかじめ予定しておくこともできない。

危機も、新しい力学であるという明らかにトートロジー的な意味合いを除けば、それはレジームシフトとは言えない。もしレジームシフトが「今回は違う」という程度以上にきちんと構造化されていれば、つまりそのレジームを「平時」「悪化時」「危機」のように段階的に明確に定義するのならば、それは単に問題を先延ばしにしているにすぎない。危機のレジームは、経験やマーケットや戦略だけでなく、ポートフォリオの保有資産やレバレッジまで変わってしまうため、それまでとはまったく違うものなのである。つまり、危機は平時のレジームが単に悪化したことを意味しているのではない。危機をレジームシフトの枠内で定義するのは、その場しのぎの解釈であり、ファットテールイベントが発生したときに「何か本当に良くないことが起こった」と言っているのと同じで、「普通のときもあればそうでないこともある」ことを格好よく言ったにすぎない。その意味では、「ブラックスワン」という概念も、ファットテールイベントを別の言葉で言い換えただけにすぎない。このようなことが起こるとかすでに起こったということをただ宣言するだけならば、危機が突然起こったときに大騒ぎするだけで、理解して検証しなければならない本質的な力学を無視していることになる。

ルーカスは、「通常、空を飛ぶ原理を理解していると主張する人は空を飛ぶ機械を作ることができるはずだし、景気循環を理解していると主張する人は景気循環を作り出すことができるはずだと思う」[5]と言っている。言い換えれば、危機を理解するためには、それを生み出すことができるシステムを作り出さなければならない。そして、そのためには次のような点に取り組むとよいだろう。

●その動きは計算既約なので、数学的な近道を見つけようとしないで全行程をたどる必要がある。
●文脈が重要なので、必ず文脈を含める。また、文脈は一人ずつ違うため、異質であっても受け入れる（私たちは人間だということを忘れない）。
●相互作用は重要なのでそれも考慮する。
●私たちはヒューリスティクスを用いて相互作用を与えているため、エージェントもヒューリスティクスに基づいて行動するようにしておく。
●相互作用は環境を変え、それが創発現象につながることもある。そのため、モデルを構築するときは創発性を排除せずに観察できるようにする。

ショックが伝播し、連鎖し、環境や私たちの知覚や経験を変えるかを理解することで、未来の行く末だけでなく、ラジカルな不確実性を解明することにつながる。それを再現することが、エージェントベースモデルという手法の核となる。エージェントベースモデルは危機のときに特に明らかになる世界のなかのいくつかの本質的な特徴に気づかせてくれる。代表的なものを挙げておこう。

●現実の世界　現実の世界は豊かで複雑なところだ。たくさんの異なるプレーヤーや会社や構成要素が人々の行動に影響を与えている。個々人の相互作用は複雑でときに想定外でもあり、それがシステムのなかの予想を超えた非線形的な結果を生みだす。現実の企業（モルガン・スタンレー、ゴールドマン・サックス、シタデル、ブリッジウオーター、フィデリティ、ブラックロックなど）には、それぞれ特徴がある。また、規制（ドッド・フランク法、ボルカールール、バーゼル法など）はエレガントではないが現実的で、リスクを減らし、行動を抑制するが、巻き添え被害や脆弱性を生むことにもなり得る。

エージェントベースモデルは公理から出発しないし、トップダウンの演繹的な手法でもない。私たちは、火星かどこかの星の経済ならば機能するかもしれないモデルを作ろうとしているのではない。しかし、経済学では火星にならあるかもしれない世界（実際のマーケットに汚染されていない理論どおりに動く世界）を前提にモデルを構築しているように思える。

●私たちは一人ひとり違う　現実の世界で考えるということは、実在の金融機関や彼らの実際の運営体制を理解することである。私たちは言うまでもなく一人の人間以上のものだ。しかし、新古典派経済学のモデルは全員が同じ人だと仮定しているだけでなく、全員をひとまとめにして代表的エージェントとしている。

●**私たちは環境に影響を与えている**　大手金融機関が危機に直面したときに意味のある行動をすれば、必ず金融システムに幅広く影響を与える。巨額のポジションを清算したり、調達市場やカウンターパーティーや信用リスクにも影響が広がったりするからだ。彼らの行動は目先では賢くても、システム全体への影響を考えると賢くないかもしれない。このような行動は、時には意図的に環境を変えるために行われることもある。

●**私たちは相互に影響し合っている**　代表的エージェントという概念とは違い、システムのなかではたくさんの力が相互に影響を及ぼしている。性格が似ているエージェントは代表的エージェントとしてまとめてよいと思うかもしれないが、彼らも複雑で予想外の世界を生み出す。これが環境にも影響を及ぼし、環境も彼らに影響を及ぼし、彼ら同士も相互に影響を及ぼす。このことについては、マーケット危機を見るうえで最も重要な動きで、エージェントベースモデルでもカギとなる動きである投げ売りを通して議論していく。投げ売りは、価格のショックや調達のショックが起こって、企業がポジションの売却を強いられたときに起こる。しかし、その売りによって価格はさらに下がり、清算の規模にもよるが、下げ幅が大きいと新たな売りを強いることもある。このような売りは、たいていマーケットの圧力を上回る量に達し、ショックはさらに広がる。

●環境が私たちに影響を及ぼす

変化する環境が私たちの行動を変える。もし環境が変われば、私たちが変わり、私たちの文脈が変わる。つまり、個人のヒューリスティクスは固定ではなく、環境によって文脈とともに変わっていく。もちろん、あらゆるタイプの学習アルゴリズムを使って複雑性に取り組むことはできる。しかし、これから見ていくように、人がどう世界を認識するかについて、私たちが生まれつき持っている性質が人間行動に対する要素還元主義者のアプローチを誤らせることになる。

このような特徴は、未来はそのときにならなければ分からないという知識の限界がもたらしている。もし私たちの行動が環境を変え、それが他者に影響を及ぼしてさらに環境を変え、それらがすべて文脈のなかの変化に左右される行動によって起こるのならば、システムを理解するのに演繹的手法を使うという考えは間違っている。これは文脈が変わらないときや、全員が同じような人ばかりのときならばうまくいく場合もあるが、現実はそうではない。

最後に付け加えると、トーマス・クーンは『科学革命の構造』（みすず書房）のなかで、パラダイムが異なれば、理論を評価するルールも異なるし、科学的研究の良し悪しを評価する基準も異なってくると述べている。複雑性を扱うエージェントベースモデルやそのほかのシミュレーションの手法は、計算既約性やエルゴード性などの前提から始まるパラダイムにはなじまない。エージェントベースモデルを経済学やファイナンスに応用した研究（危機に関する研究であってもなくても）が伝統的な経済学誌にほとんど掲載されない理由の一つがここにあることは間違いない。これらはむしろ、このようなシミュレーション手法の専門誌や、このような手法が広く受け入れられている主要な科学誌（ネイチャー誌やサイエンス誌など）で散見されるのである。

第10章 複雑性の世界のエージェント

エージェントベースモデルは複雑な問題に取り組むための手法で、いくつかの型がある。[1]私たちは、複雑なものを見ると直観的にそれがリスクを生み出しそうだとか理解しにくそうだなどと感じる。複雑系にかかわると、悪いことが起こりそうな気がするのだ。そして、悪いことは、予期しないときに予想外の形で起こる可能性が高い。ちなみに、創発現象とラジカルな不確実性は複雑系から派生している。複雑というのは、そのシステムを簡単に説明できないし、省略もできないということである。そのシステムを知りたければ、一つずつ辿っていかなければならない。これは、計算既約性の問題とよく似ているし、実際、深い関係がある。また、計算既約であることに加えて、情報も限定されている。

複雑さは、ひねった問題が好きかどうかによって、イラ立たしいものにも面白いものにもなる。私たちは、複雑な世界では事故が起こりやすく、そしてそれが起こった場合にはより深刻になることを直観的に知っている。結局、機械も部品が多いほど不調を起こすリスクは高くなるし、相互接続が多い仕組みほど一つの失敗が全体に波及するリスクも高くなる。私は、二〇〇七年に書いた『市場リスク――暴落は必然か』（日経ＢＰ社）のなかで、市場危機が起こる原因のカギとなる要素は複雑さと密結合だと書いた。

しかし、ここまではまだ金融市場にとって重要な複雑性のタイプを定義していない。複雑性という傘の下にいくつかの異なる概念が隠れていることは、複雑性がさまざまな分野（物理学から工学、生物学、社会学、そして経済学まで）で注目されていることを考えれば驚くことではない。実際、物理学者のセス・ロイドは複雑性の種類を説明の難しさと創造と組織化に分けて、多方面からこの三つのどれかに当てはまるとして提案された複雑性の約四〇の基準について書いている。

経済学やファイナンスでは、どのタイプの複雑性が重要で、それはほかの分野の複雑性とどこが違うのだろうか。物理学や工学やコンピューターサイエンスの複雑性の測定値は、三つのタイプ――システムを説明するために必要な情報量、部分同士のつながり、システム内の非線形性の影響――のどれかに入る。しかし、経済的な現象、特に危機のときの状況を理解するためにはこの三つすべてが重要である。

情報と複雑性

ルネサンス時代の哲学者ゴットフリート・ライプニッツは、分かっているなかで最も早くから複雑性を研究していた一人である。彼は、一六七五年に「説明に使われるものは説明の対象よりも単純である」という価値ある理論を提唱した。そうでなければ、その理論は役に立たないか、説明の対象が「法則性がない」からだ。ライプニッツが提唱した複雑性は、情報可約ということである。システムは、そのなかの情報よりも少ない情報で説明できれば、情報可約ということである。つまり、より複雑なシステムは、説明するのも再構築するのも難しい。例えば、数字の列はそれ自体よりも短く言い表す理論やモデルがなければ情報既約である。その数列を、それ自体よりもずっと短く表すプログラムや計算式がないということだ。例えば、一〇億桁まで書き出したπは膨大な数字の列で、非常に複雑に見える。しかし、それよりもはるかに少ない数の数字（二項形式）で表すことができるアルゴリズムが存在する。そのため、πは長い数字の列だが、情報を簡略化できるため、さほど複雑ではない。一般的に、数学的に表すことができるシステムは、情報可約という意味ではそこまで複雑ではない。つまり、世界を数学的なモデルに結び付けて考えていると、システムの構造における複雑性の重要な側面を見逃しかねない。

しかし、ほかの現象もある。例えば一〇億個の数字をランダムに並べた数列のように、情報既約という意味で複雑で、理論化できないものだ。このような情報既約という考えが、計算既約のシステムの複雑性に私たちの目を向けてくれる。もし一つずつ数字を書いていかなければその数列が分からないのならば、それは実際にたどっていかなければ未来の状態が分からないこととあまり変わらないのである。

連結性と複雑性

連結性と複雑性の概念を使うと、一つの行動がシステムのほかの要素にどう影響を及ぼすかを測ることができる。つまり、相互作用の複雑性を測ることができるのである。連結性の簡単な例に、ハブアンドスポーク方式の航空ネットワークにおける重要なノードの喪失が及ぼす影響がある。大雪でシカゴのオヘア空港が閉鎖されると、たくさんの人が足止めを食らう。このなかには快晴のフロリダ州にいる乗客も含まれている。動的なシステムは、部分的な相互作用の行動とフィードバックからも生まれる。ハーバート・サイモンは、複雑性のシステムのためのフラクタルに似た基準を提唱した。階層（システムがサブシステムで構成され、それもさらなるサブシステムで構成されているという階層システム）を層ごとに観察するのだ。連結性と複雑性の関係は、ネットワーク理論の基盤である。ネットワークは、連結によって定義され、ネットワーク理論はネットワークの複雑性を定義しようと努めて、さまざまなネットワーク構造の安定性を分析しているのである。

非線形性と複雑性

非線形システムが複雑なのは、一部分の変化がシステム全体に広がって、別の部分に予想外で不当に大きい効果を及ぼすためである。有名な「バタフライ効果」はその一例だ。アンリ・ポアンカレが一八八九年に初めて三体問題を分析したことがのちにカオス理論の発展につながり、単純な非線形システムであっても解決が困難で複雑な結果を生む場合があることが分かった。人間のシステムにおける支配的かつほぼ逃れられない非線形性は、私たちが従っている社会や組織や法律の規範や、与えられた環境における人々の行動にはあまり見られないが、これらのフィードバックサイクルの力学の複雑性に見られることになる。非線形性の分かりやすい例に、創発現象がある。線形または単純なオン・オフのヒューリスティクスを用いている個別のエージェントがルールどおりの行動をするだけでも、システム全体として見るとまったく非線形的な結果になり得るのだ（例えば、交通渋滞、暴動、フラッシュモブなど）。

複雑性の定義は、それを応用する目的によって変わってくる。金融危機の場合、複雑性の基準のすべてが必要になる。金融が複雑性を生み出すもう一つの重要な点は、実体のある世界とは異なり、技術や社会の進歩による副産物としてではなく、それが意図的に生み出されるということである。なぜなら、複雑性は適切に利用すれば競争力につながるからだ。

三つのタイプの複雑性は人間のシステムのなかで相互作用しているが、それぞれが知識の限界に至る性質の一つに自然につながっている。名前からも分かるとおり、情報既約性は、計算既約の複雑性の重要な概念だ。実際、システムは、たとえ線形でつながりが多くなくても、複雑性の概念に基づいた計算既約になっている場合もある。創発には個々の相互作用が不可欠なため、結合性は創発という複雑性のカギとなる概念と言える。もしエージェントが全員同種で、各エージェントの行動が線形な情報可約のシステムであっても、創発現象は起こり得る。非線形性によって実現される複雑性の概念は、非エルゴード性のシステムにつながることもある。これは、たとえ参加者のヒューリスティクスとそれが環境に与える影響を、線形または二項関係で表すことができる場合でもそうだ。行動と、それによる環境の変化のダイナミクスの間のフィードバックによって非線形の結果が生じれば、創発は起こり得るのである。

複雑性を情報既約性、結合性、非線形性という観点から見て、制約を計算既約性、創発性、非エルゴード性という定義で見ると、複雑性と私たちの知識の限界には関連があることが分かる。つまり、複雑性は単に「混み入っている」のではなく、私たちの知識の限界の水準を超えるところから発生しているのである。また、エージェントベースモデルが緩く定義された（複雑性の定義自体が明確でないためそうならざるを得ない）複雑系科学の分野のツールだということも分かる。さらに言えば、複雑な世界ではエージェントベースモデルならばうまくいくのに対し、なぜ経済学が役に立たないのかも分かる。

複雑なシステムを理解したりモデル化したりするのが難しいことは分かっている。複雑性が増すと、予期しない間違いが起こる可能性も高くなるからだ。このことが、ファイナンスや経済学における複雑性の最も大きな特徴となっている。複雑性は予期しないリスクという驚きを生み出す。ここでキーワードとなるのが、予期しないということである。複雑性はリスクがより多いことと同義ではない。綱渡りをしたり、ルーレットをしたりすればリスクが生まれる。しかし、複雑性は「無知の無知」タイプのリスクを増やす。これは私たちにとって最も手痛いリスクで、私たちを不意に襲い、それを予期することも観察することも防御することもできない。システムは、そのすべての状態を説明できなければ複雑（およびラジカルな不確実性）である。そして、このようなシステムでは、理解しているつもりでも、どきどき困惑するようなことが起こる。

金融危機の複雑性についいては、時間枠のことも書いておかなければならない。知識の限界が複雑性の始まりを意味しているが、必ずしもそれだけに由来しない複雑性もある。例えば、もしほんの何秒かで対応しなければならないのなら複雑に見えることでも、一～二カ月の猶予があれば複雑ではない問題もある。そして、時間枠の重要性は、複雑性と密結合を合わせて考えなければならない理由でもある。密結合は、私たちが分析したり反応したりするよりも速くプロセスが進行するということを意味している。時間内に複雑性に対処できなかったため、危機が惨事をもたらした例はいくらでもある。例えば、チェルノブイリ原子力発電所の事故やパイパーアルファの油田爆発事故は、複雑性が問題を封じ込めるのに必要な時間よりも速くシステム全体に広がったことで大惨事を引き起こした。複雑なシステムであっても、全体を確認する十分な時間があれば、複雑に見えないこともある。

再帰性

次は、人間社会における複雑性の重要な原因で、人間の相互作用と経験という性質によってもたらされる再帰性について見ていこう。

一九九八年九月、大いに称賛されながら不運に終わったヘッジファンドのＬＴＣＭ（ロング・ターム・キャピタル・マネジメント）は、資金繰りが切迫するなかで「親愛なる投資家のみなさまへ」から始まる有名な手紙を送り、顧客にさらなる資金提供を求めた。ＬＴＣＭは、目の前に大きなチャンスが迫っているが、最近の損失によって現金が少し足りないと論理的に説明したうえで、新たな出資を依頼したのだ。しかし、この手紙は明らかに失敗だった。これによってＬＴＣＭが問題を抱えているという見方が広がり、投資家は

ＬＴＣＭの懸念が実現するのに手を貸す行動をとった。彼らはこのニュースを聞いて、ＬＴＣＭが主要なプレーヤーとなっているマーケットで保有資産を売却したり空売りしたりしたため、それがさらに価格を下げ、ＬＴＣＭの損失は拡大した。もしこのとき資金がいずれ入るという見方や手紙による新しいチャンスの売り込み（かなり見え透いていたが）をうまく投資家に納得させることができていれば、投資家の反応も違っていたかもしれないし、破綻を回避して本当に新しいチャンスで成功していたかもしれない。

ＬＴＣＭを設立したジョン・メリウエザーは、ＬＴＣＭ破綻のあと同僚のビクター・ハガニに「ハリケーン保険を引き受ける人が多いということは、ハリケーンに襲われる可能性は低いということだ。しかし、金融市場では違う。金融保険を引き受ける人が多くなれば、惨事が起こる可能性は高くなる。君が保険を売ったことを知っている人がそれを起こすことができるからだ」と語ったという。

ＬＴＣＭの場合、投資家の判断は正しかった（その判断に基づく行動が破綻を促進したという側面はあったとしても）。しかし、考えと行動の相互作用は、必ずしも客観的な真実と関連していない。大事なことは個人の主観的な見方と解釈なのである。一九四八年に、社会学者のロバート・Ｋ・マートンがこのような相互作用を「自己成就予言」と名付けた。

「自己成就予言は、最初は間違った状況認識であっても、それが新しい行動を生むことで最初の間違った概念が正しいことに変わる」。つまり、できると言えばそうなるということだ。公に表明すると、他者がつられて行動することで、たとえ事実無根であっても表明したことが実現することもある。辛辣なゴシップサイトであるゴーカーが「今日のゴシップは明日のニュースだ」と公言しているが、金融市場でもそうなることが多い。

歴史を振り返れば、事実かどうかは別として、預金者や投資家の思い込みによる銀行の取り付け騒ぎが起こり、それによって経営危機に陥った例がたくさんある。二〇〇八年には、リーマン・ブラザーズを率いていたリチャード・ファルドが破綻の原因として似たような言い訳をした。一九〇七年には、ニッカーボッカー信託の破綻が金融システム全体の崩壊につながる恐れが広がったため、ＪＰモルガンが救済した。[2]

この延長線上にあるのがソロスの再帰性だ。マーケットの期待は、たとえそれが間違っていたとしても、それまでの経済学が示唆するように期待が現実に近づいていくのではなく、期待がマーケットの活動を促して現実を期待に合わせようと変えていくとしている。

再帰性は、参加者と環境の間にフィードバックがある動的システムである。この広義の定義を使って再帰性は経済学を超えて、社会学、生物学、そして哲学まで、さまざまな設定で応用されてきた。この定義はエージェントベースモデルがもともと再帰性のモデルであることを示しており、少なくともこの特性に合う課題に応用されるときはそう言える。

再帰性は、もっと一般的には、エージェントの行動と環境の状態がリンクしている動的システムにおけるフィードバックによる必然的な結果を示している。人間の世界ではそれを経験と呼んでおり、その経験は世界の見方を変える。機械的なシステムには通常、このタイプのフィードバックはない。相互作用やフィードバックはあるかもしれないが、それによって本質的な有機的構造は変わらないのだ。別の言い方をすれば、フィードバックによって、システム構造にあらかじめ決まっていない形の変化が起こることはない。動的システムのフィードバックは、本来とても人間的なものだ。ポジティブフィードバックかネガティブフィードバックかということ以前に、フィードバックの存在そのものが環境や反応の性質を変え、その変化が最終的にシステム自体を変えるのである。

エージェントベースモデルは再帰的な世界で作動する。エージェントは期間ごとに環境を観察し、それに合わせて行動を決め、それによって変化した環境が次の期間に明らかになる。環境には、各エージェントの行動がほかのエージェントに与えた影響も反映されている。再帰性とエージェントベースモデルの関係は、第9章で見たエージェントベースモデルの特徴（エージェント、環境、ヒューリスティクス、相互作用、全体の動き）と次のエリック・ベインホッカーによる再帰性を組み込んだモデルに欠かせない条件を比較すると分かる。[3]

●ある環境のなかで、各エージェントがそれぞれの目的を追求している。
●エージェントは環境と相互作用し、ソロスが操作機能と呼ぶタイプの行動によって環境を変えることができる。
●エージェントは、ソロスが認知機能と呼ぶ機能を使って環境を観察し、目的に対する自分の位置付けを再評価する。
●各エージェントは認知機能と操作機能を関連付け、調整するモデルを持っている。彼らは自分の目的にかかわりのある環境を変える方法を理解している。

ベインホッカーは、これらは再帰性の必要条件だが、それだけでは十分条件ではないと書いている。欠けているのはあと二つの条件で、それがエージェントベースモデルと再帰性の関係をさらに複雑にしている。

●エージェントは複雑な環境で作動している。モデルの複雑性は、エージェント同士の相互作用とシステムの非線形的なフィードバックの二つがもたらしている。
●エージェントの行動の基となるヒューリスティクスは、ほかのエージェントや環境との相互作用に反応して変化する。そのため、環境に対する知覚とエージェントの内部モデルの間にはフィードバックがある。[4]

知識の限界と可謬性

それでは、ソロスの再帰性の二つ目の重要な条件である可謬性はどうだろうか。人間の世界はもともと可謬性にあふれているが、もしそれがなくても、人はその瞬間に合理的な行動をとらないことが理にかなっていると思えば非合理的に見える行動をとり得る（ヒューリスティクス）。彼らはその行動によって、これから起こる予期できない創発的なこと（科学者や哲学者や魔法使いを動員しても分からない）を逃すかもしれない。彼らは、なかなか歴史の教えを重く受け止めきれていないように見えるかもしれないが、それは未来が過去と違えば、歴史の教えは役に立たないからなのである。

エージェントベースの経済学の成果（エージェントのモデルや複雑性、相互作用の力学、環境の変化などを調整したもの）を組み合わせると、再帰性システムの処方箋になる。エージェントのモデルは学習ができるが、動的システムのなかの相互作用によって学習したことを行動に移すころにはシステム自体が変わっているため、学習したことは十分発揮されない。可謬性は、文字どおりでなくても運用上、必然的な結果なのである。つまり、エージェントは学習する（認知機能の一部）が、そのあと行動を調整している（操作機能の一部）。そして、それを複数のエージェントが行うと、ゴールポストが動いていく。そのため、複雑な環境を対象にモデルを構築し学習によってそのパフォーマンスを改善しようとすると、知識の限界という問題に直面することになる。

しかし、ソロスの議論に付け加えたいことがある。平たい言葉で言えば、私たちがもっと常識的な意味で人間としての必然的な資質である愚かさを持っていることも、可謬性に寄与しているのである。私たちは、時にバカバカしいことや意味のないことを訳もなくしてしまうことがあるのだ。

全員が同じモデルを使い、世界はそのモデルのとおり動いているとする合理的期待仮説に愚かさの入る余地はない。そこでは、エラーが起こったとしても、それらは無害で悪さをしない。一般均衡理論は、いつでも全員が未来に起こり得るすべての状態を知っているとしている。不意打ちを食らうことはないというのだ。そしてもちろん、効率的市場仮説も、作られた世界のなかでは、理にかなわない行動は起きないとしている。全員がすべての情報を持っていないとしても、彼らは入手した情報を使って手際よく正しい行動をするというのだ。これらの行動は最適解からは多少ずれていてもおおむね正しく、道を大きく外れて森で迷子になることはないというのだ。

だが、私たちは、人間がもともと愚かなものだということを認識する必要がある。私たちは、説明し難い有害なこと（いわゆる弁明の余地がないこと）をわざわざすることがある。これはライプニッツの「どんなことにも原因がある」という有名な原理や、一八世紀の合理主義には反している。科学者は、存在するものはすべて説明できるのだから予測や計算もできるに違いないという強い信念に促されて、すべてのことの理由を熱心に探求してきた。意味のある人生を送りたければ、理由のない行動や目的のない行動は避けるはずだということだ。

しかし、文学の世界の認識は違う。クンデラは、一九世紀フランスの偉大な作家グスタフ・フローベールが愚かさを発見したことについて「あえて言うが、これは科学的思想を大いに誇る世紀における最大の発見」だと称賛している。もちろん、フローベール以前にも人々は愚かさの存在を知ってはいたが、少し違う理解をしていた。愚かさは、単なる知識のなさであり、教育によって矯正できる欠点の一つだと考えられていたのだ。フローベールは小説『ボバリー夫人』のなかで、愚かさは人間の存在と切り離すことができないと書いている。「愚かさはかわいそうなエマに一日中、愛の床から死の床までずっと付きまとった。愚かさは科学や技術や近代化や進歩によってなくなるものではなく、むしろそれに合わせて進化するものなのである」

ドストエフスキーの『地下室の手記』の主人公は、自らの愚かさを享受している（彼は自分が愚かであることが分かる程度には賢いが、自分の愚かさと奇行を、数学的決定論に従う世界への反抗宣言だと考えている）。地下に籠もった無名の男は、「諸君、二×二＝四が確かであると考えるのは、生ではなく死の始まりなのだ」と書いている。数学的な決定論は、人間の欲望や想像を停止させる。「一九世紀に生きる人間というものは、精神的にも現実的にも著しく特徴のない生き物なのだ」。地下室に籠もった男は、官僚をやめて苦々しい空想をふくらます生活を始め、愚かで風変わりで有害なものを望む権利を主張した。「それは人間にとって最も重要で貴重なもの、つまり私たちの性格と個性を守ってくれるものだからだ」。地下室の男は、人間を完璧な計算機だとする科学的合理主義に対抗して、自分こそが人間の本質を擁護しているのだと信じている。[5]

経験不足と愚かさは、どう定義しても、人間の存在を彩っている。私たちは、確率論的な異時的最適化を支持する経済学に基づいた予測のこれまでの実績に対して、首を振らずに評価することはできない。この人間の本質とも言える可謬性について経済学にできることは果たしてあるのだろうか。

戦争行為と戦略的な複雑性

現実の人間の世界で暮らしていれば、そこにはラジカルな不確実性がある。そのうえ、私たちは行動することでも不確実性を生み出しており、時にはそれを利用するために意図的にそうすることもある。中国の戦国時代のエピソードを見てみよう。

紀元前三四一年、魏と戦っていた斉は、田忌と孫臏を派兵した。敵を率いるのは孫臏の宿敵の龐涓だった。孫臏は、「斉は臆病という評判があるから、敵はわれわれを軽視している。それならばそれを利用しよう」と言って魏の領地に入ると、最初の夜は松明を一〇万本焚くよう命じ、次の日の夜は五万本、その翌日は二万本と減らしていった。龐涓は「斉の奴らは思ったとおり臆病者ばかりだ。兵士の数がすでに半数以下に減っている」と言って深追いしてきた。孫臏は後退しながら狭い峡谷に向かった。敵がそこに着くころには暗くなっていることは計算済みだ。孫臏は渓谷のなかほどにあった一本の木の皮をはいで、そこに「龐涓この樹下に死す」と刻みつけた。そして、その木の近くに弓を持たせた兵を多数潜伏させ、火が見えたらそれに向かって矢を撃つよう命令した。日が暮れて到着した龐涓は、木に何か書かれているのに気づき、読むために松明を近づけた。そこに無数の矢が放たれ、龐涓の部隊は大混乱に陥った。[6]

戦争においても、金融と同様、不確実性は外因的ではなく、その世界の一部として存在する。戦争も金融も、私たち自身が意図的に作り上げているのだ。人はシステムを操作し、意図的にルールや前提を変えるという行動を、事前に予期しなかった形で行っている（だからモデル化できない）。金融は表向きは法の原則に縛られているように見えるが、それは戦争も同じで、通常はジュネーブ条約に基づいている。しかし、孫臏の戦いからも分かるように、軍事史には敵が自分とは違うルールや勝負をしてくる「非対称戦争」の例がたくさんある。このような作戦は、優れた軍隊を混乱させたり阻んだり、時には破ったりすることがある。アメリカにとってベトナム戦争はアメリカの戦い方である大群での正攻に適合しない敵との悲痛な戦いの例だった。最近では、ＩＳが自爆作戦によってイラクとシリアの広大な範囲を占領した。戦略の複雑さは、計画的であっても作戦の結果によるものであっても、すべてを変えることができるのである。

「？と？の戦略的なゲーム」

この概念を鮮やかに利用したのがジョン・ボイドだ。彼は非凡な軍事戦術家で、完璧な戦闘機パイロットで、アメリカ軍では珍しいとびきりの因習打破主義者だった。そのことは、彼が戦争はルールが定められているゲームではないという重要な点を伝えるための講演の題名を「？と？の戦略的なゲーム」としたことからも分かる。[7] あるいは、もしこれをゲームと考えるのならば、きちんと定義されていないゲームで、ルールは控えめに言っても解釈を必要とする。「もしうまくいってもそれは時代遅れだ。昨日のルールは今日はもう機能しない」[8]。この点については、一九世紀ドイツの偉大な陸軍元帥ヘルムート・フォン・モルトケも指摘している。「戦争は芸術と同じで、一般的なルールはない。そして、どちらも才能を定型の指針で置き換えることはできない」[9]。計画やモデルは、その元となる前提に敵が合わせてくれなければ機能しない。むしろ、敵は対戦相手の前提条件を探し出し、そこを積極的に切り崩そうとしてくる。

ボイドは、混乱を扇動することが戦略的に優位に立つためのカギだと言っている。「兵士の目的は、大混乱とカオスと秩序の乱れを生み出すことで、あとは残党を一掃すればよい」。彼の概念は、まず空中戦で成果を上げた。性能の劣る戦闘機で制空権を取ったのだ。彼はパイロットたちに、与えられた環境でただ効率的に飛行するだけでなく、「急変する状況を生み出して」敵から見える光景を予想外のものにすれば、敵は「不確実であいまいで無秩序に見える行動に」適応できず、「混乱して秩序が乱れ」ミスを重ねると教えた。

ボイドは、朝鮮戦争で戦闘機のパイロットとして従軍していたときに、アメリカのF86（セイバー）とロシアのミグ15の戦闘記録を分析したことで、のちの理論につながる発想が芽生えた。F86は旋回半径が大きい分、ミグ15よりも不利だったが、キルレシオ（撃墜対被撃墜率）は一〇倍優れていた。当時、その理由はパイロットの訓練の差と言われていた。

しかし、ボイドはそれ以外にも理由があると考え、機体の敏捷性という結論に達した。機体の操作を油圧で行うF86セイバーは、パイロットの操作に対する反応が手動または油圧補助で行うミグよりも速かったのだ。そのため、ボイドの助手の言葉を借りれば「ミグに後方約四〇度の位置に付けられたF86は、一方に旋回してミグが追ってきたところで逆に旋回すると……これによってF86は敵機との位置関係を瞬時に一〇度広げて五〇度にできる」。これを繰り返すことでミグとの距離を広げ、最終的にミグの後方の射程位置に付けることができる。また、F86のほうが操縦が軽いため、旋回を繰り返すうちにミグのパイロットは体力を消耗して方向感覚が鈍っていく。ボイドは、空中戦においてはスピードや旋回半径よりも、優れた機動力とそれが生み出す敵の混乱のほうが重要だと気づいたのである。

終戦後、ボイドはネバダ州ネリス空軍基地にあるアメリカ空軍兵器学校の設立に携わった。彼はここで「四〇秒ボイド」と呼ばれていた。彼は六年間で三〇〇〇時間以上の飛行訓練を行うなかで、模擬空中戦で不利な位置から四〇秒以内で位置を逆転させて「敵」後方の攻撃位置につけるという賭けを幾度となく行い、無敗を誇っていたからだ。しかも一〇～二〇秒で勝負がついてしまうことも多かったという。

　ボイドは、朝鮮戦争で得た洞察やネリスでのドッグファイトの経験を融合させた有名なＯＯＤＡ（観察、状況適合、意思決定、行動）ループという戦闘においてカギとなる原則を考案した。ＯＯＤＡループ（別名、ボイドサイクル）は、戦略版の再帰性理論と言える。ソロスは「人間は単なる科学的な観察者ではなく、むしろ積極的にシステムに参加している」と言っているが、ボイドは私たちが意図的にシステムの進路を自分に有利になるように動かしていると言っている。彼は、この考えを率直な言葉（実践者の生死にかかわる言葉）で語っている。「敵のテンポやリズムのなかに入り込んで混乱させる……これからすべきことに合わせて判断し、それを実行に移す……そしてこの行動を観察したことと合わせて新しいデータを集め、新たな状況を判断し、新たな意思決定を行い、新たに行動するということを繰り返していく」

　戦争において、勝利のカギを握るのは、素早い変化とその変化への調整を阻む密結合によって混乱を起こし、複雑性を生み出すことである。ここでの目的は、予期しなかった新たな状況に移行して、内部から不確実性を作り出すことにある。金融の世界でも高頻度トレードのスピード競争や、デリバティブを使った複雑性によって他者の目をくらます戦略などがある。また、二〇〇八年の暴落では、デリバティブを使ったさらなるデリバティブであるシンセティックＣＤＯ（債務担保証券）などといった形の複雑性も登場した。

戦争の例えを経済学とファイナンスに応用すると、ボイドの理論が適用される戦場は、情報の領域に当たる。この戦場での作戦は、情報の非対称性を作り出すことである。もしマーケットで全員が同時に同じ情報を入手できれば、マーケットは効率的になるが、そうなると新たに非公開の情報を求めたり、公開情報を他者よりも速く入手したりしようとする人が出てくる。前者にはデリバティブが一定の役割を果たし、ゴールドマン・サックスなどの投資銀行が顧客があまり理解できないような新しい金融商品（例えばＣＤＯなど）を作って情報の非対称性を生み出している。後者には、例えば一〇〇〇分の一秒単位で他者よりも早く高頻度トレーダーにニュースフィードを配信するサービスなどがある。

もう一つの作戦は、マーケットの情報を切り刻んで見えにくくすることである。そのための操作の一つがアルゴトレード、つまりアルゴリズムを使ってトレードの執行を細かく分割し、売買を目立たなくする方法である。[10] また、このような分割を行っている人たちはさらに洗練された手法を使ってさまざまなトレードを追跡し、それを再構築して分割前のトレードの詳細を探っている。あるいは、マーケットが弱含んでいるときに強引に売ってさらに価格を下げ、他者にポジションの清算を強いるなど、情報を歪めることもできる。次の第11章では、このことが二〇〇八年の危機のときの金融システムを解明するカギだったということを見ていく。

板は反撃しない

情報戦における複雑性は、意図的に作られた複雑性だが（特に人間が生んだ複雑性）、その結果生じる内面的な不確実性は、無謀にも現在主流の標準的なモデルしか使っていない人たちにとっては、災難でしかない。しかし、彼らは経済学をまるで物理学の一分野のように扱って無謀なモデルを繰り返し使おうとしてきた。

しかし、これはそれほど単純なことではない。ブルース・リーの映画『燃えよドラゴン』で、彼は最大の敵との闘いに臨む。敵はリーをおじけづかせるために、板を素手で真二つに割ってみせる。リーはそれを静かに眺めたあと「板は反撃しない」と言った。ファイナンスに物理学が使えない理由はここにある。努力が足りないのではなく、マーケットは反撃してくるからなのである。

ウォール街では優れた数学能力を期待されて大量の物理学者が雇用されているが、マーケットは永遠かつ普遍的な物理の法則に基づいた世界ではない。マーケットは、情報の優位性の獲得や駆け引きや行動、そして戦略的反応に基づいたシステムであり、完全に規定されたモデルや明確な確率分布で表すことはできない。新しいことが起これば、それに反対するフィードバックが出てきて、入ってきた情報を中和しようとするところなのである。

このような観点に対して、物理学者はもちろん「心配はいらない。フィードバックを含む物理的なモデルを作るだけだ。いつものことさ」と反応する。しかし、問題はマーケットのフィードバックがモデルに適合しないようにできており、あいまいで、人目に付かず、だれも見ていない方向から来ることにある。つまり、ラジカルな不確実性は内因的なのである。このようなフィードバックや反応を組み込むために何をモデル化すればよいのだろうか。もしそれが分かったとしても、そのころにはマーケットが変わってしまっている可能性が高い。だからこそ、他者と違う見方をし、他者ができない予測を立て、他者が変化に気づき始めたら自分の行動を変えることができるトレーダーが成功するのである。

私は、リスク管理においてこのようなケースを何回も見てきたし、このことはすべてのリスクに対処できるリスク管理モデルができない理由の一つでもある。マーケットであるモデルが稼動していることが分かれば、トレーダーはそれを攻略しようとする。もしあなたが金利リスクに対処しようとすれば、私は金利に影響されずイールドカーブの傾きに賭けるトレードを仕掛けるかもしれない。それに対して、あなたがイールドカーブのリスクに注目し始めれば、私は金利にもイールドカーブにも中立だがイールドカーブの屈曲を使ったバタフライトレードをする。このような駆け引きが続けば、新たな反応が起こるたびに複雑性と内因性のリスクが高まっていく。標準的なリスク基準の問題の一つは、駆け引きのたびに多角的な影響を及ぼしてリスクが探知しにくくなることである。実際、このような基準（例えば、バリュー・アット・リスク）に依存していたことが、二〇〇八年以前の銀行のリスクを膨れ上がらせることになった。

さまざまな人たちがマーケットに複雑性を加えていくことは偶然ではない。どのようなルールが課されても、どのような基準が用いられても、トレーダーはその攻略方法を探し出す。原子力発電所で、設計が劣るバルブを新しくてより優れた設計のものに変えたら、新しいバルブが開いているのに閉まったふりをすることはない。しかし、トレーダーは他者を欺こうとするのだ。

複雑性とラジカルな不確実性

複雑性は、単なる機械的なシステムから複雑なシステム（非線形のフィードバックを加えたシステム）、そして複雑性に適合できるシステム（エージェントが環境の変化に合わせて行動を変えることができるシステム）、複雑な再帰的システム（双方向のフィードバックを反映するシステム、つまり環境がエージェントの行動を変え、それが環境を変えるシステム）、そして最終的には戦略的な複雑性（ボイドのOODAループのような戦略に見られる敵対思考から生まれるシステム）に至る。つまり、複雑性の領域は、**図10−1**のようになっている。再帰性がこの領域の最後のほうにあるのは、環境を観察して行動し、それによって変わった環境と経験に基づいて再編するという相互作用にも対応しているからだ。そして、さらに先にあるのが戦略的複雑性である。これは、戦争を念頭に意図的に作られた複雑性である。もともとこれは人間の活動から生じたことで（ほかの種もそれぞれ独自の複雑性を備えている、例えば防御機能）、複雑性の一部に再帰性も含まれているが、意図的な行動によって新たな段階が加わり、より複合的な複雑性になると考えられる。[11]

計算既約性や創発現象や非エルゴード性は、領域が右に進むほど顕著になる。これらは、

図10－1　複雑性の領域

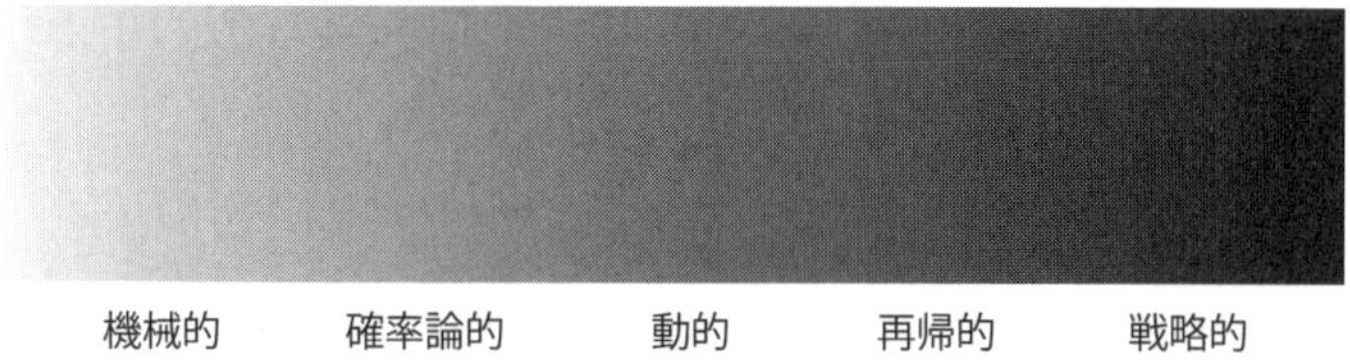

複雑性の領域は決定論的な機械的システムから、確率論的システム、一種の動的システム（例えば非線形システムや適応システム）、再帰的システム、そして最終的に戦争から生まれた戦略的システムに至る。図の右に行くほどシステムは計算既約性や創発性や非エルゴード性やラジカルな不確実性が高まるといった特徴が出てくる。ラジカルな不確実性はこの図で「見える領域」を超えたところにあるのかもしれない。

出所＝Beinhocker（2013年）

いわば複雑性の副作用と言ってよい。同様に、ラジカルな不確実性も複雑性の副作用で、この領域をさらに進めばラジカルな不確実性が現れると思うかもしれない。しかし、その希薄で不安定な性質を考えると、ラジカルな不確実性については別の考え方もできる。ラジカルな不確実性は一種の複雑性と考えることもできるのだ。計算既約という観点から言えば、ラジカルな不確実性は複雑性の領域の先端よりも先の、少なくとも観察したり分析したりできる「目に見える」複雑性を越えたところにあるのかもしれない。ラジカルな不確実性は、複雑性のなかのダークマターなのである。私たちには見ることができないし、見つけることすらできないし、情報既約かどうかも分からないが、時折不意に現れるため、存在することは分かっている。

ラジカルな不確実性を複雑性の文脈に組み込む方法を探るため、再びコンウェイのライフゲームに目を向けてみよう（六〇ページ参照）。これは、余計なものをそぎ落としたエージェントベースモデルの原形と言える。ライフゲームには複数のエージェントがあり、黒いセル（生きたセル）は期間ごとに自分の環境を観察している。彼らの環境は隣接するセルに限られており、これは渋滞のなかで自分の周りの車しか見えないのと似ている。黒いセルはそれぞれが自分の環境に合わせてヒューリスティクスに基づいた行動をとる。具体的に言えば、隣接する生きたセルの数を数え、その数によって生き延びたり、死んだり、次の世代を生み出したりするのだ。これらの行動は環境を変化させ、その結果がほかのエージェントに影響を及ぼす。

ちなみに、ライフゲームは、計算既約性と創発性と非エルゴード性がある複雑なシステムである。[12] しかし、ラジカルな不確実性についてはどうだろうか。それは少し無理がありそうだ。どのセルも黒か白にしかなれず、原則的にすべての状況を説明できるという明確な基準のなかで動いているからだ。

ライフゲームのなかでラジカルな不確実性が存在し得るか、という質問の答えを探すために、関連する質問（本質的に同じ質問）である「架空のバベルの図書館は、ラジカルな不確実性を排除しているか」について考えてみよう。この図書館には、起こり得ることや可能なことすべてについて詳細な説明がある。このなかには、私たちの世界やそれ以外の世界で、今日起こり得ることも、将来起こり得ることも、過去に起こったこともすべて含まれている。これまで経験したことや、それに対するすべての人の反応が、散文や詩や歴史的説明として書かれているのだ。つまり、世界の状況について語られていないことは何一つない。そうなると、バベルの図書館はすべての可能性が分かっているのだから、原則的にラジカルな不確実性はないと言えるのだろうか。この図書館には私たちの宇宙に詰め込める以上の本があると言われているが、したがってラジカルな不確実性はないと言いきれるのだろうか。それはできない。その「原則」は現実ではないからだ。[13]

それではライフゲームはどうだろうか。任意の初期状態から何期間かが経過した状態を知りたいとする。仮に、世界が四方五マスの二五のセルならば、黒と白でできるすべての状態をコンピューターで計算できる。要するに、二進数で二五桁の数だ。そして、各状態からライフゲームを始めてみれば、その世界がどう展開するかは分かる。しかし、もしマス目の一辺が一万セルとか一〇〇〇万セルだったらどうだろうか。ライフゲームはそれよりも大きなマスで運用されたこともある。すべての可能な状態を実行してみるのは、バベルの図書館に大量の本を収納していくのと同じくらい大変なことだ。実際、バベルの図書館のほうがまだマシかもしれない。つまり、原理上はすべての状態を知ることができても、実際にはできない。これは人生も同じだ。

複雑性と経済理論の終焉

これが経済理論の本質なのである。それは公理を演繹的な手法で発展させ、物理学の手法（機械的な手法）をまねした一般的な数学的手法として示したものだ。しかし、複雑性の世界を扱おうとして、経済理論が求める単純化した前提がうまく使えなくなると、理論は頓挫する。世界を機械論的で、永遠で、普遍的なものとして見ることができなくなり、すべてを代表的なエージェントに統合して考えることができなくなるのだ。

現実の経済社会において、複雑性の侵入は避けられない。そして、複雑性の道を進んでいくと新古典派主義経済理論の主張は一つずつ崩れていく。複雑性の領域を機械的なことから確率論的、動的、再帰的、戦略的と移行していくと、私たち人間が暮らしている世界に近づいて行くと同時に、経済理論の敵である四騎士が次々と現れる。その一方で、新古典派主義経済学の根底にある演繹的で公理的な手法の妥当性は低くなっていく。複雑性を考慮すると、経済理論は終焉せざるを得ないのである。

第4部　金融危機のためのエージェントベースモデル

Agent-based Models for Financial Crises

第11章　金融システムの構造──エージェントと環境

映画「ペーパー・チェイス」で、ジョン・ハウスマンが演じてアカデミー賞助演男優賞を受賞したキングスフィールド教授が、最初の講義で学生たちにこう宣言する。「私は君たちの思考を訓練する。君たちの頭のなかは今はぐちゃぐちゃになっているが、この一連の講義を修了するころには弁護士のような考え方ができるようになっているはずだ」。私にはそこまでの威風や権威はないが、ここからの章では私の金融システムに対する考え方を実践的な観点で、エージェントベースの手法を使って紹介していく。この手法を金融に適用するにあたっては、エージェントと彼らのヒューリスティクスの構造、彼らのマーケット環境、そしてエージェントと環境の相互作用から生まれる結果をモデルに含めることになる。第11章と第12章でこの仕組みを説明していくが、本書は特定のモデルを推奨したり、拡張したり、パラメータの設定やチューニングをするものではない。「自分で構築する余地がある」ことこそ、エージェントベースモデル構築の際にアジャイルアプローチを採る意義だからだ。[1]

まず、話の目指す方向を知ってもらうため、火事場から逃げる人たちの暴走と、マーケット危機の構成要素の類似点を見ていこう。暴走は予期しない創発的な出来事で、これはエージェントベースモデルには不可欠な要素である。

もしあなたがこのリスクを管理する消防署員ならば、大事なことはその場所が混み過ぎていないかどうかであり、それには三つの要素がある――①その場にいる人数、②出口の大きさや人数から計算して一分間に何人出られるか、③その建物の燃えやすさから計算して逃げる時間がどれだけあるか。一分間に逃げられる人数を見るためのモデルを作るのは難しい。逃げる人は出口を整然と並んで通過するわけではなく、パニックや暴走が起こる可能性もあるからだ。そこでのモデルは危機のときの人々の行動に基づいて作る必要がある。それがエージェントベースモデルの役割なのである。

これを金融システムに当てはめると、マーケットの集中度はマーケットで実際に活動している人の数、流動性はマーケットから逃げる速さ、レバレッジ（一般的には投げ売りの可能性）はマーケットの「燃えやすさ」、つまり逃げ出すことができる時間と言える。ちなみに、マーケットでは逃げ遅れた人は死ぬのではなく、価格の下落に見舞われる。ただ、金融市場の場合、状況はより複雑になる。ビルの出口は人々が殺到しても小さくはならないが、金融市場では危機になると流動性が枯れてしまう。[2] また、火事のときは出口が小さくても、建材が燃えやすいものに変わることはないが、金融市場では流動性が下がると、ほかの市場も連鎖的に悪化していく。さらには、火が強くなってもその場の人数が増えることはないが、金融市場では状況が悪化すると傍観者やほかの市場の参加者が参入してくることもある。

これから、集中とレバレッジと流動性という重要な要素を組み込んだエージェントベースモデルの特徴を紹介していく。ただ、エージェントベースモデルの最初の構成要素は、エージェントが相互作用したり行動によって影響を及ぼしたりしている環境である。

環境

私が住むニューヨーク市の道路の下にはたくさんの配管が埋まっている。もし道路が舗装されていなければ、私はガス管や電線管につまずいてしまうだろう。ニュークロトン貯水池（一九〇六年完成）から引かれた水道管も、マンハッタンの地下に張り巡らされている。もし私がミッドタウンに行くならば、高圧加熱蒸気の供給用に各ビルに引かれた蒸気管を踏まないようにしなければならないし、ドレン配管や下水管もある。この配管の迷路は目には触れないため、水道管が破裂して水浸しになったり、ガス漏れで爆発が起こったり、下水管があふれて地下室に逆流したりするまで、私たちはこのことを考えすらしない。しかし、何かが起こると地面のすぐ下にある複雑な世界を思い出すのである。

金融危機のモデルを構築するときも、大事なのは配管だ。危機を追跡したければ、お金の流れを追跡する必要があり、お金は配管のなかを流れていく。その流れは、途中で止まって資産に代わり、証券を買おうとしている人のところに融資されたり、担保として届けられたりする。しかし、管の一つが詰まったり、圧力で壊れたりしたら、危機の舞台が整う。そして、もし下流に供給することができなくなったり、ほかのシステムに逆流したりすれば、危機は広がっていく。

もし物事を抽象的かつ一般的にしておけば、危機の構造はさほど難しくはない。しかし、抽象化しても大した成果は上がらない。そこで、まず必要になるのが配管の図面だ。エージェントベースの手法、さらに言えばほとんどのシミュレーション手法において、カギとなるのは構造を理解して正しく設定することにある。特定の金融システムのなかで、エージェントがどこにいて、どのような環境があり、どのようなヒューリスティクスを持っていて、その結果どのようなことが起こるか、ということである。ここから始めないと、徒労に終わることになる。

図11－1は、金融システムの構造を表したもので、システムのさまざまな構成要素（ヘッジファンド、資金提供者ほか）をつなぐ配管の複雑さを示している。この図では、構成要素は銀行・ディーラーの周りに配置されているが、実際には銀行・ディーラーにもいろいろある。この図ではさまざまな意味で単純化してあり、最も明らかなのは、異なる構成要素をそれぞれ一つしか示していないことだ。実際には、銀行・ディーラーも、ヘッジファンドも、そのほかもそれぞれたくさんのプレーヤーがいる。

実際の金融システムと、経済学がそれをどこまで抽象化したかを理解するためには、ここでやっているようにこの迷路をたどってみるのが最も速い。手を一振りしただけでは何も起こらない。資金は配管を通り、たいていは中継地を経て別の場所に移動する。現金を借り、資産を買い、それを担保とし、時にはその担保を使ってさらなる借り入れが行われ

図11−1　金融システムの構成

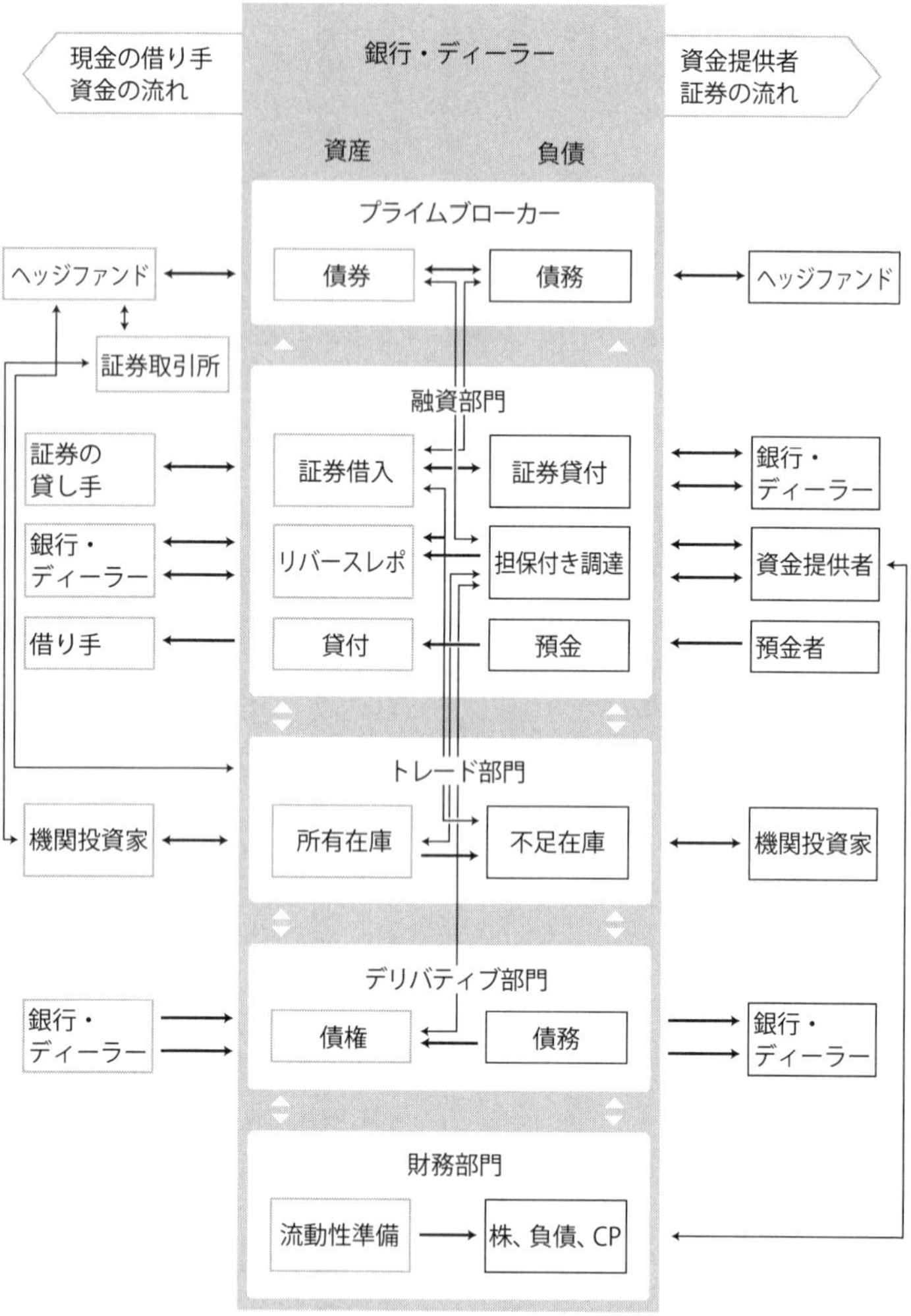

この図は金融システムのなかのエージェントを、資金の流れや担保、資産と、仲介者としての銀行・ディーラーの内部の仕組みを合わせて詳しく紹介している。財務部門の枠のCPはコマーシャルペーパー。この図は単純化して各プレーヤーを一つずつしか載せていないが、実際にはたくさんの銀行・ディーラーや会社がネットワークを形成している。

出所＝Aguiar、Bookstaber、Wipf（2014年）、Aguiarほか（2016年）

る。

　配管は、単純に資産をプレーヤー間で移し替えるだけではない。化学工場のなかで、さまざまなプロセスを通過するときに起こるような変化が、金融システムでも起こるのである。[3]資金が預金者から長期の借り手に流れると、満期が変わる（銀行は通常、短期で預金を預かり長期に貸し出している）。現金が資金提供者から、担保付きの調達やプライムブローカーを経てヘッジファンドへ流れると信用が変わる。ただし、信用力の低いヘッジファンドは、信用リスクの基準が低い貸し手からしか資金を借りることができない。金融機関が銀行・ディーラーのトレード部門と取引すれば、流動性が変わる。流動性が低い資産（例えば、住宅ローン）は、各トランシェに分割して流動性を高めた債務証券に再編され、マーケットメーカーも流動性を提供する。また、デリバティブ市場に参加すれば、リスクが変わる。例えば、オプションを売ると資産のリターン分布の形が変わるのだ。[4]プレーヤー同士のさまざまなつながりだけでなく、それによって資金の流れが変わることも重要なのである。

白い夜が黒い夜になった

金融システムには、資産と調達と担保という三つの流れがある。**図11－1**は、この三つの流れを、**図11－1**の図面の多層構造という形で示している。[5]

図11－2の上の層は資産のトレードと、資産運用と証券市場の間の流れを示している。ここには投資信託、ヘッジファンド、保険会社のトレード部門や投資部門、年金基金などがあり、中心に位置する証券取引所やマーケットメーカーとつながっている。真ん中の層は調達資金の流れを示している。中心にあるのは銀行・ディーラーだ。[6]下の層は担保で、担保の手配、格上げや再利用による担保の変換、ヘアカット率や質に基づいた担保のリスク管理などが行われている。[7]これらの特徴は、担保の流れを単なる調達の流れの逆だと思っていたら理解できない。

金融システムを多層構造で見ると、**図11－1**の一層の図面では分からない脆弱性があらわになる。この仕組みは、二〇〇三年に開催されたローマの「白い夜」という祭りの夜の出来事を見るとよく分かる。

二〇〇三年九月二七日、ローマ全体が祭りの会場と化した。商店やクラブやバーは夜通

図11－2　金融システムの多層構造

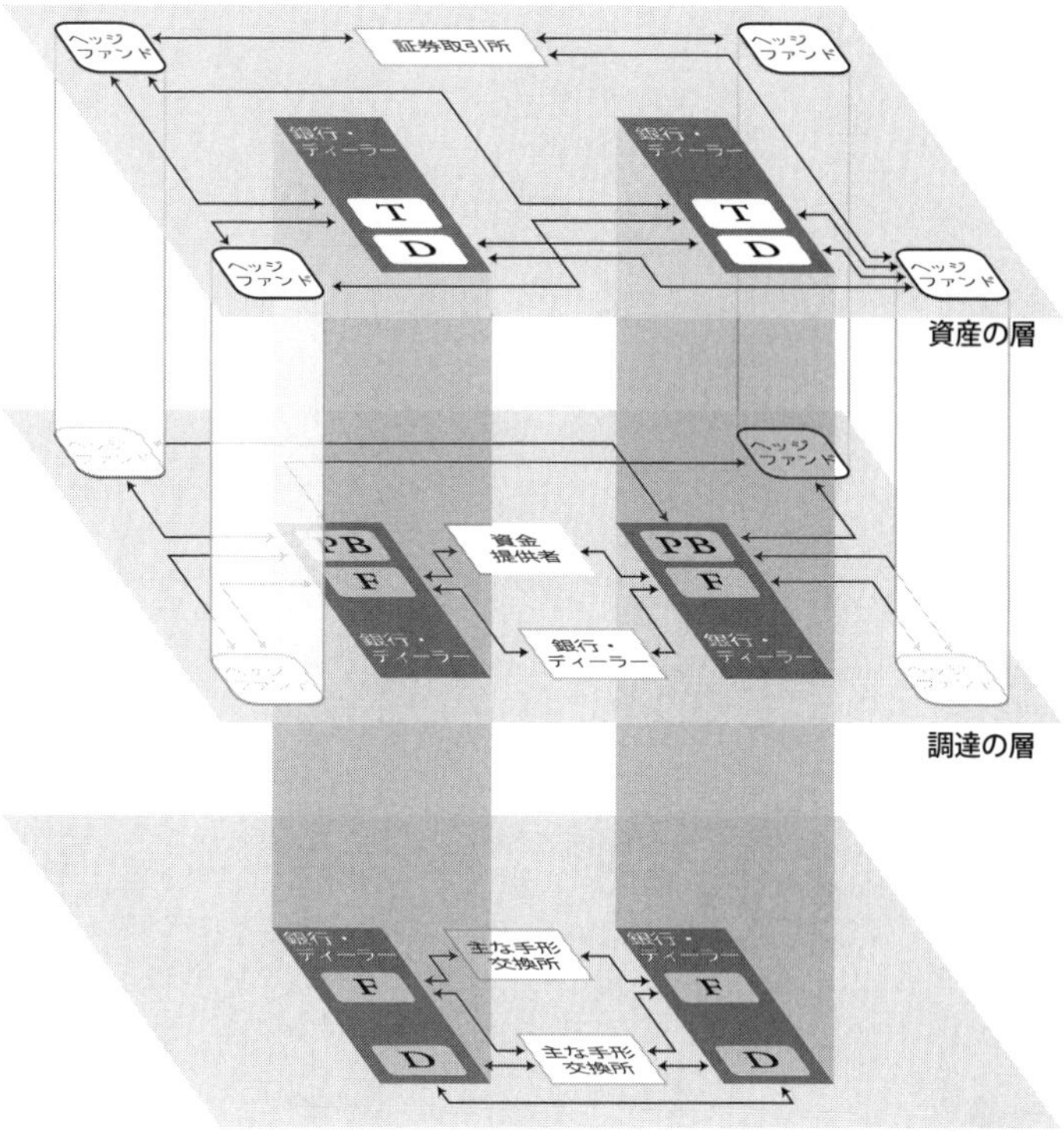

この多層的な図面は資産と調達と担保の層から成っている。プレーヤーのなかには複数の層で活動し、それぞれの層で依存したりつながったりしている。特に注目してほしいのは銀行・ディーラーで、彼らはさまざまな部門の行動を通じて3つの層すべてに出てくる。銀行・ディーラーと一緒に書かれているアルファベットは、Tがトレード部門、Dがデリバティブ部門、Fが融資部門の略。また、PBはプライムブローカー。

出所＝BookstaberとKenett（2016年）

し営業し、美術館や映画館や劇場や画廊も明け方まで開いていた。路上では、サーカスや音楽などさまざまなパフォーマンスが繰り広げられた。この文化イベントは、その前年にパリで開かれた祭りをモデルにしたもので、そのあとさまざまな市に広がった。パリ市長とローマのワルテル・ベルトローニ市長は、ボルゲーゼ公園にあるグローブ座で上演された「ロミオとジュリエット」で共演した。その後、二人は市役所の近くで歌劇「トスカ」やニコラ・ピオバーニのコンサートでも共演した。街頭には何百万人もの人たちがあふれていた。

そして、午前三時二七分、電気が消えた。イタリア全土とスイスの一部が停電し、五六〇〇万人が巻き込まれたのだ。この日でなければ、午前三時に停電しても直接的な影響はほとんどないが、「白い夜」当日だったために三万人以上が電車や地下鉄に閉じ込められた。しかも雨が降っていた。取材に来ていたニューヨーク・タイムズ紙の記者の言葉を借りれば、「夜の街でびしょ濡れになり、幽霊のような大勢の遊び人たちが街角で行き場を失っていた」。

停電の二六分前、強風でスイスとイタリア間の主要な送電線であるルクマニエァ線において、電線とその上にあった木の間でフラッシュオーバーが発生した。電気事業者は一〇分ほどルクマニエァ送電線の復旧を試みたがうまくいかなかったため、スイスの電気事業者は、イタリア側の電気事業者にサンベルナンディノ送電線の負荷を下げるように警告した。なぜなら、ルクマニエァ線の電気が止まったことで、負荷が上がることが見込まれたからだ。しかし、このフェイルセーフ操作は午前三時二五分に起こった別の地絡事故のせいでうまくいかず、サンベルナンディノ送電線も停止した。この影響はほかの地域にも広がり、午前三時二七分にはイタリア全土が停電してしまった。

通常、送電系統の故障はオーバーロードを感知してブレーカーが作動し、それがノードを介してネットワークに広がっていく。スイス側とイタリア側の電気事業者は負荷を下げて送電を再開しようとがんばったが、機器がうまく動かず再起動できなかった。このとき、事業者たちはイタリアの停電の原因が、彼らの緊急対応策の想定とは違うことを知らなかった。イタリアに停電をもたらしたのは、送電線網と、それとは別の本来独立しているはずの電力網を管理するためのコミュニケーションネットワークとの間に相互作用があったからだったのである。ルクマニエァ送電線のノードが停止すると、それが原因で隣接するサーバーが停止してコミュニケーションネットワークに影響が広がった。サーバーの停止が隣接したサーバー群に影響を及ぼしたのは、コミュニケーションクラスターを形成するうえで特定の一つのサーバーに依存していたからで、このサーバーにつながっていた発電所も制御を失って停止し、それがそのノードに隣接するサーバーに次々と影響を及ぼしたのである。[8]

故障は、ある電源層のノードから通信層のノード、そして再び電源層のノードへと飛び火して広がっていった。つまり、二つの異なるネットワークが相互依存していたことが、深刻な脆弱性を招いていたのである。コミュニケーションネットワークは送電ネットワークの電力に依存し、電力ネットワークは送電ネットワークの指示と調整に依存していたのだ。しかも、さらに悪いことに二つのネットワークは接続形態も場所も一緒だった。[9] これらは大きな惨事を起こす完璧な組み合わせだったのである。

大きすぎてつぶせない環境

金融危機を理解したいならば、イタリアの停電の教訓が役に立つ。イタリアの停電は、多層ネットワークの大規模な失敗の最初の例の一つだったからだ。このケースでは、別々に作動すると思われていたネットワークに相互関係があった。送電ネットワークが、それを管理するためのコミュニケーションシステムに電力を供給していたのだ。図11－2のネットワークを見ると、それぞれの層は金融システムのなかで、独立しているように見えるが、実際には相互関係があるネットワークになっている。これらの経路は、資金を提供する人や使う人などを結び、その資金を使って売買が行われたり、資金を保証するための担保が受け渡しされたりしている。つまり、もし図11－2に基づいて金融システムのネットワークを図にすると、やはりこのような多層ネットワークになる。[10]

多層ネットワークは、一層のネットワークとは質的に違う体系的なリスクを含んでいる。もしかしたら、金融システムを多層的に見ることでリスクの拡散や、ショックが広がる経路や、さまざまなエージェントやノードの機能を別々にではなく統合して考えることの価値は、そのシステムの異なる豊かな性質をとらえられることにあるのかもしれない。

イタリアの停電で、サーバー間ならびにサーバーと変電所制御装置間のコミュニケーションの流れは、送電系統からサーバーへの電気の流れとは違っていた。そのため、異なる層をつなぐリンクが異なる機能的効果をもたらし、思いもよらぬ影響を送電システムに与えた。これを金融システムに置き換えると、ある行動のリスクは、システム内で伝播し、別の行動のリスクを増幅するだけでなく、異なる層にも広がっていく（こちらのほうが重要）。

資金調達は、資産を買収するための燃料になり、その資産は担保のもととなり、結局、それが資金調達の基盤となる。このような機能的な関係が加わったり、流れのタイプが変わったりして異なる層のつながりが生まれると、単純な一層のネットワークにはない脆弱性が生じることは驚くことではないだろう[11]。

多層ネットワークは、システム的に重要な金融機関の問題に重要な影響を及ぼす。規模が重要だということはすでに述べた。しかし、それに重大な新しい懸念として層をまたぐ金融機関の重要性を付け加えたい[12]。つまり、もしこのような金融機関が混乱を別の層に波及させると、局所的で限定的な混乱がシステム全体に及ぶ多層的な問題に変わっていくのである。

大銀行は三つの層に広がり、火災の際にはシャフトとなって別の階にも及ぶ。そればかりか、銀行は各階で資金提供をやめ、担保を凍結し、マーケットの流動性をなくすことで危機をさらに拡大させる。銀行（もしくは各エージェント）のシステム的な重要性を下げるためには、彼らのレバレッジと規模を管理するだけでなく、層を超える広がりを抑える必要がある。そうなると、銀行解体論が出てくるだけでなく、そのやり方について議論が必要だろう。ただし、少数の大銀行から多数の小銀行に代わっても、それが層をまたいでいれば状況は変わらない。小さなシャフトがたくさんできるだけだからだ。むしろ、銀行を解体して、層の境界に壁を作るべきなのである。規模に関係なく、一つの銀行がフルサービス（担保も資金も提供し、マーケットメーカーにもなる）を担わないようにする必要があるということだ。

エージェントとヒューリスティクス

エージェントベースの手法は、当然ながらエージェントから始まる。**図11－1**に出てくるエージェントをまとめておこう。[13]

銀行・ディーラー　これは、銀行と証券会社（ブローカー・ディーラー）の両方を指しており、それらのいくつかは二〇〇八年以降にほかの銀行に吸収された。銀行・ディーラーは、金融システムのなかのエージェントの一つと考えてよいが、**図11－1**から分かるとおり、それ自体にさまざまなエージェントが含まれており、それぞれが異なる役割を果たし、異なるエージェントとかかわったり、独立して行動したりしている。銀行・デイーラーのエージェントには、例えばＪＰモルガン、ゴールドマン・サックス、ドイチェ・バンクをはじめとする二〇～三〇の金融機関がある。

銀行・ディーラーのエージェントには、プライムブローカー、融資部門、トレード部門、デリバティブ部門、そして銀行・ディーラー自体の財務部門なども含まれている。プライムブローカーの顧客には、レバレッジを求めるヘッジファンドなどがいる。また、空売りを行いたいヘッジファンドやそれ以外の投資家に向けたサービスも行っている。融資部門は、有担保融資を行っており、証券を担保に資金を借り入れ、それを融資部門やプライムブローカーを通じて顧客に提供している。[14] また、銀行・ディーラー自体が所有している証券を提供することもある。トレード部門は、顧客の依頼に基づいて売買し、価格付けや在庫管理をしながらマーケットメーカーとしても機能している。トレードの対象は、社債から新興市場の債券、住宅ローン債券、アメリカ国債、ソブリン債、リパッケージ債まで幅広い債券が含まれている。デリバティブ部門はスワップ、先物、オプションを自己勘定や顧客の依頼で実行している。銀行・ディーラーの財務部門は株や債券を発行して無担保資金を調達したり、コマーシャルペーパーを使って短期資金を調達したりしている。

ヘッジファンド　このエージェントは、ロングやショートのポジションを維持するために銀行・ディーラーのプライムブローカーから借り入れを行っている。また、ヘッジファンドにとって銀行・ディーラーのトレード部門やさまざまな証券取引所はトレード相手でもある。ヘッジファンドは、**図11－1**の両側にいる。資産がショートのときは銀行・ディーラーに資金を提供し、ロングのときは借りているからだ。ヘッジファンドのエージェントには、ブリッジウオーター、シタデル、D・E・ショーなどがある。ヘッジファンドの数は数千に上るが、注目すべきは一〇〇にも満たない。

資金提供者　このエージェントに含まれるのは、資産運用会社、年金基金、保険会社、証券貸付業者（有料で証券を貸し付ける）、そして最も重要なのがマネーマーケットファンドである。資金提供者は、金融システムに燃料を供給している。資金がなければ、システム（あるいはシステムのなかの財源がない部分はすべて）は早ければ一日で停止してしまう。担保は借り手から資金提供者に、たいていは銀行・ディーラーを介して移行する。

証券貸付業者　資金提供者と同様に、証券貸付業者も銀行・ディーラーに証券と資金を提供している。多くの場合、大手業者は証券を銀行・ディーラーに貸し付け、受け取った資金を有担保貸付の形で銀行・ディーラーに提供している。[15]

機関投資家　このなかには、資産運用会社から年金基金、政府系ファンド、保険会社など、さまざまなエージェントが含まれる。次の第12章で見ていくが、これらのエージェントはマーケットに流動性を提供するために不可欠な存在である。その一方で、ヘッジファンドは投げ売りをせざるを得ないことがあり、このため危機を助長することがある特別な機能を果たす特殊なエージェントタイプだと思われがちだ。しかし、彼らが資金を借りてレバレッジを掛けたり、空売りしたり、流動性が低い普通とは違うチャンスに投資できたりするという意味では特殊でも、あくまで機関投資家の一つである。[16]　つまり、彼らは非常に自由だが、自由であるがゆえに潜在的な脅威になり得るのである。

図11－1は、危機にとって重要なマーケットの二つの側面を強調している。一つは銀行の多面性で、マーケットで複数の役割を果たしていることである。そして、もう一つは資金の流れで、資金は提供者から銀行を通じて必要としている所に流れている。金融システムのほぼすべての機能は、直接または間接的に資金または担保が用いられている。例えば、有担保調達では、資金と担保が双方向に流れていく。[17]　危機において金利と信用市場が非常

に重要である理由はここにある。株価が一日で二〇ポイント下げても長期的な影響はない場合もある。しかし、調達に不可欠な金利や信用市場ではそうはいかない。

エージェントは、それぞれ自分の環境を見て、それに合わせて行動する。実際には、実在のエージェント（銀行・ディーラーはゴールドマン・サックス、モルガン・スタンレー、シティバンクなど、ヘッジファンドはシタデル、ブリッジウオーター、D・E・ショーなど）と取引することになる。エージェントはそれぞれビジネスモデルもリスクのとり方も企業文化も違う。このなかには、企業の統治体制や方針や手順で規定してある部分もあれば、投資家に説明されている部分もある[18]。危機になっても、もともと備わっていたヒューリスティクスの一部は固まっていて、行動を変えることができない。資金不足による証拠金請求や強制清算については特に注意が必要だ[19]。

エージェントは、それぞれが異なるヒューリスティクスを持っているが、だいたい次のような行動をとる。まず、プライムブローカーが担保と資金提供者によって決まるヘアカット率に基づいて資金提供を制限し、トレード部門は在庫に関する内部規定（利用可能な資金と高リスクの在庫を抱えるかどうか）に基づいてマーケットメークを行う。一方、ヘッジファンドは目標とするレバレッジを維持する（高すぎると証拠金請求や強制清算のリスクが高まり、低すぎるとリターンが下がる)。資金提供者は、担保の価値と、ヘアカット率(借り手の信用力によって決まる)と市場の流動性に基づいて貸し付けを行う。

ヒューリスティクスに基づいたエージェントの行動は、ソロスの認知機能(エージェントが環境を取り込むこと、外界から心への動き)と操作機能(エージェントが自らの判断で行動し、環境を変えようとすること、心から外界への動き)のどちらかに分類できる。例えば、ヘッジファンドについて考えてみよう。彼らは毎日、資産ごとに保有すべき量を決めており、それによってどれだけレバレッジを掛けるかが決まる。これが認知機能だ。次に、その計画に基づいてそれぞれの資産を買ったり売ったりすると、それが環境を変える。これが操作機能だ。

図11-1は、「現実の世界」を明確に示している。これと比べると、経済学を支える理論的で抽象的な構成は意味を失う。危機を加速し伝播させる経路に目を向けない経済学が、どうやって危機に対処するのだろうか。私たちの目的は、私たちが住む世界の実際の金融システムを理解することである。モデルは、単に合理的で一貫性があって数学的に美しいことよりも、現実に即して事実を明らかにするものでなければならない。私たちは、想像上の金融システムの動きを占うことはできない。化学エンジニアが「ここに化学工場がある

ことにする」という前提で流出物を査定できないのと同じことだ。エンジニアはまず工場自体を分析しなければならない。経済史が専門で、主流派経済学に批判的な立場で知られているラーズ・シル教授は、経済学者が「抽象的で空想的で幻想的な世界観に基づいて、現実の経済を評価することにどんな価値と興味があるのか」と疑問を呈している。彼はこれを「心理学者に、人間の体をユニコーンの視点で診断しろと言うようなこと[20]」だとしている。

力学

環境をシステムマップとそれを構成するエージェントで表したあとは、エンジンをかけてモデルを走らせ、どのような力学が働くか見ていこう。マーケット危機のときは、二種類の力学（資産ベースの投げ売りと、資金取り付けまたは調達ベースの投げ売り）が見られる[21]。そして、どちらも他方を煽ることになる。

資産ベースの投げ売りで注目すべきは機関投資家間（特にヘッジファンドなどのレバレッジが高い会社）の相互作用であり、彼らの資金源（特に、銀行・ディーラーのプライム

図11－3　資産ベースの投げ売りの力学

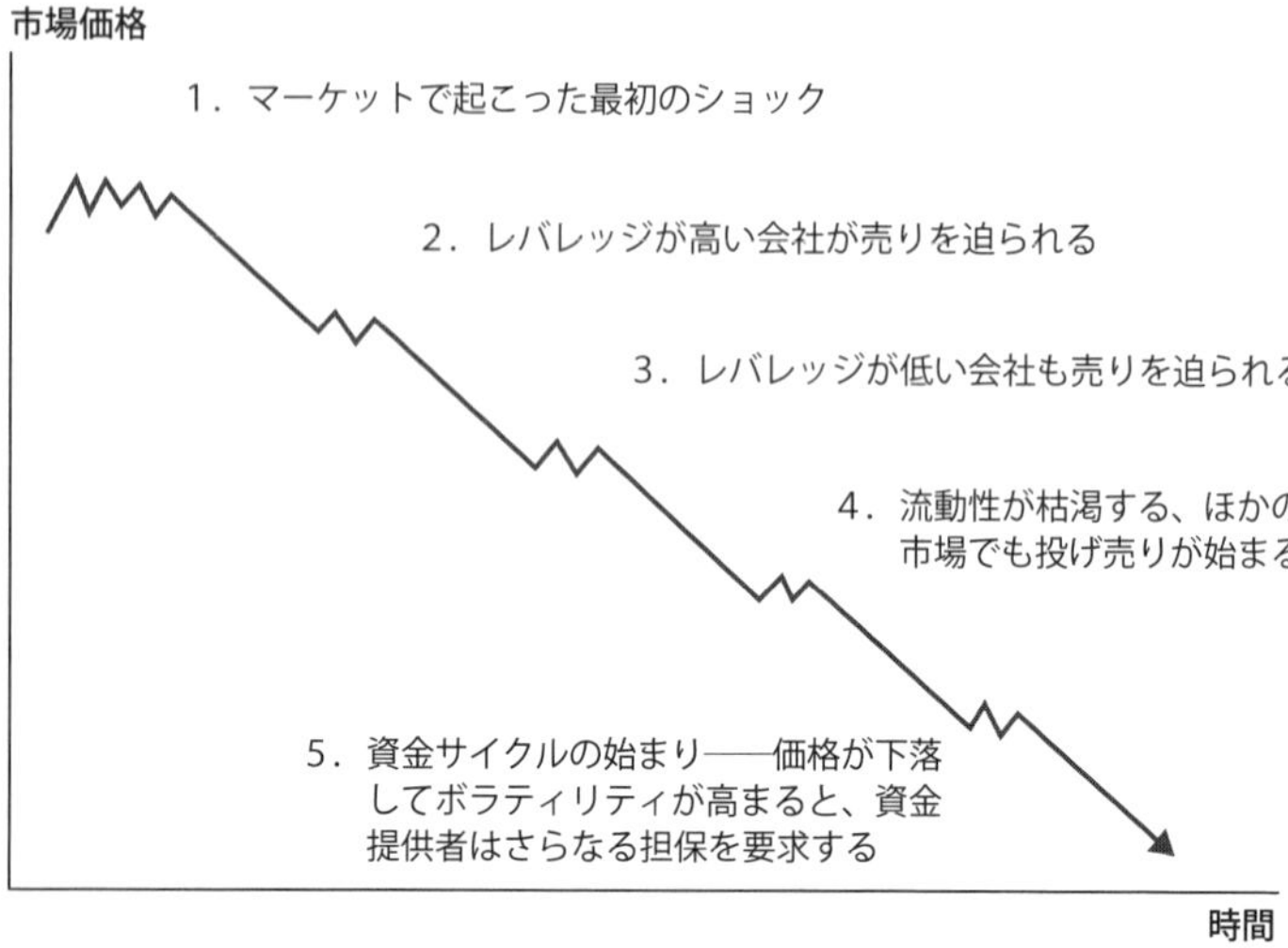

資産ベースの投げ売りは資産市場で起こったショックから始まり、それが価格の大幅な下落をもたらす。ポジションのレバレッジが高い会社は証拠金請求に応えるために資産を売らざるを得なくなる。そして、投げ売りが続くと、価格の下落圧力が高まり、それによってさらなる証拠金が発生して影響が拡大し、さらなる売りの波が起こる。この圧力にさらされた会社は、さまざまなポジションを売却するため、価格の下落がほかの市場にも広がっていく。また、下落した市場の資産が担保になっている場合は、調達も難しくなる。

出所＝米金融調査局（2012年）

ブローカー）と投げ売りが起こっている資産市場を見るべきだ。**図11－3**が示すとおり、投げ売りは金融システムに混乱が生じてファンドが保有するポジションを売却せざるを得なくなったときに起こる。このような混乱にはさまざまな原因がある。価格の下落によって資産価値が下落したり、借り入れ資金が減ったり、プライムブロ

図11－4　調達ベースの投げ売りの力学

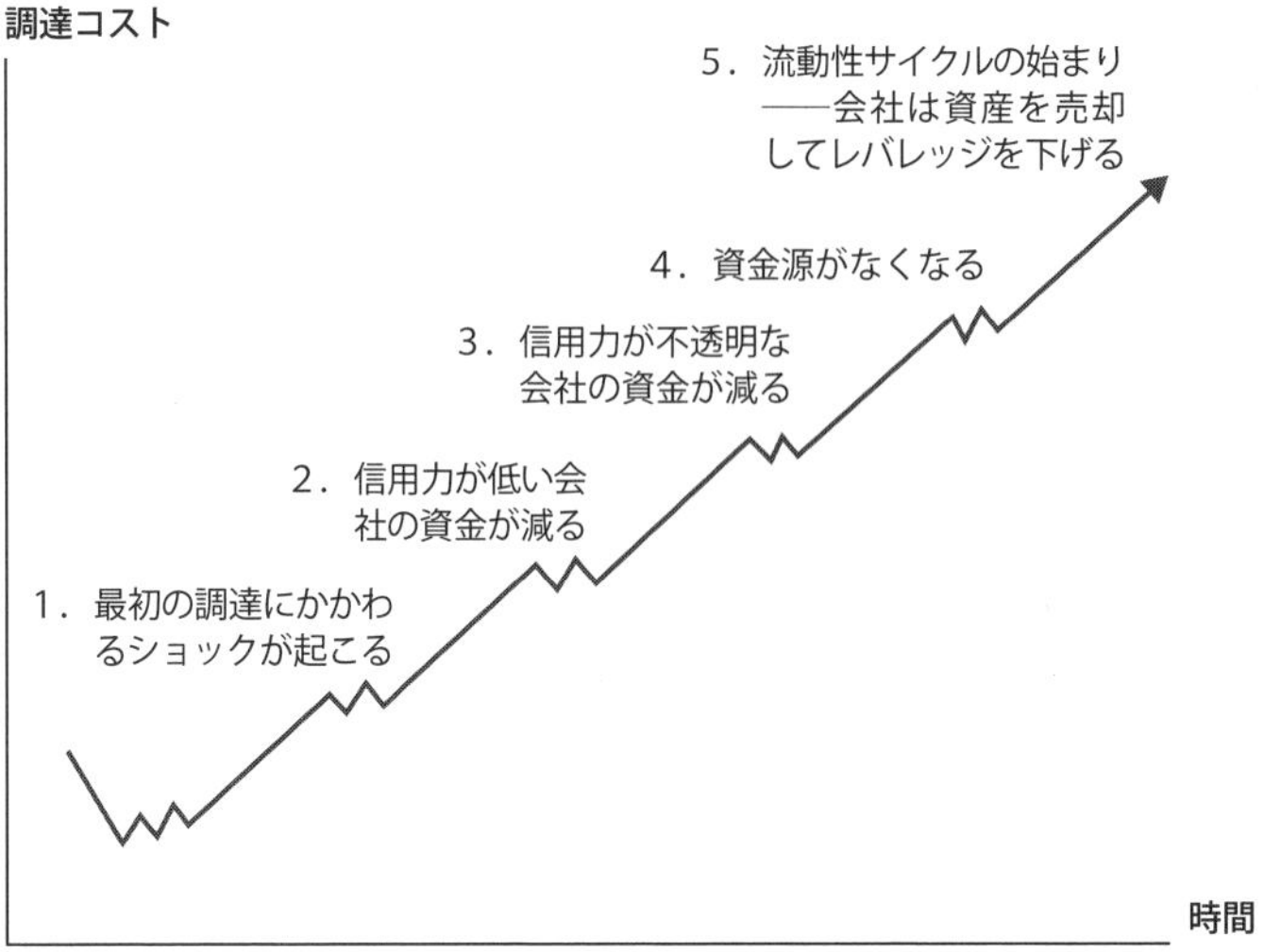

資金の取り付けはたいてい取引相手の信用力に対する懸念と流動性の枯渇から始まる。これらの懸念が調達コストを上げ、脆弱な会社を圧迫する。調達コストの上昇は脆弱な会社のカウンターパーティーリスクを生み出す。調達コストが高くなると、その会社は保有するポジションの売りを強いられ、その結果資産価格が下がると資金の取り付けが起こり、資産を投げ売りせざるを得なくなる。

出所＝米金融調査局（2012年）

ーカーの証拠金率が上がったり、投資家の解約が殺到したりするなど、いずれにしてもファンドの投資資金は減ることになり、資産価格が下がり、それがさらなる投げ売りの波を起こす。

借り入れ資金ベースの投げ売りで注目すべきは銀行・ディーラーと資金提供者の相互関係である。きっかけは、**図11－4**が示すとおり資金の流れが滞ることで、例えば担保価値の下落や信頼の低下などが原因になり得る。これによって、トレード部門が使える資金が減り、在庫が減るとさらに価格が下落する。つまり、借り入れ資金ベースの投げ売りと資産ベースの投げ売りは相互に影響を及ぼしている。例えば、借り入れ資金ベースの投げ売りが資産ベースの投げ売りを引き起こすこともあれば（銀行・ディーラーに対する資金制限によってヘッジファンドはプライムブローカーを通じて調達できる資金が減るため、資産を売却せざるを得なくなる）、逆もある。さらには、資産市場のショックで担保価値が下がったり、担保のヘアカット率が上がったりしても、やはり投げ売りにつながる。つまり、先の二つのタイプの投げ売りは**図11－2**の上の二つの層にかかわることだが、投げ売りは三つ目の担保の層からもたらされることもある。

これらの力学は、レバレッジと流動性という金床と金槌によって引き起こされる。ちなみに、突然の解約にも同じ効果があるが、これも結局はレバレッジのせいで投げ売りを強いられるケースが多い。そして、流動性がないと価格が下落し、単純で一時的なショックが、連鎖反応によってはるかに悪い状況をもたらす。もしマーケットの流動性が非常に高ければ、マーケットは価格に大きな影響を及ぼすことなく売りを吸収できるため、連鎖反応や拡散は起こらない。もしマーケット全体のレバレッジが高くなければ、マーケットで問題が起こっても大きくレバレッジを下げる必要がない。強制的にレバレッジを下げるには資産を売却する必要があり、それが価格を下げるため（それがさらにレバレッジの解消を強いる）、レバレッジと流動性のなさはマーケット危機の必須要素である。逆に言えば、完璧な流動性があると、高レバレッジによる投げ売りが起こっても価格の下落は広がらない。また、レバレッジが効いていなければ、売りを強いられることもないため、流動性がない市場でも投げ売りは起こらないのである。[22]

ここからは、モデルがシステム全体を揺るがすショックをどう描くかという観点で見ていこう。[23] モデルはたくさんのエージェントがいるシステムに応用することもできるが、ここでは追跡しやすいように三つの資産と二つのヘッジファンド、二つの銀行・ディーラー、一つの資金提供者（それぞれの銀行・ディーラーと個別に取引している）で構成するネットワークを見ていくことにする。**図11－5**は、モデルのなかのエージェントの関係性を示している。この図のなかで、銀行・ディーラー①とヘッジファンド①は、同じ価値の資産①と資産②を保有しており、銀行・ディーラー②とヘッジファンド②は同じ価値の資産②と資産③を保有している。資金提供者は銀行・ディーラーに資金を供給し、それがヘッジ

図11－5　マーケットのショックがエージェントベースモデルのなかで段階的に伝播していく様子

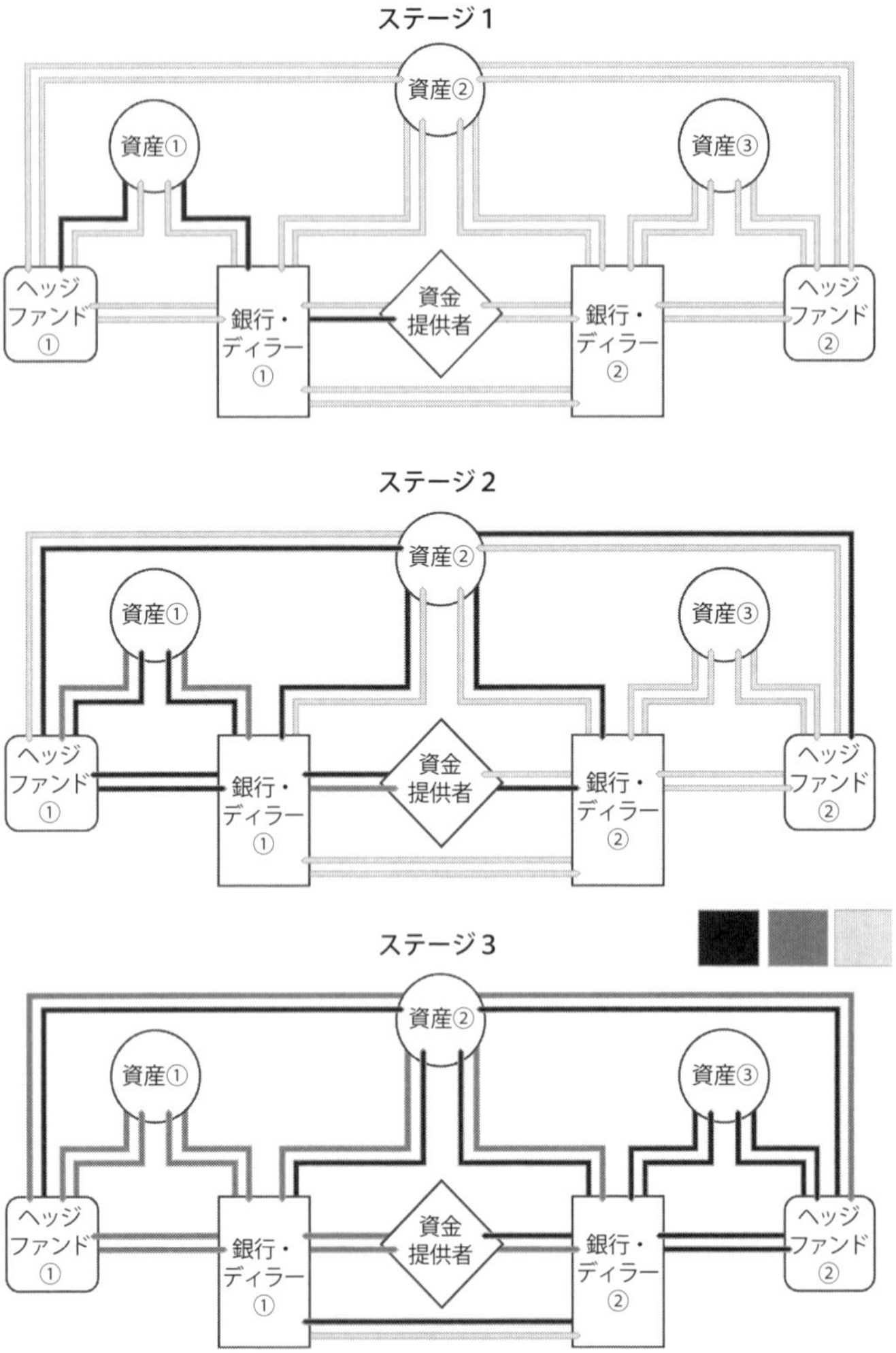

ステージ１では、資産①にショックが起こり、それがその資産を保有しているエージェントに影響を及ぼす。ヘッジファンド①と銀行・ディーラー①はイクスポージャーを減らすために資産①と資産②を売却し、資金提供者は預かっている担保の価値の下落で出資額を減らす。その結果、資産②の価格が下落し、それがこの資産を保有しているヘッジファンド②と銀行・ディーラー②に影響を及ぼす。彼らは資産①は保有していないが、資産②と資産③は保有している。彼らの売りによって資産③の価格が下がる。また、銀行・ディーラー①が弱体化すると銀行間の信用リスクが高まる。図の濃い線はそのステージで巻き添えになったエージェント、グレーの線は前のステージから巻き込まれているエージェント、薄い線はまだ巻き込まれていないエージェントを示している。

ファンドに供給されている。

図11－5は**図11－1**の必要最低限の部分のみを残した単純な図面だが、それでもエージェントの相互作用と、パラメータを変えた場合の影響は非常に複雑だ。**図11－5**は、エージェント間をつなぐ配管がどの機能ユニットとも接続可能なことを示している。例えば、二つの銀行・ディーラーは、デリバティブのカウンターパーティーとしてつながっていることもあれば、証券貸し付けの相手としてつながっていることもある。前者の場合、彼らは信用ショックの影響を受けるが、後者の場合は資金ショックの影響を受ける。**図11－5**は、エージェントベースモデルのシミュレーションの展開の一例である。各ステージは、最初のショックから一定時間が経過した時点の様子を表しており、どのエージェントに影響を及ぼしているかを描いている。影響が新たに広がった部分は濃い線、それまでの経路はグレーの線で示してある。

ステージ1で、資産①に起こった最初のショックが資産①を保有しているヘッジファンド②と銀行・ディーラー①に影響を及ぼす。そして、このショックが担保価値を低下させると、それを保有している銀行・ディーラーを通じて資金提供者にも影響を及ぼす。

ステージ2では、最初のショックが広がると、資産②に影響を及ぼす。ヘッジファンド

①と銀行・ディーラー①が証拠金を請求されてポートフォリオのなかの資産②を売却したからだ。資産②の価格が下がると、それが最初のショックと似たような影響をヘッジファンド②と銀行・ディーラー②に及ぼす。ヘッジファンド①と銀行・ディーラー①への圧力は続いて資産①がさらに下がる。資金提供者が保有している銀行・ディーラー②の担保の価値はさらに下がり、資金提供者は出資を減らす。

ステージ③になると、資産③を保有しているヘッジファンド②と銀行・ディーラー②が保有している資産の売却を迫られたため、資産③も最初のショックに巻き込まれる。また、二つの銀行・ディーラーの資金が限られてくると、彼らの間で信用関係が弱まるため、ショックの新たな波及経路ができる。銀行・ディーラー②は、銀行・ディーラー①について、資産価値が下がり、資金力も減ったことで弱体化したとみなす。また、危機が長引くと、信用懸念がほかの方向にも広がるかもしれない。例えば、もしあなたのヘッジファンドが資産③のみに投資しているとする。最初のショックが起こったときには、資産①も持っていないし、資産①を保有しているファンドが持っているほかの資産も持っていない。それでも、このショックによって、結局は自分のポートフォリオの価値も下がっていく。これが本当の巻き添え被害である。

これまで価格ショックをきっかけに起こった流動性やレバレッジや配分の伝播解析を見てきた。ちなみに、エージェントベースモデルは、資金提供者が資金を減らした場合や、銀行・ディーラーの信用力が低下した場合や、ヘッジファンドの解約ショックなどをきっかけとするシミュレーションもできる。それぞれのケースは独自の伝播の仕方でシステム全体に広がっていき、さまざまなショックが連続して起こることもある。例えば、資産ショックが起こったあとに、どこかの期間に外因的な資金ショックや信用ショックを加えることもできる。このようなケースでは、より大きな影響が広がることが多い。第5部で見ていく二〇〇八年の危機では、このような経路が重要な意味を持っていた。

第12章 流動性と暴落

人気テレビ番組「サタデーナイトライブ」のなかのパロディーニュースのコーナーで、キャスターが「今日、ニューヨーク証券取引所ではトレードが行われませんでした。ついに全員が自分が欲しい株を手に入れたからです」と伝える。このオチには一理ある。株は実際には常にトレードされている。これは私たちが常に満足していないということなのだ。

価格が変動する主な理由（特に短期的に）は、明らかに移り気な私たちが流動性を求めるからである。もし株を売買したくなると（あるいは、せざるを得ないと）、流動性が必要になる。そして、流動性を求める人は、急いでいるし、コストも安いことを望んでいる。トレード利益のほとんどは、流動性がもたらす泡のようなものである。また、流動性が必要とされているときは価格が動くが、流動性がなくなると、それが暴落の主なきっかけの一つとなる。私は流動性の動きを三つのタイプのエージェントに振り分けている――①流動性の需要者、②流動性の供給者、③マーケットメーカー――だ。

この三つのタイプを説明するために、アメリカの株式市場で起こった二つの大きな混乱を見ていこう。一つは株価が一日で二〇％下落したケースで、もう一つは複数のS＆P五〇〇銘柄が二～三分で一セントまで急落したケースである。

環境

金融市場の環境には、金融市場から退出する手段である流動性も含まれている。流動性というドアは、大きく開いているときもあれば、完全に閉ざされていることもある。「投資家が本気で逃げ出したいときにマーケットは最大の痛みを与える」という格言があるが、そのとおりだ。投資家が本当に逃げ出したいのは、逃げ出す必要があるのにそれがすぐにできないときだが、そのときのドアはより固く閉ざされている。この動きは、近年のアメリカの株式市場で流動性が問題となった二つの有名なケースを見ると分かる――一九八七年のポートフォリオ・インシュアランスがきっかけとなった暴落と、二〇一〇年のフラッシュクラッシュである。

一九八七年一〇月一九日の暴落

この日、S&P五〇〇は一日としては史上最大の下げに見舞われ、二〇%以上も下落した。これは、効率的市場仮説に包含される新しい情報に対する理性的な反応の結果起こったことではなかった。きっかけは、あるポートフォリオ戦略がマーケットの流動性を吸い上げてしまったことだった。多勢の参加者が売ろうとしていたときに、買い手がいなかったのだ。この戦略はポートフォリオ・インシュアランスと呼ばれるもので、私はモルガン・スタンレーにいたときにこれを普及させる一端を担った（これについては謝罪する）。私がこの戦略を推進していたときに、マーケットの混乱が始まった。[1]

ポートフォリオ・インシュアランスは保険というよりもむしろ積極的なヘッジ戦略で、一見保険のような安全策を目指していた（この名称はマーケティング的にも好都合だった）。ただ、この戦略は、ヘッジが持つあらゆる落とし穴の可能性をはらんでいた。ポートフォリオ・インシュアランス（さらに言えば、すべてのヘッジ戦略）が成功するためには流動性が不可欠だ。もしヘッジをすぐに調整できなければ、賭けはすべてダメになる。一九八七年一〇月までに、ポートフォリオ・インシュアランスによって動かされる投資資金は流動性が足りなくなるほどの規模に達していた。もし小さなポートフォリオがこの戦略を使っても、流動性に問題はない。しかし、全員が同じことをやろうとすると、無残なことになる。クルーズ船の客が一艘しかない救命ボートに乗ろうとするようなことで、それでは救命ボートは沈んでしまう。一九八七年一〇月一九日（月曜日）の朝、ポートフォリオ・インシュアランスのプログラムを運用していた全員が金曜日の記録的な一一〇ポイントの下落がもたらした結果を示すコンピューターのアウトプットを見ていた。結果は、逃げろと告げていた。

ポートフォリオ・インシュアランスのヘッジは先物によって行われており、その朝、株式市場がまだ始まってもいないうちにＳ＆Ｐ先物の売りの合計が五億ドル近くに達した。これは通常の出来高の約三〇％に相当する額だった。価格はその後も急落していった。先物市場での売りは、結局はＮＹＳＥ（ニューヨーク証券取引所）で個別株の売りにつながり、現物株の取引はシカゴの先物ピットからの猛烈な売りの影響にさらされたのである。

先物取引所のＳ＆Ｐピットのトレーダーたちはほとんどがマーケットメーカーで、素早い反応と素早い執行でしのぎを削っている。その一方で、ＮＹＳＥで売買する株式投資家は、スピードや株価の分単位の動きはあまり気にしていない。株式投資家は、常に画面に張り付いて、マーケットメーカーとスピードを競っているわけではないのだ。ましてやへッジの注文を連発するコンピューターと競おうなどとは思っていない。

この日、先物ピットのマーケットメーカーはカウンターパーティーを求めて価格を下げた。通常、価格が下がると買い手が現れる。しかし、危機のときはそうはならない。価格が下げても、短い時間で集められる買い手の数には限界がある。価格の下げの速さにかかわらず、株式投資家や買い手の判断には時間がかかるからだ。彼らは瞬時に反応するピットのトレーダーとは違い、ある程度考えてからでなければポートフォリオを調整できない。しかし、その間に下落の勢いが加速してしまったため、買いを考えていた人たちの多くが懸念を持ち始め、完全に手を引いてしまった。

そもそもの原因は私が異質の判断サイクルと呼んでいる状態にある。これは、先物市場でどうするかを決める時間枠が、株式市場のそれとは大きく違って短いということだ。このことは、トレーディングフロアにも影響を及ぼした。私の会社の顧客の一社でボストンのある機関投資家は、ＩＢＭについて強気の見方をしており、同社の大規模なポートフォリオでさらに増し玉を検討していた。そこで、私の会社のセールスマンはIBMが下げ始めたことを伝えるため顧客の担当者に電話をしたが、会議中でつながらなかった。二回目の電話でもつかまらない。セールスマンには、相手がコーヒーでも飲みながら朝のファクスに目を通していて、ウォール街周辺での騒ぎなど気づいていないことが分かっていた。この日、NYSEでは約一〇分で一日分の出来高に達し、わが社のIBMのスペシャリストはパニックを起こし始めていた。売り注文を受けるフロアでは、買い手が圧倒的に足りていなかった。価格を下げるしか術がない彼は、IBMの売値を一ポイント下げ、しばらくして二ポイント下げて買い手を探した。ボストンの顧客の担当者がやっと席に戻り、IBMが激しく売られているのを見て私たちに電話をしてきた。彼は、もしIBMの下げが〇・五～一ポイント程度だったら注文を出すつもりだった。しかし、暴落を見ているうちに躊躇し、IBMやマーケットに何が起こっているのかを調べるのではなく、様子を見ることにした。

このボストンの会社は長期投資が中心の資産運用会社で、彼らにとって注文は今日出そうが明日出そうがよかった。そこで、彼はマーケットが下落する様子を一歩引いて見守ることにした。株価はさらに五％、一〇％、二〇％と下げていき、彼も若干パニックぎみになった。しかし、このとき彼や彼の取引相手は傍観者としてマーケットを見ていた。一方、スペシャリストたちの目の前では、ポジションの在庫が刻一刻と積み上がっていった。

結果は悲惨だった。ボラティリティの高さとスプレッドの開きが、流動性の供給者や買い手になるはずだった投資家を追い払ってしまったからだ。そして、下落する価格そのものが、さらなる売りを呼んだことが被害を拡大した。価格が下げるほど、あらかじめ設定してあったポートフォリオ・インシュアランスのアルゴリズムによるヘッジが発動するようになっていたからだ。

流動性が枯渇したのは、需要者と供給者の時間枠が違っていたからだ。株式投資家がこの事態に反応して安値拾いを始めようとしたときには、すでにスペシャリストが大慌てで価格を下げていたため、それが流動性の供給者になり得た人たちを脅かして追い払ってしまった。[2]つまり、主な原因は、需要者と供給者のトレードの時間枠が違ったことだった。もし売り手が必要とする流動性をもう少し長く待つことができていれば、買い手が反応する時間ができて、もっと高い価格で売ることができたはずだ。それをしなかったために、二～三時間で五〇〇〇億ドルの市場価値が失われたのである。

二〇一〇年五月六日のフラッシュクラッシュ

この日、アメリカの株式市場はのちにフラッシュクラッシュとして知られるようになる現象に襲われた。マーケットがほんの一五分ほどで七％以上下落したのである。なかには、一セントまで下げた銘柄もあったが、その一方で一〇万ドルに達した銘柄もあった。このような極端な株価変動の理由は少し不可解なところがあったが、とにかくその瞬間にはその株価で売買するしかなかった。

関係がないように見えるかもしれないが、フラッシュクラッシュは実は一九八七年の暴落の再来だった。フラッシュクラッシュも流動性の危機、つまり流動性の需要が供給よりも速かった結果であり、一九八七年と同じような時間のずれが起こっていたのだ。違っていたのは、コンピューターの性能だった。高頻度トレーダーの信じられない処理スピードによって、暴落が時間単位ではなく分単位で起こったのである。

フラッシュクラッシュについては、もちろんさまざまなところで書かれており、このなかには議会の聴聞会の記録やＳＥＣ（証券取引委員会）とＣＦＴＣ（商品先物取引委員会）が何カ月もかけて作成したリポート（ＳＥＣが株式市場、ＣＦＴＣが先物市場について書いている）などもある。[3]これらの機関は、それまではトレードごとや注文ごとのデータを持っていなかったし、たとえ持っていても数百万に上るデータポイントを分析するためのハードウェアを持っていなかったため、フラッシュクラッシュには何の備えもしていなかった。実際、ニューヨーク・タイムズ紙がこのリポートの指揮をとったグレッグ・バーマンに取材をしてみると、彼が率いる取引・市場局の六メートル×四・五メートルの部屋には、たくさんのパソコン以外は、テレビとブルームバーグの端末とファクスが一台ずつあるだけだった。

実は、私も当時、ＳＥＣでフラッシュクラッシュ分析の初期段階にかかわった。そのとき、原因に関してある単純な見方が存在した（結局、リポートには反映されなかったが）。それは、この問題の発端が、二〇〇一年にＳＥＣが株価の表示を小数点化したことだとする見方だった。私は、この件について考えるとき、いつも「ザ・プライス・イズ・ライト」というテレビ番組を思い出す（小数点問題が最終報告に採用されなかった理由はここにあるのかもしれない）。[4]

「ザ・プライス・イズ・ライト」――株式市場のマーケットメーカーが減る理由

私は一九六〇年代初期に、この番組（第一期）を見ていた。祖母がこれを見ながら家事をしていたからだ。「ザ・プライス・イズ・ライト」は賞品の価格を当てるゲームで、正しい価格を超えずに最も近い金額を言った人がトレーラーハウスやダイニングルームの一二点セットやハワイ旅行などの賞品を獲得する。もし出場者の言った金額が一ドルでも超えていれば、負けだ。この番組で出場者が使う戦略の一つは、一〇歳の私の目にはずるい手に見えたが、前の人よりも一ドル高い金額を言うことだった。もし最初の出場者が二万三〇〇〇ドルと言えば、次の人は二万三〇〇一ドルと言うのだ。つまり、最初の出場者は金額をたった一ドルでも低く見積もれば、負けてしまう。

仮に、あなたが自分のお金でこのようなゲームをするとしよう。もしだれかが割り込んできてあなたよりも一ドル高く答えることが分かっていれば、あなたはおそらく参加しないだろう。それではゲームにならない。このゲームを成立させるためには、次の人の答えの上げ幅をある程度大きくして出場者全員にチャンスがあるようにする必要がある。経験則で言えば、この上げ幅は、出場者の価格に対する不確実性に関連した金額にすべきである。もし出場者がまったく価格の見当がつかないながらも二万～五万ドルの間だと思うような物ならば、上げ幅は一ドルよりも五〇〇〇ドルのほうが適している。要するに、妥当な上げ幅というものがあり、「一ドル化」（上げ幅を一ドル刻みにすること）はゲームを台なしにしてしまうのだ。これではだれもプレーしないし、プレーしても最低額しか賭けないだろう。

株式市場で起こったことは、これと似たようなことだった。マーケットにもボラティリティや流動性に見合う妥当なスプレッドの水準がある。ボラティリティによって、トレーダーが在庫を処分する前に何か悪いことが起こるリスクの程度が決まり、流動性によって処分にかかる時間が決まる。もしトレーダーが今のスプレッドである程度の注文を出すつもりがあっても、上げ幅がそれよりも小さければ、ザ・プライス・イズ・ライトの最初の出場者と同じことになりかねない。スプレッドが一〇セントの注文を出しても、すぐに別のトレーダーに九セントでさらわれてしまうかもしれないからだ。しかし、市場ではまた別のトレーダーが八セントで注文を出す……ということがスプレッドが一セントになるまで続くのである。

ただ、ウォール街は、ザ・プライス・イズ・ライトよりももう少し複雑だ。九セントのスプレッドで注文を出したトレーダーは、状況が悪ければサイドを変えて一〇セントのトレーダーにポジションを押しつければよいからだ。このときも、また一セント刻みで同じことが起こる。ただそれは、自分のポジションが押しつける相手のポジションよりも小さい場合に限られる。つまり、トレードサイズはだんだん小さくなり、より急いでトレードしなければならなくなる。しかし、スプレッドが一セントしかなければ間違いを犯せる余地はほとんどないため、臆病になって、少しでも問題の兆しがあればポジションを手放してしまう。これは厄介な問題で、非常に薄いマージンで取引している人にとっては、スピードがとても重要になる。ザ・プライス・イズ・ライトと同様に、刻み幅が小さすぎると、だれも大きな金額の注文を出さなくなる。また、自分よりも小さなスプレッドの人にポジションを押し付けられていると分かれば、スプレッドが一〇セントの人はマーケットから離れていく。そして、同じことがドミノ的に広がっていく。

要するに、株価表示の小数点化は、板の厚みを減らした。それまである程度のサイズを妥当なスプレッドでトレードしていた人が撤退し、トレーダーはより高速のプラットフォームが必要になった。そうなると、注文は薄氷を割るように板を食っていくことになる。このとき、高頻度トレーダーが参入してくれれば価格の行きすぎを抑えることができる。しかし、彼らの人数が少なかったり、十分速く反応できなかったりしたりすれば、注文はそのまま行き着くところまで行ってしまうのである。

それでは、どうしたらザ・プライス・イズ・ライトの場合と同様に、株式でも板の厚みが減って、一分くらいのうちにプロクター＆ギャンブル株が六〇ドルから四〇ドルに下落したり、アクセンチュアが四〇ドルから一セントに下落して市場価値がほとんど消えかかったりするのだろうか。仮に、ある銘柄の現在価格から一〇％下げた四〇ドルに五万株の買い注文が入っているときに、何かのショックが起きて（例えば、ミニS＆P先物が原因でフラッシュクラッシュが起こる）、最初の銘柄が一〇％下げたとする。注文板は薄いため、四〇ドルのビッドでは足りず、株価はすぐに三九ドルに下げ、それでも足りなくなってさらに下げる。それでも買い注文が足りないと、株価はさらに下げ、注文がなくなるまで下げ続ける。もしこれが従来のペースならば、一〇％か二〇％下げたところでだれかが買いに入るのだが、一〇〇〇分の一秒単位のペースでは文字どおり考える時間などない。実際、気配値が表示される間すらないのだ。コンピューターはアルゴリズムに基づいたオートパイロットで動いており、このなかにはマーケットがおかしな動きをしていたらプログラムを停止するという命令も含まれている。そして、株価が一分程度で一〇％以上下落するというのは、おかしなことだ。そうなると、行きつくのは「スタブ」、つまり一株当たり一セントだ。このような板があるのは、マーケットメーカーが何かしらの注文を出しておかなければならないからで、本当に関心がなければ、彼らはかけ離れた買値（例えば、一セント）や売値（例えば、一〇万ドル）の注文を出す。

ポートフォリオ・インシュアランスとフラッシュクラッシュは仕組みが似ている。ポートフォリオ・インシュアランスは、ヘッジ用のプログラムで、ポートフォリオの価値に基づいて資産内容を大幅に調整していく。これは、あらかじめ損切り注文を置いておくようなことで、執行されればポートフォリオの価値に応じてポートフォリオの一部が売却される。フラッシュクラッシュも、原因はあらかじめプログラムされた売りだが、こちらは昔ながらの損切り注文を使っている。一九八七年には、十分な資金を持たないスペシャリストに膨大な数の売り注文が殺到したため、彼らが逃げ出した。二〇一〇年のケースは、売りに立ち向かおうというマーケットメーカーが一人もいなかったうえに、株価の小数点化によって注文自体が減っていた。買い注文をかき集める一つの方法は、売値を急激に下げることだ。しかし、そのデータをコンピューターが読み込むと新たなヘッジを増やし、より安い損切りに達すると新たな先物の売り注文が出される、ということが繰り返される。途中で「一度立ち止まって考えてみよう」という人はいない。これが密結合のプロセスなのである。

高頻度トレーダーは一〇〇〇分の一秒単位で反応するかもしれないが、それでも反応するまでには若干の時間がかかる。しかし、一方で成り行き注文はすでに出ているので反応する必要がない。なぜ成り行き注文を出す人がいるのか疑問に思うかもしれないが、マーケットが正常に動いているなかで個人投資家が確実に逃げきりたいとき、成り行き注文は理にかなっている。もし株価が五～一〇％下げる前に逃げ出したければ、一～二セントの差は気にしないはずだ。

これらの要素が組み合わさって、下落が下落を呼ぶサイクルにつながった。これを止めるためには、当局がブレーカーを落とすしかない。

エージェントとヒューリスティクス

一九八七年のケースでも二〇一〇年のケースでも、一連の似たような出来事が起こった。最初のショックが起こると、株価が下落してプログラムされていた売りが作動したのだ。私たちは普通、レバレッジや証拠金請求が連鎖反応を呼ぶと考えるが、これらのケースは危機が別の方向からも襲ってくることを示している。そのため、マーケットのショックに対して機械的に反応するあらかじめプログラムされた戦略（例えば、一九八七年のポートフォリオ・インシュアランスや二〇一〇年の損切り注文など）があるかどうかを確認しておく必要がある。売りは、一九八七年の投資家や二〇一〇年のアルゴリズムが反応できるよりも速いペースで起こった。つまり、売りの供給が、株価が伝わって需要側が応じるよりも速く広がってしまったのである。このような戦略の存在は金融システムの混乱を招く。

具体的に見ていこう。例えば、あなたが自分の店の在庫を処分しようとして価格を下げるとする。このとき、二〇％下げて五分たって売れなかったとしても、すぐに五〇％下げるようなことはしない。客が何を買うか決めるには時間がかかることが分かっているため、さらなる値下げの前に少し様子を見るからだ。ただ、シャツを売るときは、シャガールの絵を売るときほど長くは待たない。シャガールの絵は価格を下げてもあまり進展が見られないからだ。実は、これが流動性の基準となる。売るために値下げをしてから、買うかもしれない人が店に入ってくるまでにどれくらい時間がかかるかということだ。これは単純なポイントだが、非常に洗練された投資家やトレーダーが危機を生み出す理由の核心でもある。

先述の二つのケースの根底には、流動性にかかわる三つの主要なタイプのエージェントがいた。

流動性の需要者（売買する必要がある人たち）　彼らは急いでいる。価格よりも時間を重視し、売る（買う）ためには価格で妥協してもよいと思っている。マーケットが危機になり、彼らは現金を確保したり、リスクを下げたり証拠金請求に応じたりするために売らざるを得なくなっている。

流動性の供給者（需要者から利益を得ようとする人たち）　彼らは有利な価格を求めて流動性の需要に応えようとする。このなかにはヘッジファンドやそのほかの投機家など、短期的な流動性の供給者もいるが、途中から流動性の需要者グループに移ってしまう人たちもいる。もし流動性の需要が非常に高ければ、有力な取引相手は長期投資家（資産運用者、年金基金、政府系ファンドなど）になる。

両者の間のマーケットメーカー　マーケットメーカーはトレードの仲介者（ブローカー）で、流動性の需要者の必要性に応じて、適当な量の流動性の供給者を呼び入れるために価格を動かしている。マーケットメーカーは非常に短期でトレードしている。彼らはリスクをとりたくないため、買ったら即座に売る。彼らはビッドとオファーのスプレッドや、顧客の売買を見たうえでの自己トレード（フロントラニングとも呼ばれる行為、多くの市場では認められている）で儲けている。彼らのリスクはカウンターパーティーが見つからないまま売買を抱えてしまうことで、そうなると逆行したときは在庫を抱えるか、価格を下げて売らざるを得なくなる。

危機のときの流動性をモデル化するのは難しい。危機になると人は少しおかしな動きをするため、マーケット参加者の相互作用が複雑で非線形になるからだ。このようなときに小さいトレードばかりを注目していても、あまり意味のある洞察は得られない。凍った湖にウサギの足跡があっても、人が歩けるかどうかは分からないのと同じことだ。同様に、流動性が十分ある日のトレードばかり見ていても、流動性の需要が急増したときにマーケットが処理できるかどうかは分からない。氷が突然割れるように、流動性もマーケットの構造が突然、想定外に変化して創発現象を起こすのである。

複雑さの一部は、マーケットのショックと流動性が低い時期のフィードバックがもたらしている。流動性の低さは、高レバレッジの投資家が売りを強いられたことで価格がさらに下がり、投げ売りの波が連鎖的に伝播することでもたらされる。そのため、流動性は幅広いマーケットの動きにおける内因的な要素となり、レバレッジや資金調達などの問題や、その結果、変化する投資家の行動に注目しなければ、分析することはできない。

また、複雑さはマーケット参加者の異質な意思決定サイクル、つまり急いでいる流動性の需要者と、さほど急いでいない流動性の供給者の時間枠の違いがもたらしている。このことの重要性は、反応が遅い投資家の影響に注目したモデルを構築し、特にそのことが二〇〇八年の金融危機に及ぼした影響に注目したダフィーの研究（二〇一〇年）でも強調されている。マーケットのなかには需要に応える十分な供給が整うまでに一週間かかるところもあるという。タイミングの違いは投資家の意思決定サイクルの違いで、それが価格に影響する。マーケットに積極的に価格を提示する投資家は全体のほんの一部にすぎないからだ。実は、このことは平時のマーケットの価格にも影響を及ぼしている。しかし、緊張感が高まると、その悪影響ははるかに大きくなる。

価格が突然大きく動くと、証拠金請求や解約や、ポートフォリオ・インシュアランス、損切り、リスクパリティ戦略、あるいはそれ以外の圧力によるプログラムされた売りによってさらなる下落を強いられることがある。[5]このようなときは流動性の需要者の時間枠が短くなり、価格よりもポジション解消の速さを重視するようになる。その一方で、流動性を供給する人たちは切羽詰まっているわけではないため、価格に敏感であり続ける。そして何よりも、彼らは投資を短期的な視野で考えていない。流動性の提供者の多くは、頻繁にマーケットの画面を見ることとすらしていないのだ。

流動性の需要者と供給者の時間枠の違いによる問題をさらに悪化させるのが、在庫の制約である。例えば、一九八七年の暴落では、あるスペシャリストの会社が買い手を見つけることができず、ポジション在庫が急増して資本を圧迫した。現金を持っていた投資家が、急落する価格のメリットをすぐにとろうとはしなかったからだ。彼らが行動しなかったことで、価格はさらに下落し、それがポートフォリオ・インシュアランス関連の売りを急増させることになった。[6]

そこで、マーケット危機のときに流動性をかき集めるために理解すべきポイントがいくつかある。まず、需要者と供給者の性質である――意思決定サイクルはどれくらいか、マーケットの急転にどれくらい影響されるか、マーケットの緊張は彼らのポートフォリオの調整にどれくらい深刻な影響を及ぼしているか。次に、マーケットメーカーの性質だ――

どれくらいの在庫を許容できるか、そのポジションをいつまで保有するつもりがあるか。また、フィードバックのサイクルについては、マーケットの急変はフィードバックにどれくらい影響を与えているか、そのことが調達やレバレッジやバランスシートにどのように影響を及ぼすか――といったことも知っておきたい。

危機のときの力学

通常、環境的要因はどこからでも起こり得る外因的なショックと考えられている。まずは、流動性の需要者の売買の必要性に変化が生じたときにマーケットがどうなるかを検証してみよう。マーケットのショックによって強制的な売りが出るという単純な変化が、いかにマーケットメーカーの複雑な行動（短期の流動性を提供する）につながり、流動性の提供者がマーケットに達するまでのスピードが需要のショックにいかに影響を与えているかが分かる。

図12－1は、マーケットでショックが起こったときの三つのタイプのエージェント（流動性の需要者と供給者とマーケットメーカー）の相互作用に注目して流動性の動きを視覚

図12−１　流動性危機の段階

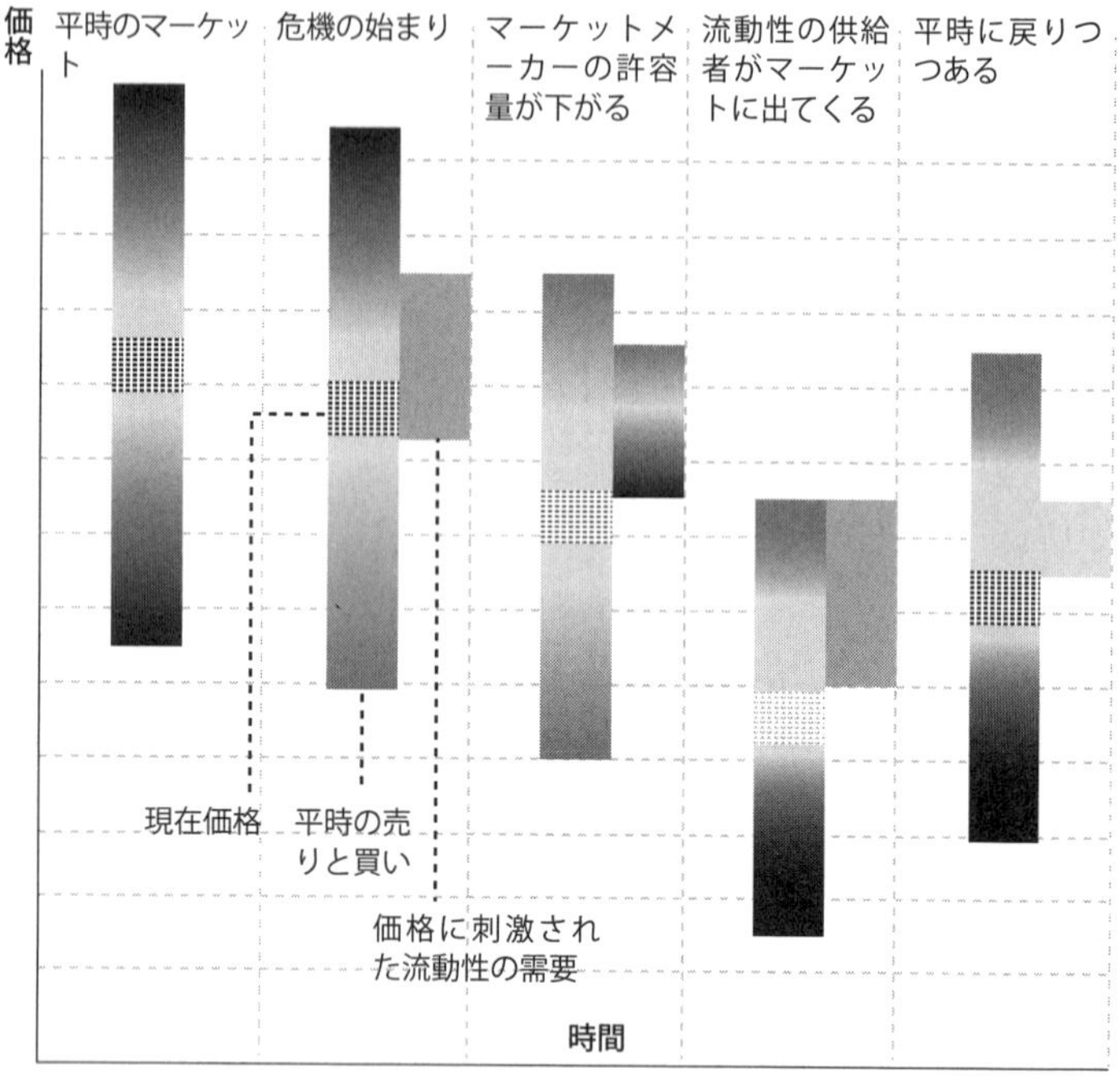

マーケットにショックが起こったあとの流動性の推移を、流動性の需要者とマーケットメーカーと流動性の供給者に注目して示した図。左から右に進行している。縦長の棒はそれぞれ現在価格近辺の流動性の供給を表している。色は現在価格から遠くなるほど濃くなっていき、供給が増えていくことを表している。中心の細かい模様の部分は現在価格を中心にビッドとオファーのレンジを表している。この部分は、色が濃いほどマーケットメーカーの許容量が大きいことを示している。長い棒の右側の棒は、このショックによって出てきた流動性の需要を示している。第二段階はショックの始まりで、これに関連する流動性が新たに出てきた。第四段階になると、価格が下落したことで流動性の供給者が反応し、マーケットメーカーの許容量も回復して流動性の需要も満たされ、最後の段階では流動性の危機が終わりかけていることを受けて価格が上がり始めている。

化したものである。この**図12－1**は、流動性に影響を与える出来事の進展を、最初のショックの前から回復に向かうところまで追跡している。縦長の棒は、現在価格近辺の流動性を示している。色は現在価格から離れるほど濃くなり、価格が上昇すれば売りの供給が増え、価格が下落すれば買いの供給が増えることを表している。細かい模様の部分は、現在価格を中心としたビッドとオファーのレンジで、色が濃いほどマーケットメーカーの許容量が大きいことを示している。

図12－1の一番左の平時のマーケットでは、マーケットメーカーの許容量が大きく、流動性の供給がどちらのサイドも同じくらいある。左から二番目の段階は、マーケットにショックが起こったばかりの状態を示している。右側の短い棒はこのショックで出てきた流動性の需要で、売り圧力がマーケットメーカーの許容量と流動性の供給を消費していく。三番目の段階になると、流動性の需要があふれてマーケットメーカーの許容量を減らす。価格の下落は流動性の需要を増やすが、供給はまだ増えてない。その変曲点は複雑系における相転移と呼ばれており、すべてが崩壊する瞬間を示している。流動性の供給の突然の消失とマーケットメーカーの在庫の許容量の低下が合わさって、流動性は急速に失われる。[7] このことは、マーケットショックのあとの流動性の影響の範囲を見極める難しさを示してい

る。この影響は、非線形になっているだけでなく、下方に大きく外れる可能性もある。価格は下がり続け、第四段階に達するころ、流動性の供給者がようやく反応し始める。最後に、第四段階と一番右の段階で、ある程度の流動性の供給者がマーケットに出てくると、マーケットメーカーも十分な許容量を回復し、流動性のほとんどの需要が満たされる。流動性危機の終わりを反映して、価格がやっと上がり始める。

流動性由来の急変につながるかどうかは、三つの要素によって決まる。一つ目は当然ながら流動性の需要が高いこと、つまり大量の売り手がいることである。残りの二つはマーケットメーカーが許容できる在庫の量と、流動性の供給者が買い向かう準備が整うまでの時間だ。出来高が少ない時期は、マーケットメーカーの数がマーケットへの影響にかかわる最大の決定要因となる。しかし、流動性の需要が高くなる時期に入ると、流動性の供給者の数のほうが重要になる。危機のときはすべてが変化する――どのエージェントが圧力にさらされているか、各エージェントがその資産をどれくらい持っているか、流動性の需要者の行動がマーケットメーカーの在庫の許容量をどれくらい切り崩すかなどである。危機のときには、これらがどのような相互作用をもたらすかが重要なのである。

結末――二〇〇八年の危機と非流動性の脅威

レバレッジは二〇〇八年の危機の最大の原因だと名指しされており、今でも学術研究や当局の監視の注目点である。しかし、私はこれが次の危機の原因になるとは考えていない。当局は、国債市場や社債市場といった重要な市場でマーケットメークにかかわる主要なエージェントである銀行への影響を踏まえて、法規制によってリスクを流動性に移したのだ。まず、バーゼル銀行監督委員会が銀行のレバレッジ比率を制限した。これによって、銀行はマーケットメーカーとして活動するための許容量が減った。二つ目に、金融規制改革法（ドッド・フランク法）のなかのボルカールールによって、銀行がマーケットメーカーになる動機が下がった。危機になると、まずマーケットメーカーが買って、流動性の提供者が現れるまでポジションを保有しておく必要がある。しかし、在庫を持つのはリスクが非常に高いため、これは不確実なゲームである。それでも、ボルカールールやバーゼル規制ができるまで、銀行はマーケットメークをしていた。自己勘定で顧客のカウンターパーティーになって利益を上げることができるだけでなく、もしそれをしなければ危機が去ったあと顧客が離れてトレード関連の収益が減ってしまうからだ。しかし、銀行は自己勘定でのトレードができなくなったため、進んで傍観するようになった。私はボルカールールの制定にもかかわっており、銀行がマーケットメーカーになれるようにするいわゆるマーケットメークの適用除外を要求した。このような例外は、金融市場の安定を維持するために不可欠だと思う。ただ、ほとんどの規制、特に複雑な規制の例にもれず、このときも想定外のとばっちりがあった。マーケットの流動性が下がってしまったのだ。

リスクがレバレッジから流動性に移ると、リスクは見えにくくなった。レバレッジは、会社の借入金かポートフォリオの価値に対する資本の比率を見れば分かった。しかし、流動性（平時ではなく、大勢の人が売りに殺到するときの流動性）を見積もるのは難しい。資産の流動性に関する調査のほとんどは、危機ではない時期の日々の市場機能を、典型的なビッド・オファーのスプレッドや出来高といったデータを使って評価している。[8]しかし、このようなデータから、価格が急落したときやそれに関連する投げ売りなど大量のポジション解消需要が出た場合について洞察を得るのは限界がある。[9]もしエージェントとその行動を確認すべきことがあるとすれば（そしてエージェントベースモデルを使ってその影響を判断するならば）、それは危機のときの流動性の動きを評価することなのである。

第13章 エージェントベースで見た二〇〇八年の危機

第12章の最後で紹介した動きをもう少し具体的に見るのに、二〇〇八年の危機以上の対象は見つからない。そこにはあり余るほどの研究材料がある。そのメルトダウンは、相互作用と経験が危機への道を決定づけた様子と、再帰性が連鎖と伝播を生み出す重要な役割を示している。エージェントベースモデルは、二〇〇八年の危機をどのように描くだろうか。

私はこの危機にいくつかの立場でかかわっていた。[1] まず、私はこの危機の訪れを予感していた。二〇〇七年に執筆した『市場リスク——暴落は必然か』（日経ＢＰ社）の最初の段落に、リスクマネジャーとしてさまざまな金融危機に巻き込まれた経験から、金融危機は「再び起こる」という懸念があると書いた。また、「私たちが作り上げた金融市場は非常に複雑」で、一つの出来事がどこに伝播するかは知り得ないし、進展があまりに速くて反応することもできないため、「一見何の関係もないような行動や、ごく小さな出来事でも、破壊的な結果を引き起こす危険性をはらんでいる」とも書いた。

この本が刊行されたあとに危機が金融システムを駆け抜けると、私は議会に数回呼ばれて金融市場の脆弱性について聞かれ、デリバティブやレバレッジや複雑系、リスク管理の失敗、差し迫るシステミックリスクなどについて証言した。そして、事態が収拾し始めた二〇〇九年、私は政府の誘いに応じて将来の危機を減らすための規制改革を手伝うことになった。そのときかかわったのが、ドッド・フランク法やボルカールールの作成や、FSOC（金融安定監督評議会）のリスク管理手順の作成などだった。FSOCは金融システムのリスク管理を担う最上位機関で、財務長官、FRB（連邦準備制度理事会）議長、SEC（証券取引委員会）委員長、FDIC（連邦預金保険公社）会長なども参加していた。

私が政府の仕事で最後にかかわったのは、金融システムの脆弱性を評価するためのエージェントベースモデルの構築で、二〇〇八年のケースを実例として使った。私はその結果が出るまえに政府を離れたが、この研究はその後も継続されている。二〇〇八年の危機を振り返ると、この方法を使うべきだったことは明らかだと思う。金融危機をエージェントベースモデルを通して見ると、コンピューターシミュレーションではなく兵棋演習だけだったとしても、この手法を使えば危機の進展の先回りをして、もしかしたらその影響を食い止めることもできたかもしれない。このモデルを使えば、カギとなるエージェントと、それらのつながりと、彼らの行動が環境に与える影響と、それがほかのエージェントの行動に与える影響を示すことができるからだ。

もちろん、あとから言うのは簡単だ。しかし、本章では二〇〇八年の危機をどのようにエージェントベースモデルを使って再現し、もしかしたら危機を封じ込めることができたかもしれないと考える理由を説明していく。また、本章のなかで第11章の図に実際のエージェントを当てはめて、危機を再現していく。二〇〇八年の危機は、実際には複数のエージェントや環境にかかわる危機が一つに合わさった複雑なものなので、デザインは慎重に行わなければならない。

各段階においては、関連するエージェントとそれらのメカニズムを設定しなくてはならない。レバレッジの上昇、個々の問題をシステミックな問題に発展させることになるたくさんの革新的な商品と、それが一触即発でデフォルトをもたらす状況などである。なかには、クライマックスで巻き込まれるエージェントもいる。アメリカ最大の銀行破綻、実体経済に広がる財源の枯渇、投資銀行の強制的な合併などはそのなかで起こった。[2]

そして、その期間にサブプライムローンという小規模で辺境の市場の脆弱性が前面に出てきて金融システムの核心を脅かすようになり、二〇〇七年初めから二〇〇八年半ばに金融システムが崩壊した。この中間期に嵐がハリケーンに発達し、地滑りを起こして最大の損害をもたらす方向に向かっていった経過についても、詳しく見ていくことにする。

まずは金融システムを、最も極端な戦争というレンズを通して見てみよう。私が政府の仕事をしていたとき、国防総省ともかかわりを持った。敵対的な外国勢力がアメリカの金融システムを混乱させたり破壊したりするには、どうすればいいのかと聞かれたのだ。要するに、危機はどうすれば起こすことができるのかということだ。

一つの方法は、ほかの攻撃的戦略と同様、まずはタイミングである。システムの弱点が露呈するのを待つのだ。それは、レバレッジが最高潮になっているときかもしれないし、資産が不安定になっているときかもしれない。そのときに、強制的な売りのきっかけを作って価格を下落させ、投げ売りを誘発させる（そのために何十億ドルか必要になるかもしれないが、戦争となればそういった手段もあり得る）。それと同時に、信用を崩壊させて財源を凍結する。例えば、うわさを流したり、窮地に追い込むようなちょっとした演出を加えたりして金融機関から資金を引き揚げるのだ（ついでに儲けたければ、暴落を誘うまえに空売りをしておけばよい）。ここから分かるように、二〇〇六年や二〇〇七年に明らかになった脆弱性が原因となり、二〇〇八年の危機につながり、私たちの金融システムを破壊しかけたのである。ここに敵の力は必要なかった。すべて私たちが自分で起こしたことなのだ。[3]

連鎖と伝播と時価評価

この時期のダメージを一つずつ見ていく前に、二〇〇八年の危機のときの連鎖や伝播の性質が、普通とは違っていたことについて書いておきたい。

通常、連鎖はひとつのショックが高レバレッジの会社に圧力をかけ、売らざるを得なくすることで起こる。そして、その売りが価格に下げ圧力をかけると、それがさらなる清算を強いる。ところが、二〇〇八年の危機で価格の下落とさらなる強制的な売りを招いたのは、マーケットでの売りではなかった。価格は実際の売りによってではなく、取引のカウンターパーティーによる時価評価によって下落した。ターゲットとなった資産の評価額は、保有会社が出血してマーケットが弱体化するまで引き下げられたのだ。それらの資産の流動性はもともと高くはなかったが、事態が過熱すると、流動性はさらに下がった。経済学者が言うところの価格発見機能を果たすマーケットはどこにもなかった。つまり、資金の貸し手の言うなりだった。ここでは貸し手は裁判官と陪審員の立場にあり、物事をでっち上げ、担保価格を非常に低く評価し、証拠金を催促してくるが、借り手は文句を言いつつ返済する以外にできることはほとんどなかった。[4]

この時価評価の仕組みは危機に発達するプロセスを理解するうえで不可欠である。例えば、胴元が一万五〇〇〇ドルの賭けに二万ドルの担保を要求したとする。あなたは二万ドル相当のロレックスの金の時計を差し出した。ところが一週間後、さらに三〇〇〇ドルの担保を要求された。なぜなのだろうか。「ロレックスは最近あまり人気がなくて価値が一万七〇〇〇ドルに下がった」というのだ。あなたは三〇〇〇ドルの大金を支払ったが、また一週間たつと、胴元があの時計の価値は一万五〇〇〇ドルに下がった。「あと二〇〇〇ドルかき集めてもらう必要がある」と言ってきた。あなたは、「ちょっと待ってくれ、あれとそっくりな時計に二万から二万四〇〇〇ドルの値が付いているのを見た」と文句を言うが、「あんたは彼らと俺のどっちから金を借りているのかい。あんたは時計には価値があるというが、時計を預かっているのは俺だ。その俺が今日の価値は一万五〇〇〇ドルだと言っているんだ」。

価格の下落は、ある市場の価格が下落したことで売りを強いられた会社がやむを得ず別の市場のポジションを売って現金を作ると、その市場も下げることで伝播していくことが多い。ただ、二〇〇八年の危機が伝播した主なルートは違った。このときの問題は、サブプライム市場にイクスポージャーを持っている（あるいは持っているとみなされた）仕組み商品だった。問題は、だれが何を保有していたかではなく、何が何に含まれていたかということだった。

そのことを知るために、トレード部門から出てくる仕組み商品に注目してみよう。これは、石油製品が石油精製会社の蒸留塔から出てくるのと似ている、石油の場合、原油を分離または「精製」して、重灯油から軽質ナフサまでさまざまな等級の製品が作られる。二〇〇八年の危機の中心的な仕組み商品の場合、原料はＭＢＳ（モーゲージ証券）、精製された商品はさまざまな等級やトランシェのＣＤＯ（債務担保証券）だった。等級はデフォルトリスクによって決まっている。精製過程をへて生まれる製品が、原料の原油によって違うように、証券化によって生まれるＣＤＯも原料のＭＢＳによって違う。もし材料が汚れていたり薄められていたりすると、出来上がった製品もそうなる。もし原料にデフォルトが増えるサブプライムローンが含まれていれば、証券化によってできる証券や、それを原料にした商品もその影響を受けるということである。

エージェント

二〇〇八年のエージェントは、図11－1の枠を埋めていけばよい。まず、さまざまな役割を担っている銀行、ヘッジファンド、資金提供者、それ以外のさまざまな金融機関などがあった。そして、資産の売買、資金の貸し借り、担保の差し出しや受け入れが行われていた。エージェントはだれもが知っているプレーヤーで、結局のところ参加者は少数のグループだった。銀行はJPモルガンとシティグループ、ブローカー・ディーラー（生き残った会社も後に銀行に吸収された）は困難の真っただ中にいたベアー・スターンズやメリルリンチだ。そして、あらゆる問題を引き起こしたゴールドマン・サックス。すべての発端となったのは、ベアー・スターンズ・アセット・マネジメント傘下の二つのヘッジファンドだった。金融機関はAIGとあといくつかの小さな会社（いくつかのモノライン保険会社といくつかの住宅ローン会社など）がこの壮大な展開のなかで多少の役割を演じた。そして、格付け会社のムーディーズとS&Pが状況をさらに追い詰めた。

すべての始まりは、サブプライムローンだった。最初は住宅ローン市場の希望の星と言われていた商品だが、事態が過熱すると、少しでもサブプライムにかかわるものはすべてゴミに変わった。サブプライムローンのCDOから始まって、住宅ローンを使った資産担保コマーシャルペーパー、住宅ローンのイクスポージャーを持っているかもしれないSIV（ストラクチャード・インベストメント・ビークル）、さまざまなイクスポージャーを抱える会社を保証しているCDS（クレジット・デフォルト・スワップ）と、それに投資している人たち、担保として保有している人たちなど、住宅ローンがかかわるすべてである。

ボールが転がり始める

捕食者のボール

ヘッジファンドは、二〇〇八年の危機の中心は銀行だとして、自分たちは逃げ切ろうとした。[5] しかし、最初の弾は、ＢＳＡＭ（ベアー・スターンズ・アセットマネジメント）の二つのヘッジファンドから放たれ、そこからの崩壊は速かった。その二つとはエンハンスト・レバレッジ・ファンドとハイ・グレード・ファンドで、どちらもほとんどの資金をサブプライムローンを使ったモーゲージ証券やＣＤＯに投資していた。

エンハンスト・ファンドは、二〇〇六年に運用を開始してすぐベンチマークとしていたＡＢＸ　ＢＢＢインデックスが二〇〇六年の第４四半期に四％下落し、二〇〇七年一月にはさらに八％下落して苦境に立った。二月になると状況はさらに悪化して二五％下げたため、投資家はこれらのファンドを売却し始めた。二〇〇七年四月末までに、二つのヘッジファンドは五〇％下落し、解約を希望する投資家が殺到した。

状況が悪化すると、貸し手はファンドが差し出した担保を再査定し、証拠金の請求を始める。このとき、最初のステップは担保の査定である。もし上場株式のように流動性が高くて頻繁にトレードされている証券ならば簡単だ。市場価格を調べればよいからだ。しかし、証券化した商品を組み合わせたもの（例えば、ＣＭＯ［不動産抵当証券担保債券］）は、頻繁にトレードされていないため、価値はディーラーが提示する相場、つまりディーラーがトレードできると見積もった価格になる。このような価格がシステムにとって決定的な意味をもつのは、ポートフォリオやその収益、そして、その会社の生存がその評価価値によって決まるからだ。これは担保の存在がローンを保証しているのと同じことで、値洗いはたいてい善意の解釈で行われるが、ディーラーにそうさせる強制力はない。ディーラーにその価格で買う義務はないため、適当な数字を言うこともできる。これは取引システムの欠陥のひとつで、繰り返し問題になっている。特に、ゴールドマン・サックスは、不動産担保証券をほかのディーラーよりもはるかに安く査定し、それが顧客に壊滅的な影響を及ぼしていた。その代表的なケースがBSAMの二つのヘッジファンドだった。

二〇〇七年四月二日、ゴールドマンはBSAMの評価を一ドル当たり六五セントまで下げた。これは、このBSAMの保有する証券のなかに三五％もディスカウントされたものがあることを意味していた。ゴールドマンが示した評価は、ほかのディーラーよりもかなり低かったが、ポートフォリオの評価に使われ、平均値を下げた。五月一日、ゴールドマンが評価をさらに引き下げて五五セントとしたことで、すでに六・六％下げていたエンハンスト・レバレッジ・ファンドの四月の価格は、一九％の下げに修正された。そのため、激しい資金流出が予想されたBSAMは、即座に解約を凍結した。デススパイラルの始まりだ。

　ＢＳＡＭが解約を凍結すると、メリルリンチは八億五〇〇〇万ドル相当の貸付担保を差し押さえた。このメリルの行動は、マーケットの状況を大きく変えた。サブプライムローンのイクスポージャーを持っていた企業は息をのんだ。価格が崩壊しかけていることは全員が分かっていたが、その価格で実際に売買が行われないかぎり、ポジションを評価し直さなくてすんでいたのだ。ブローカーやディーラーの間では、売りを控える暗黙の了解があった。しかし、いずれだれかが資金を回収したくなって結束を乱すことになることも分かっていた。そして、メリルが売り始めた。それによって、ポジションは再評価され、ＢＳＡＭを超えて影響が広がっていった。

　流動性が下がったマーケットは、これらの出来事と予期されたヘッジファンドのポジションの大量の売りでさらに圧力がかかり、典型的な投げ売りの舞台が整った。価格の急落は続き、それがさらなる証拠金請求を生み、投資家の解約要求が増えた。二〇〇七年七月末までに、ＢＳＡＭの二つのファンドは資金流出と調達不能によって破産を申請した。

　二つのファンドの破綻によって、被害は止まるどころか拡大した。絶妙のタイミングだがとうに格下げされ警戒されていた仕組み商品のＡＢＸ　ＢＢＢインデックスは、七月に三三％下落し、ＢＳＡＭヘッジファンドを下落させた勢いは幅広いマーケットに及んだ。コマーシャルペーパーに投資していた人たちはＢＳＡＭを早期に手放していたが、ほかの借り手からも距離を置き始めた。レポの貸し手は、サブプライム関連の担保のヘアカット率を高めたり、住宅ローンのイクスポージャーの証拠金率を高めたり、融資期間を短くしたりすることで、ほかの借り手（特にもともと問題がありそうな会社）の与信枠も縮小した。それ以外の不動産担保証券を担保にしている会社も、条件が厳しくなったため、流動性の高い資産の売却を強いられ、そこからも被害が広がっていった。

図13－1のステージ１は、二〇〇七年四月～七月の危機の発達段階の経路を示している。図の濃い線は、このステージで巻き込まれたエージェントを表している。

同じことが繰り返される

ＢＳＡＭのファンドが瀕死の状態にあった七月二六日、ゴールドマンは次の狙いを最大顧客の一つで、膨大なデリバティブを抱えていた保険会社の巨人ＡＩＧに定めた。ゴールドマンは信用力の低下に備えて、二一〇億ドル相当のＡＩＧのＣＤＳ（クレジット・デフォルト・スワップ）を保有していた。[6] ゴールドマンはここでも時価評価の呪いをかけ、Ａ

図13－1　エージェントベースモデルでみる2008年の危機の広がり方

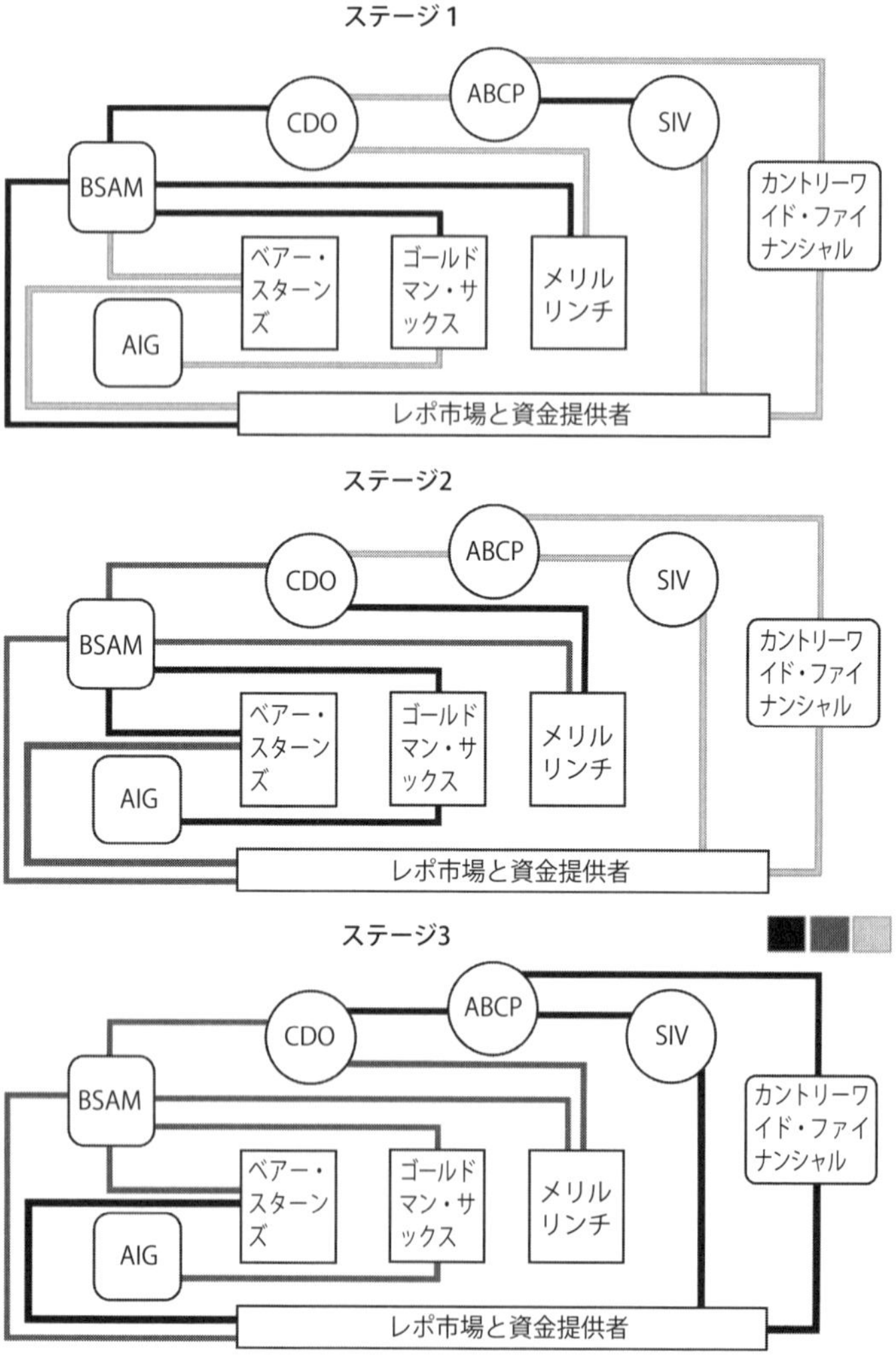

ステージ１は2007年４～６月で、注目点はBSAMのヘッジファンド。ステージ２は、2007年６～７月で、注目点はAIGやCDO市場に移った。ステージ３は2007年８月から秋までの経路で、ほかの市場にも広がり、資金源がさまざまな方向から奪われた。一番濃い線は、そのステージで巻き込まれたエージェント、２番目に濃い線は、前のステージからかかわっているエージェント、薄い線はまだ巻き込まれていないエージェントを示している。

ＩＧのＣＤＯの評価を、ほかのブローカーやディーラーのコンセンサスをはるかに下回る一ドル当たり八〇セントまで下げた。ちなみに、メリルリンチはこのＣＤＯを九五セント以上で評価していた。ほかにも、他社の評価が九五セントなのに、ゴールドマンは七五セントとしていたものもあった。ＡＩＧは、ゴールドマンが「ライバルには最大の痛みを与える」[7]戦略を推し進めていると見ていた。ＡＩＧのあるトレーダーは当時を振り返り、評価は「八〇～九五の範囲」だったと認めつつも、ゴールドマンの評価は「バカげていた」[8]と語った。

しかしこの間、弾は放たれなかった。つまりトレードは行われなかった。実は、ゴールドマンは、ＡＩＧが絶対に受けないことを知りながら、ＡＩＧにその低い評価の証券を売ろうとするという幾分皮肉なことまでしていた。もしＡＩＧがその価格で買ったならば、マーケットにおいて低い価格が認められたということになり、ＡＩＧがすべてのポートフォリオを悲惨なほど安値で再評価せざるを得なくなるからだ。そうこうするうち、他社もゴールドマンに追従した。ソシエテ・ジェネラルは、ゴールドマンの評価に基づいて証拠金を請求した。[9]低い評価と証拠金請求（ゴールドマンは正式な請求書を毎日ＡＩＧに送りつけていた）という攻撃は一四カ月続き、最終的にはＡＩＧから数百億ドルが引き出され、息をのむほどの大型救済劇につながることになる。
図13－1のステージ2は、危機の第二段階である二〇〇七年六月と七月の広がりを示している。ほかの二つのステージと同様、一番濃い線は、この段階で巻き込まれたエージェント、二番目に濃い線は、ステージ1から引き続きかかわっているエージェントを示している。

サブプライムローンを見逃すな

マーケットが多くの資産に隠れたあらゆるサブプライム関連のイクスポージャーを探し始めると、危機はさらに広がっていった。そして、それは多くの会社にとって短期資金の主な調達先であるＡＢＣＰ（資産担保コマーシャルペーパー）で見つかった。ＡＢＣＰは、担保付きのコマーシャルペーパーで、その担保の多くがサブプライムローンを含むモーゲージ証券だったのだ。

この市場で、最大の借り手の一つがＩＫＢ（ドイツ産業銀行）だった。[10] しかし、ＩＫＢのコマーシャルペーパープログラムによる資金調達を手伝っていたゴールドマンが突然手を引いた。するとそれが引き金になり、ドイチェ・バンクも信用枠を縮小したことでＩＫＢは窮地に立たされ、それがＡＢＣＰ市場の凍結につながった。しかも、その影響は住宅ローン関連のＡＢＣＰにとどまらなかった。サブプライムと関係なく、ＡＢＣＰはすべて有害だとみなされるようになったのだ。そうなると、ＡＢＣＰ市場で資金を調達していた企業は窮地に立たされた。ＩＫＢの次に被害が大きかったのが、サブプライムローン大手のカントリーワイド・ファイナンシャルだった。八月初めに、カントリーワイドはコマーシャルペーパーをロールオーバーできなくなり、格付けが下がると投資家がパニックを起こして殺到し、八月一六日だけで八〇億ドルが引き出された。

動いたら殺せ

八月には、影響がＳＩＶ（ストラクチャード・インベストメント・ビークル）市場にも飛び火した。ＳＩＶは、一部にサブプライムローンのイクスポージャーが含まれるものがあったものの、全体としては住宅ローンとはあまり関係がなかったし、短期の気まぐれな動きにも影響されない商品だった。また、ＳＩＶは通常、流動性の高い中期債で資金を集めていたし、住宅ローン関連商品と違い、頻繁にトレードされていたため、時価評価が可能だった。しかし、この時点では住宅ローンのイクスポージャーがわずかでもあれば、それで十分だった。

ＡＢＣＰ市場が凍結し、ＳＩＶ市場も暗礁に乗り上げるなかで、レポ市場も高い証拠金や高品質の担保の要求によって調達が制限されると、二〇〇七年秋にパニックが始まったが、このときマネーマーケットファンドも問題に直面していた。多くのマネーマーケットファンドがＳＩＶを保有していたからだ。彼らは金融システムにおける原材料の主要な供給元のひとつ（実質的な資金提供者）であり、ＳＩＶやそのほかの商品を通じて投資活動を行っていた。

別の資金源に大打撃を与えた原因は、モノライン保険会社だった。債券保証業者の最大手のＭＢＩＡとアムバックが、二六五〇億ドル相当のＭＢＳやそれに関連する仕組み商品を保証していたのだ。この二社をはじめとするモノライン保険会社は、困難を乗り越えるためのこれといった資本を持っていない「損失に対する耐性ゼロ」のビジネスモデルだった。損失が出れば破綻する存在だったのだ。これが普通でない波及効果に拍車をかけた。モノライン保険会社は、住宅ローン市場とは基本的に無関係のＡＲＳ（オークションレート証券）も保証していたのだ。ＡＲＳは金利が何週間かごとに行われる入札によって見直される商品だが、二〇〇八年二月にはこれらの会社に対する懸念から入札が成立せず、借り手は身動きがとれなくなり、流動性がなくなり、それまで三～四％だった金利が一〇～二〇％に跳ね上がった。

図13―1のステージ3は、二〇〇七年八月～秋までの状況を示している（モノライン保険会社からＡＲＳのルートはスペースの関係で図示することができなかった）。

終わりの始まり

マーケットが悪化するなかで、ＣＤＯやそのほかの住宅ローン関連の商品を大量に保有していた企業は、想像を超える損失に直面していた。最大の損失を抱えていたのは、シティグループとメリルリンチで、それぞれ二四〇億ドルと二五〇億ドルの評価損を計上した[11]。そして、メリルのスタンレー・オニールＣＥＯ（最高経営責任者）とシティグループのチャック・プリンスＣＥＯが相次いで辞任した。

二〇〇八年秋のパニックの舞台は、事の発端となったベアー・スターンズの本社がある三八三マジソン街で整った。ＢＳＡＭとその不運な二つのヘッジファンドの親会社であるベアー・スターンズは、困窮するエンハンスト・レバレッジ・ファンドへの資本注入を増やし、資金源が枯渇すると、ハイ・グレード・ファンドに唯一のレポの貸し手として一六億ドルを貸し出した。ベアー・スターンズがこれらのファンドのポジションを本社で引き受けると、市場には衝撃が広がった。そして、ベアー・スターンズ自体が貸し手の標的となった。このとき、二つのヘッジファンドを破綻させた価値のないサブプライム関連の膨大なイクスポージャーを、ベアー・スターンズ自体もすでに抱えていた。住宅ローンの証券化はベアー・スターンズの債券事業の最大のビジネスで、ＣＤＯの引き受けにおいても最大プレーヤーだった。ＢＳＡＭの二つのヘッジファンドが破綻したあと、格付会社のＳ＆Ｐは、この二つのファンドと、住宅ローン関連投資（Ｓ＆Ｐはその多くにＡＡＡの格付けを与えていた）の多さと、資本が比較的少ないことを理由に、ベアー・スターンズの格付けを「ネガティブアウトルック」に変更した。

ベアー・スターンズは、もともと調達の多くを無担保コマーシャルペーパーで行っていたが、資金提供者の懸念が高まると、この方法が使えなくなった。そのため、日々の資金はプライムブローカーとして預かった担保を使ってレポ市場に大いに依存するようになった。[12] ほかの銀行もデフォルトの懸念の高まりとともにベアー・スターンズとの取引を避けるようになっていった。ベアー・スターンズをプライムブローカーとして使っていたヘッジファンドの顧客も現金や証券の返還に懸念を持つようになり、解約が増えていった。レポの貸し手のなかには米国債が担保でもベアー・スターンズへの貸し出しを拒否するところが出てきた。二つのヘッジファンドの破綻やそれに関連する事象が発生して以来、ベアー・スターンズが生き残れるかどうかは担保や資金の源泉の信認が維持できるかどうかにかかっていた。それ以外には、ベアー・スターンズには基本的な支払い能力についての問題はなかったのだ。

ところが、この信頼を崩したのもやはりゴールドマン・サックスだった。企業がデリバティブのポジションを清算したいとき、普通はノベーション（更改）と呼ばれる手続きを行う。二〇〇八年三月一一日、ヘイマン・キャピタル・パートナースという小規模のヘッジファンドがゴールドマンとの間の五〇〇〇万ドルのデリバティブポジションを手仕舞おうとした。このとき、最高のビッドを提示したのがベアー・スターンズだったため、ヘイマンはこのポジションをベアー・スターンズに譲渡するつもりで、カウンターパーティーのゴールドマンに通知した。すると、ゴールドマンから「ゴールドマン・サックスはこのトレードに同意しない」という返答が来た。慣習となっているノベーションの手続きをカウンターパーティーが拒否するというのは、前代未聞の出来事だった。しかもわずか五〇〇万ドルの取引である。翌朝、ゴールドマンは「ベアー・スターンズとはかかわり合いたくない」とだけ述べた。[13]

ゴールドマンがベアー・スターンズとの取引を拒んだというニュースがウォール街に伝わった時点で運命は決した。[14] 信用を失ったベアー・スターンズは、三月一三日木曜日、SECに多くの部門が翌日営業できないと報告した。これはベアー・スターンズの破綻であるとともに、結局は金融システムの破綻でもあった。ベアー・スターンズが消えると、彼らと関係があったレポの貸し手やヘッジファンドの顧客やデリバティブのカウンターパーティーは、さまざまなマーケットで流動性の枯渇に直面した。レポ市場の二つの決済銀行であるJPモルガンとBNYメロンはその日のうちに信用関連の問題に巻き込まれ、高品質の超過担保を要求するようになった。そして、リスクが懸念されるカウンターパーティーにはどのような担保があっても参入を保証しなくなった。この時期、必要な短期資金にレバレッジを掛けていたり、流動性のない資産を抱えていたり、崩壊した市場に大きなイクスポージャーがあったりした会社は、ゾンビと化していた。

第5部　経済理論の終焉

The End of Theory

第14章　それは数字か、それとも物語か――説明ツールとしてのモデル

私は不完全燃焼の小説家である。書くことへの興味がときどき沸き上がってきては消えていくのだ。私が最初に執筆を試みたのは一九八〇年代で、そのとき書いたのは物理的な通貨のない世界を描いたスリラーだった。すべての取引がトランスネットと呼ばれるシステムを通して行われている世界で、このシステムの記録を破壊して世界を混乱に陥れようと目論むグループとその周りの人たちの話だった（言い換えれば、ビットコインが世界規模で使用不能になるようなことだ）。トランスネットのバックアップコピーは、ユタ州の山脈の地下深くにある金庫（モルモン教の信者記録を保管しているところ）に保管されているが、この記録は表に出ると消滅してしまう。この話にもし興味がある人がいれば、ホコリまみれの原稿を探し出して完成させてもよいが、そのプロットは現時点ではあまりオリ

ジナリティがない。ここで言うオリジナリティとは、プロットにおけるスリルの有無だけを意味しているのではなく、今となってはありきたりだと言うことだ。

一番最近の試みは、二～三年前に政府の仕事で週四日ワシントンDCのアパートで暮らしていたときだった。このころには、自分の想像力のなさに気づき、スリラー小説は無理だと分かっていた。スリラー的なアクションやプロットが浮かんでも、私はそれがもっともらしくない理由を考えてしまい、それを突き詰めていくと面白い物語とはほど遠くなってしまうのだ。そこで、今度は知識の限界というテーマで書こうとした。主人公は二人の女性と関係を持っている男で、一人は一見現実的だが実はそうでない女性、もう一人は別の世界から来たような女性で、彼は二番目の女性といるときは、空想と現実の区別がつかないようなことをいちいち具体的で信頼できるものに変換しなければならない。文学については、これまで書いてきたことから、私がミラン・クンデラの影響を大いに受けていることは想像がついたと思う。私の作品には、クンデラが物語の構想で最も重要だと考える登場人物とテーマがあった。しかし、そこから物語を展開していくことができなかった。小説を書こうとするなら、それはあまりよいことではない。

そこで、私はある本物の小説家に構想を展開させる手助けをしてもらうことにした。彼女は、それには二つの方法があると教えてくれた。一つはあらすじを最初から最後まで決めて、それから細かい部分（登場人物や台詞など）を埋めていくという方法だ。そして、もう一つは、車のヘッドライトに照らされた道路方式で、おおまかな目的地は分かっているが、途中の展開はその場に現れた状況に合わせて決めていくという方法だ。スリラーは二番目の方法で書かれることが多いという。小説家的な見方をすれば、構造的には予測できていたはずでも、いわゆる「近づいていたのに気づかなかった」タイプのラジカルな不確実性に頼った方法である。

同様に、モデルを構築するときにも二つの方法がある。一つは、世界を機械論的にとらえる方法で、モデルが物語の最初から最後までそのとおり進んでくれるものとする（願う）。もう一つは、柔軟で固定されていないモデルを作り、予想外のことが起こるたびに調整してく方法だ。危機はスリラーのようなもので、結末がどうなるのかはそのときが来るまで分からない。つまり、車のヘッドライトに照らされた道路方式でいくしかないのだ。[1]

前にも書いたとおり、私たちはこれまでの既存のモデル構築方法から脱却する必要がある。また、モデルの使い方についても変えていく必要があり、このことは金融リスクを考えるためのすべてのモデルについて言える。経済モデルのアウトプットの結果が何であれ、それはあまり役には立たない。危機の実際の展開や、危機のときに下される判断とはあまり関係がないからだ。このことも、小説のように取り組むべき理由の一つだ。危機の真っただ中にいたとき（例えば、一九八七年の暴落）、私たちはさまざまな人たちと頭を突き合わせて物語の筋書きを予想した。危機が進行していくのに合わせてその理由を考え、そこからその先の筋書きを描こうとしたのだ。効果的なモデルとは、数字をはじき出してくれる機械ではなく、質の高い筋書きを作り上げるためのツールなのである。そして、エージェントベースモデルは、ナラティブなモードで危機における投資の仕方や意思決定や検討事項を見せてくれる。

ここで大事なことは、次々と数字を打ち出してそれに合わせて行動することではない。現実の世界の問題のどこに光を当てればよいかを探るためにモデルを調整し、それがより広い範囲で現実に起こっていることと、直感的に整合性があるかどうかを見ることなのである。意思決定者はナラティブな観点からその信憑性（筋書きが妥当かどうか）を検討すべきだ。私たちはモデルを走らせるたびに、危機の展開について可能でもっともらしい物語を生み出すことができる。工学的な考え方が役に立たない危機のときに大事なことは、その説明が理にかなっているかどうかなのである。エージェントベースモデルのポイントは、数字をはじき出すことではなく、さまざまな物語を総合的に示し、支援することなのである。[2]

これがヨハネの黙示録の四騎士や未知の惑星と対峙するためにモデルを持つことの秘訣であり、モデル化できそうもないものをどうモデル化するかという問題を克服するための方法でもある。ラジカルな不確実性の世界では、物語は動的に展開していく。各章はその前の章を基に築かれていく。しかし、エージェントや環境やヒューリスティクスはすべて変わるかもしれない。そして、物語は一つずつ違う。

モデル化できるというのは間違っている

このような状況において、既存の多くのモデルは意味を持たない。ここで私は危機に対処するための特定のモデルを提案しているわけではない。どの時点においてもその期間のプロセスをモデルとして明示できるパラダイムを提案しているのだ。しかし、危機が展開し、ラジカルな不確実性の一部が表面に出てくると、モデルは新たな現実に合わせて変化していく。そこでは解決策や答えはない。私たちは未経験の世界で活動し、曖昧に表現されたモデルを使わざるを得ない。だからこそ、私は公理主義的な経済学に反対しているのだ。ケインズも書いているように、「将来に影響を及ぼす人の判断は、個人的なことでも政治的なことでも経済的なことでも、厳密な数学的計算に頼ることはできないことを私たちは分かっている。それを計算する基盤がないからだ。私たちは主体的に物事を動かしたいという生来の衝動と私たちのなかの合理的な自己によって、最善の代替案のなかから選んで計算しているつもりだが、それもたいていは気まぐれや感情やチャンスに左右されている」[3]。

再び戦争という常にラジカルな不確実性がある状況と、軍事戦略家のジョン・ボイドについて考えてみよう。彼は、空軍戦争大学で「空軍には教理（ドクトリン）がある、陸軍にもある、海軍にもある。だれもが教理を持っているのだ」と警告した。しかし、彼自身の仕事については、「教理を持ったことは一度たりともない。そんなものは見つからない。なぜか分かるか。それは一日目は教理でも、その日が終われば教義（ドグマ）に変わるからだ」。彼は、教理を書き留めておかなければならないときは「それは正しくないと仮定して、ほかのたくさんの教理も見るべきだ」と言っている。そうすれば、一つの教理の信者にならないですむからだ。それよりも、「あちらこちらから良いところを抜き出してくればよい」。

彼の教えは、「もし一つの教理しか持っていなければ、それは恐竜と同じだ」。一つのモデルしか持たないことも、恐竜と同じなのだ。

これがボイドの思考方法で、軍事理論家のアントワーヌ・ブスケはこの考えを「『不確実で、変化し続け、予想がつかない』永久に更新され続ける世界だから、それに対応するには自分の理論とシステムを常に見直し、適応し、破壊と再生を繰り返していかなければならない」とまとめている。『ザ・マインド・オブ・ウォー』（The Mind of War）の著者グラント・ハモンドは、このことについて「ボイドの展望の中心にあるのはあいまいさである……これは恐れるべきことではなく、受け入れるべきことだ……完全で完璧な情報を手にすることはないし、自分の行動の結果が完全に確信できるわけでもない……成功するための最善の方法は……あいまいさを楽しむことだ[4]」と書いている。

経済モデルは、あいまいさを排除するために作られている。他方であいまいさにあふれ、明確な答えが得られないモデルを提案すれば険しい道のりになるのは間違いない。しかし、私たちはそのモデルで説明できず、モデルの構造のなかで事前には分からない変化をすることもモデルで扱うべきなのである。より広く深く言えば、モデルは固定すべきではなく、環境の変化に合わせて予想できない変化を遂げていくようにすべきだ（それによってモデルを再定義できればなおよい）。これがボイドの「?と?の戦略的なゲーム」であり、これは再帰性ともかかわる概念である。何かを書いて（あるいはプログラムを作って）、「モデルが完成した」と言えることはけっしてない。社会システムの固定した自己完結型のモデルなどないということだ。

賢い人は、もし私たちが使っているモデルが変動的ならば、モデルのためのモデルを開発し、それを使えばよいと言うかもしれない。しかし、それをするには、どうすれば世界を外側から客観的に見て未来のモデルを知ったり、未来のモデルを決めるためのモデルの特異性を維持したりすればよいのだろうか。ラジカルな不確実性は、将来のすべてのモデルを作り出すためのモデルを作らせない。目の前に来るまで、それを知るどころか、予期することさえできないからだ。

それでも、だれかがこれらの問題を解決するモデルを提案できるかもしれない。そして、もし全員がそのモデルを使えば、システムにおける創発現象やそれ以外の特徴はなくなるのだろうか。それまでよりも良いモデルを使うことで、合理的期待を前提とする世界に戻れるだろうか。もしそうではないにもかかわらず、同じ問題を抱えた人たちがだれでもこの究極のモデルを手に入れて使うとするならば、それはこの人たちが全員バカだと想定していることになる。そうであれば、元に戻り、モデルへの合理性と厳密性と一貫性への要求の問題が再燃することになる。

少なからぬ複雑性を有するシステム（つまり現実の世界のほぼすべての経済状況）においては、真に本質的なモデルは、エージェントにアプリオリ（経験的認識に先立つ先験的）には与えられないし、初期条件やパラメータに関する知識は限定的だし、データは有限でノイズも多く、計算力も限られている。しかも、観察しているエージェントもシステムの参加者でもある。これは、現実のほぼすべての状況においてエージェントの内部モデルは可謬だということを意味している。そして、この可謬性は、エージェントが理解しようとしているシステムの一部でもある。つまり、私たちはソロスの概念の中心にある自己言及的な再帰的ループを持っていることになる。エリック・ベインホッカーはこのことについて、可謬的なエージェントは、可謬的なエージェントが理解し行動しようとする環境のなかにある可謬的なエージェントが理解し行動しようとする環境のなかにある可謬的なエージェントが理解し……環境を理解し行動しようとしていると述べている。このようなシステムの将来の道筋を予想するためには、エージェント自身とほかのすべてのエージェントの可謬性に関する完璧な知識が必要だが、可謬性の完璧な知識という言葉がすでに矛盾している。[5]

それでも、この知識の限界とそれが意味する可謬性こそ、経済学の合理的期待仮説（REH）が認めていないことなのだ。[6] REHでは、私たちは全員が相互作用や動的な複雑性などない単純な世界に住んでいて、どのような経済状況下にあっても完全に合理的な行動をとるとされている。なかには、REHはエージェントの考えと世界の双方向のフィードバックをモデル化しているため、再帰性を包含しているという人もいる。しかし、REHには複雑な環境における基本的な知識の限界も、避けることができない可謬性も、このような限界がもたらす異質性も、可謬なエージェント同士から生まれる果てしない再帰的な相互作用も包まれていないのである。[7]

この点については、再度現実の世界（抽象的な世界ではなく）について検討してみなければならない。だれもが同じモデルを使っているわけではないし、エージェントベースモデルの手法が普遍的に受け入れられているわけでもないからだ。実際、このモデルを使う人は多くはないだろう。しかし、もし全員が使うようになれば、このモデルはヒューリスティクスの一部になり、モデル自体が変わっていく。そうなると、結局、モデルを使っているということは、間違ったモデルを使っていることになるというところに話が戻ってしまう。そして、「私はこのモデルを使っているが、彼は私がこのモデルを使っていることを知っているため、彼が自分のモデルを変更すると、私も自分のモデルを変更しなければならない」というループに入り込んでしまう。それと同時に、ほかの人たちの知識という不確実性と、全員が同じモデルを使っているわけではないという問題もある。別の考え方をすれば、決まった解決策がある可能性は極めて低い。このような解決策に必要な仮定は極めて限定的で、現実の生活でその条件がそろう可能性は低い。そして、ゲーム理論におけるレベルK理論にまつわる問題もある。人は「私が知っていることを彼が知っており、そのことを私が知っている」ループをレベルごとに考えてはいないのである。[8]

これは、フリードマンとゴールドバーグの言う『Imperfect knowledge Economics（不完全な知識の経済学）』と近い考え方で、機械論的であらかじめ決められたモデルや、マーケットの参加者が一つの予想戦略を一貫して使い続ける新古典派経済学的な構成を排除している。そうではなく、「マーケット参加者は時折、経済学者どころか彼ら自身でさえ予測できない方法で予想戦略を修正する。特に、企業や経済政策やファンダメンタルズの動きを支えるそのほかの社会的状況の特性も、型どおりではない変化をしていくなかではそうなる」。

それでも、当局も巻き込んで将来起こり得る危機を分析する産学協同の努力には、目を向けてみよう。彼らの目的は何なのだろうか。今の時点では、二〇〇八年の危機を掘り起こしたうえで、あらゆる種類のレバレッジ関連の基準や分析を試しながら次の危機に備えることである。理由は、レバレッジが前回の犯人だと特定されているからだ。周りを見回せば、さまざまな学者がシステミックリスクの基準を作るために開発したモデルやシステムの産業の急成長に気づくだろう。これらはどれも銀行のレバレッジとほかのいくつかの特定の情報を組み合わせて、逆算し、いずれ危機に巻き込まれる銀行を何カ月も前に特定しようとするものだ。ちなみに、特別の情報を抜かしてレバレッジのみに基づくモデルを構築しても（あるいは単純なレバレッジのチャートでもよい）、ほぼ同じ結果が得られる。私たちは二〇〇八年の危機という特定のケースの特定の銀行のケースの犯人がレバレッジだったことを知っているからだ。

ジェボンズたちが経済学の基礎を構築するために自然界で使われる手法をツールとする考えに至ったことは無理からぬことだった。私たちがどう行動するかが、ほかの自然現象や物理学の構造と似ているならば、この方法が使えるのかもしれないからだ。だが、人の相互作用は天体の動きとどこが違うのだろうか。人は機械とはどこが違うのだろうか。それは、私たちの行動とフィードバックが世界を変えるところだ。このなかには、私たちの世界の見方が変わることもあれば、提起された問題やこのような問題に取り組むためのモデルが変わることによって変わることもある。

そこで、閉じていないモデル、つまり永久に完成せず、私たちの知識の限界に柔軟に対応するモデルが必要になる。閉じたシステムを前提とする手法、つまり世界は全知であるとして行われる行動（境界線の辺りでは間違いが生じるとしても全知の視点で世界を定義するモノの見方）は、人間性の原則を見逃している。日常の世界を生きるかぎりでは、この間違いは重要ではないのかもしれない。その一方で、もし社会や文明の時間の尺度に注目したり、戦争や疫病や飢餓によって世界が大きく変化したりすると、これらの原則が前面に出てくる。金融危機は、後者の抑えめなバージョンなのである。原因が何であれ、いったん軌道を外れると、いつものシステムが多少ずれる程度ではなく、平時とはかけ離れた状況に直面することになる。

人間の本質や人々そのものを扱うための知識に限界を認めると、私たちはモデルの変更や世界観の変化を受け入れるようになり、モデルを構築したり実験を再現したりする能力を失うことになる。過去の危機の行動を見ても将来のことが確実に分かるわけではないからだ。これが意味することの一つは、標準的な計量経済学の手法では、分析はできないということである。

そうなると、検証と推定の問題が出てくる。私はエージェントベースモデルの概念、具体的に言えばそれがどう危機と関連しているかについて述べているが、その構築方法を長々と説明するのではなくパラダイムとして紹介しようと思う。そうすることで、パラメータの推定の仕方や、それを実験で検証するなどといった難しい側面を回避することができるからだ。もしモデルがなかったり、モデル化したい世界が過去とまったく違うものだったりしたらどうすればよいのだろうか。もし危機が繰り返さなかったり、経験によって人の考えが変わったり、モデルのエージェントが世界に影響を及ぼし、同じ戦略が使えなくなるほど予期できない変化を起きたりすれば（以前に使った戦略に敵は前回とは違う予想外の反応をする）、モデルの結果は再現されない。

私たちは世界を一本の道を通って旅している。危機の指針として歴史を参照したいとしても、一つの道を観察することしかできない。そして、その道をもう一度行くことはできない。もしタイムマシンで過去に戻って別の道を行こうとしても（もちろん、よく言われているように、行動したらすべての物質と反物質が衝突を起こすなどといったリスクなしに世界を変えることができるとして）、好きなところから同じ物語が展開するのを見ることはできない。まず、世界がエルゴード的ではないというところから始めよう。非エルゴード性の世界では、標準的な経済学の手法で危機に関するモデルを検証することはできない。危機を理解したければ、「車のヘッドライトに照らされた道路」方式で物語を構築していくしかない。つまり、話が展開していくのに合わせてナラティブも変えられるようにしておくということである。ナラティブが変わるということは、モデルが変わるということだが、モデルの変更はパラメータの値を変えるなどといった単純なことではなく、ベイジアンモデルの構造を変えてしまうくらいの変更なのである。これは、システムのエージェントによっては、ヒューリスティクスを変えることになる。[9]

プラグマティストとしてモデルを構築する

私は最初に、モデル構築には人間性という要素を含める必要があるという話をした。それが、一種のラジカルな不確実性につながるからだ。そして、これは今日の数学的で公理的な新古典派経済学のモデルが隠している不都合なことでもある。人間性を最もよく反映しているのは、論理ではなく文学である。モデルは小説のようなものであるべきで、曲がりくねり、予期しない展開に合わせて変化していかなければならない。進展とともに主要な登場人物や彼らの環境への対応は変化し、文学作品と同様に、事件が起こるたびに悪人から善人になる人もいれば、楽観的だったのに苦しむようになる人もいるということだ。

二〇世紀の偉大な近代小説の一つである『特性のない男』のなかで、ローベルト・ムージルは、標準的な経済モデルで定義された世界の亡命者とでも呼べそうな主人公のウルリヒを私たちに与えた。彼は人生の意味を見失った数学者で、自分の天職を疑い、論理へのこだわりを捨て、「ぼんやりした想像と幻想が交差する仮定の世界」に入った。ムージルはウルリヒの考え方をエッセイズム、そのような生き方をする人たちをポシビリスト(possibilists)と呼んだ。[10] ムージルは、エッセイズムを使って「解答のない解答」を描こうとした。一つの方法を試し、別の方法を試し、分かれ道の一方を試し、戻って別のほうも試すのだが、数学の証明のような厳密さや明白さを求める代わりに、知識は限られているという感覚を持ち、現実や真実の証明とは距離を置いて世界と向き合っている。[11] ポシビリストは「どんなことでも『同じように簡単になり得る』ととらえることができる思考力と、そうでないこと以上にそうであることを重視しすぎない」姿勢で行動する。文学者のロス・ポスノックは、ウルリヒの考え方について「新しい人間の在り方に関するモダニストのパラダイムで、これはエマソンやニーチェやウィリアム・ジェームズやプラグマティズムやバーグソンの思考を前と後ろに拡張し……実存主義」を形成するとしている。[12] ちなみに、私はプラグマティズムくらいにしておく。

物議をかもすネオプラグマティストのリチャード・ローティの見方を支持するプラグマティストにとって、「私たちは今、世界を正しく解釈できると主張する」というのは「解釈に対して自己欺瞞的に称賛することで、他人ではなく自分の希望と恐れを奏でている」のと変わらない。[13] 彼は、プラグマティストが言う「『真実』という考えは、自分で自分の未来を決めていると言うのとほぼ同じ幻想にすぎない」としている。「『合理的である』とか『真実を追求する』といったことほど、大げさで人工的な行為などない」。「あるがままの現実」もない。そして、私に言わせれば、「真実」など人間の性質に対処するときにもないし、人間性の一部を経済学に振りかけて化粧した世界にももちろんないし、危機を取り巻くラジカルな不確実性に直面しているときならばなおさらない。

私の見方は、理論的とか公理的とかいうよりも、プラグマティックである。このような見方をしているのが、科学哲学者のトーマス・クーンで、彼は『科学革命の構造』（みすず書房）のなかでほとんどの科学的な研究を通常科学という言葉で表現した。通常科学は、実在するパラダイムを発展させ、洗練させることである。今の科学のパラダイムが、以前のパラダイムよりも理想的または完璧なパラダイムに近いわけではない。科学は最終的なパラダイム（最も優れたパラダイム）に向かっているのでもないし、すべての科学を支配する理想的なパラダイムが存在するわけでもない。その意味で、科学はプラグマティックと言える。

存在したかもしれない世界はたくさんある。それらの世界の評価の仕方もたくさんある。そして、世界が取り得る道もたくさんある。プラグマティックな考え方は、すべてのチップを「人間の最適な行動とマーケットの均衡と安定した選択という仮定に基づいたモデルを執拗に一貫して使う」ことではなく、ツールをいくつでも使うことができるということである。ボイドは、「均衡状態にあるということは死んでいるということ」だと言っている。[14] ＯＯＤＡ（監視、情勢判断、意思決定、行動）ループの二番目のステージである状況適合は、「単なる状態ではなくプロセスであり、人は常に状況適合を行っている」。私は均衡状態と、持続的な状況適合を必要とするフィードバックがあるプロセスは共存しないと思う。

これはアジャイルなモデルで、モデルはどのプロセスにおいても状況適合を行っている。モデルは時間や状況によって変化しているのだ。機械もブラックボックスも正式な原則も実証可能な正解も解決策もない。そこにあるのはプロセスだけで、私たちはモデルを使ってどの時点についても注目したり、ナラティブを発展させたりすることができる。モルトケが戦争や芸術を観察して、学習は才能の代わりにはならないと語ったが、これは危機の複雑性についても言える。

アジャイルモデル

野球でフライを取る方法は二つある。簡単な方法と難しい方法だ。難しいほうは、打った直後のボールの速度とスピンを測定し、そのときの状況（空気抵抗や風速）を合わせて方程式（これ自体が一〇〇年前の数学的試みの成果）の入ったコンピューターにかけると、座標でグランドのどこに落ちるか正確に算出できる（このとき周りに自分が取ると叫ぶのを忘れずに）。

簡単なほうは、選手が実際にやっていることだ。もし反応した時点でボールがすでに高く上がっていたら、ボールを注視しながらスタートを切り、注視角を一定に保つように走る速度を調整していく。これは注視ヒューリスティクスと呼ばれている。[15]注視ヒューリスティクスを使うプレーヤーは、ボールの軌道を生み出す物理の法則の変数をすべて無視している。彼は、なぜどのようにボールが着地点に達するのかという質問を無視して、たった一つの変数に集中する。彼は、自分とボールが最終的にどこに行き着くのかを実際そこに行くまで知らないが、そこに着いたときはボールもそこにある。この注視ヒューリスティクスは、動物が獲物を捕獲したり交尾相手を捕まえたりするときにも使われている。コウモリ、鳥、トンボなどは常に獲物と一定の光角を維持しているし、犬がフリスビーをキャッチするときもそうだ。[16]

私たちがボールを捕るために用いるヒューリスティクスは、数学的手法とは概念的に異なっており、その哲学的な違いはボールの捕り方を超えて私たちが人生をどう生き、どう社会と交わり、人間としてどう行動するかにも及んでいる。この手法の違いは、自然科学の哲学的基盤と、社会科学の正しい哲学的基盤の違いでもある。もっと具体的に言えば、これは金融危機に対処するための方法として、エージェントベースモデルが正しく、経済モデルがそうでないことの理由でもある。

演繹的手法と帰納的手法

ボールを捕るための難しい方法は演繹的である。演繹法は一般的な命題や公理から始め、それに論理や数学を応用して原則を導き出す。公理は世界がどう機能しているかという見方に基づいて提案されることになるが、結果は公理に従うわけではない[17]。

簡単な方法のほうは帰納的である。帰納法は具体的なケースから一般化を行う。このように一般化した最終結果は、演繹的な議論の形成につながるかもしれないが、より一般的な帰納法は経験から学ぶことに似ている[18]。演繹的手法は数学や形式論理学で構築されているが、帰納法はどちらかと言えば寄せ集めの幅広い学際的な方法で、統計や数学も使うし、過去の知見や先行研究文献から方向性を知ったり、観察や過去の経験と緩やかに結びついたヒューリスティクスを使ったりすることもある。

演繹法と帰納法の重要な違いは、問題を解くことができるかどうかにある。演繹法ならば数学的証明や公式を使った結果を応用することで結果が分かる。演繹法は、一般解や問題を解くための数学的近道につながる。しかし、帰納法にはそのような近道はしない（もしかしたらできない）。結果は、最後まで行かなければ分からないからだ。計算既約の問題は、帰納法でしか取り組むことができないが、ほかの演繹法を使って概念的に解ける問題は、野球の例でも見たように帰納法でも解ける。ボールがバットに当たった瞬間にすべての変数について解ける演繹的手法は、飛んでいるボールを見るプロセスを割愛できる（ただし面白くない）。帰納法はヒューリスティクスから来ており、展開を追うことでのみボールがどこに着地するかが分かる。つまり試合に参加しなければならないのだ。

人生は帰納的だ。どこに行き着くのかは、着いてみなければ分からない。経済学は、演繹的な手法を用いているが、エージェントベースモデルは帰納的な手法だ。帰納的な手法は、モデルを常に修正する。予想や変数だけでなく、ヒューリスティクスの性質や相互作用のネットワークなどまで修正するのだ。実際に修正しなくても、帰納法においてこのような修正は自然なことだが、演繹法においての修正は、公理やそこから推測できることの数学的な間違いが明らかになったことを意味している。

演繹的で分析的な手法のほうははるかに多くの情報が必要ではあるが、ボールがバットに当たった瞬間に着地点が分かる。そして、モデルをあらかじめ決めることができる。一方、帰納法のヒューリスティクスを使ったアルゴリズムは、実際あるいはシミュレーションでボールをつかむまで、どこに着地するか分からない。ボールを捕るときまでをたどってボールが飛んでいる経過を体験し、ボールがグローブに入らなければ、着地点は分からないのだ。ただ、風向きが変わった場合、演繹的なプレーヤーがそれを知らなければボールは捕れないことになるが、帰納的なプレーヤーはキャッチできる可能性が残っている。測定を誤ったときは、帰納法のほうが頼りになるのだ。

帰納法は文脈に依存しており、すべてのケースで機能するわけではないし、演繹的な証明に落とし込むことができなければ機能することを示すことができない。むしろ、帰納法は、最初からいつでもだれでも納得する公理や理論に基づく演繹法に基づいて問題を解決しようとしない。私たちは本質的に、世界の歩みに合わせて自分も進み、生活している。つまり、環境を基盤として生きているため、もしその環境が変われば、それを取り入れる。一方で環境もまた文脈に固有のものである。なぜなら、私たちは文脈もその展開に任せているからである。

経済学と演繹法

経済学者は演繹的な手法に魅了され、最初から自分たちは全知全能であると仮定した。つまり、難しい方法でボールを捕ることができるというのだ。リチャード・ドーキンスは、『利己的な遺伝子』（紀伊國屋書店）のなかでこの野球選手について（ひいてはコウモリや鳥やトンボもそうだと思う）、「彼はボールの軌道を算出する、一連の微分方程式を解いたかのような行動をとっているが……無意識のレベルでは、機能的に数学的な計算と同じようなことが行われている」[19]と書いている。「無意識のレベル」で「あたかも」微分方程式を解いているかのように何かをしているというのは、非常に謎めいている。しかし、実際にはしていないし、しようともしていない。

経済学者は最初に問題を解決する方法、つまり結果がどうなるかを探すというパラダイムを選んだ。この方法は、ボールの着地点をボールがバットから離れた瞬間に算出しようとするものだ。経済学者は、人の行動を形成する規則に基づいた一般的な環境を前提として問題を解決しようとする。それはジェボンズの時代から経済学は彼らが機械科学と呼ぶ手法を使ってきたからだ。[20]そのため、経済学者は外野手が複雑な相互作用によって途中で動きを修正したり、環境が変わったりすることを認めないが、それこそが危機を本当の危機にならしめている核心部分なのである。

ゲーリー・ベッカーをはじめとする経済学者は、有効な科学的理論は真実を表現するものだとみなしている。それは時間や場所や文脈や観察者とは関係なく、世界を説明できるものである。そのために彼らは演繹的手法を用いて、マーケットの真理を提供する公理を作り上げた。その真理とは、いついかなるときでも世界中のどこにおいても人間を経済的主体として扱うことができるものである。反対に、人の相互作用によって世界がどこに向かうのかを見ようとするボトムアップの手法は、帰納的なプロセスを用いている。これは主に経験や観察、そしてときには数学を使って、歴史的な分析と同様、ナラティブに進んでいく。これが、経済学の手法と私が信奉する手法の極めて重要な違いと言える。後者では、危機を理解するということは、理論的構造が進展するたびに話の筋を貼り合わせていく作業なのである。ボルヘスは、「現実はもっともらしいことや、ありそうなことばかりではない。しかし、物語を書くときはできるだけありそうな話にしなければならない」と言っている。[21] 危機に直面したとき、私たちは自分の経験と直観を総動員して話を組み立て、単純にそれで納得できるかと自問していくしかない。これは、エージェントベースナラティブという新しい概念である。

経済学者と演繹法と現実の世界

私の息子はエール大学で数学とコンピューターサイエンスを学んだ。この大学では学界の第一人者が学部生も教えているため、息子は一年生の微積分のクラスで世界的な数学者に教わるという恩恵を受けた。しかし、すぐにがっかりした。ある宿題とテストで息子の証明は〇点、友人は満点をもらったからだ。部分点はなかった。この教授にとって、証明は正しいか間違っているかの二択だった。彼は、自分の研究についても学生の証明についても、「間違ってはいるがそれは小さな間違いでほとんど合っている」という答えを認めることができなかったのだ。彼にとって証明は証明で、何かが欠けていればそれは証明ではなかったのである。

重要なことだが、実は、これが演繹的手法の基盤となっている。ある程度正しいということはあり得ず、多くの場合は完全かつ正確に間違っているということなのだ。演繹的思考を経済学に応用すると、新古典派主義経済学者はたいていい厳密な公理的仮定（一貫して正確な推論が得られる）に基づいて「あたかも」モデルを設定する。この手法の良いところは、もし公理的な前提が正しければ、当然正しい結果になることだ。しかし、人間の世界では、前提は必ずしも正しくないし、前提の正しさを実証することもできない。つまり、この手法自体が間違っている。

演繹的手法は公理から結論を導き出すため、その妥当性は用いた公理が普遍的かどうかに左右される。自然界の動きは、根底に時を超えた普遍的な物理的構造があり、このような演繹的手法を用いる条件がそろっている。しかし、人間の世界の場合は違う。例えば、ソロスは再帰性が不確定性をもたらすため、人間社会のシステムについて公理を作ることはできないと主張している。再帰的なシステムは時間と文脈が固有のものなので、永遠でも普遍的でもない。私たちは少なくとも自然の世界と現実の世界の違いや、理論とモデルの違いを無視していることを正しく認識する必要がある。ケインズは、経済学について「モデルを使って考える科学と、現代社会に適したモデルを選ぶ技術が合体したもの」（一九三八年）だと書いている。

もし人間の世界が矛盾と不確定性であふれているならば、なぜ厳格で包括的であるように作られた自然界のモデルを使う必要があるのだろうか。経済学者は、厳格な数学的モデルを作るためには仮定を単純にしなければならないと言うかもしれない。しかし、それならばむしろ、このようなモデルを構築することそのものを疑問視するべきだろう。また、これらは現実の世界に応用が効くのだろうか、それともそれはアニメのような二次元の世界にすぎないただの知的訓練のひとつなのだろうか。[22]

帰納法と危機

もしあなたが恐竜ならば（しかも非常に思慮深い）、モデル化して対応したいと望む危機は、白亜紀後期の大量絶滅に至らせた危機になるはずだ。言うまでもなく、これは一回かぎりの前代未聞の出来事で、それまでの恐竜の日々の暮らしにこの危機を推測させるようなことはほとんどなかった。

恐竜の役に立ったかどうかは分からないが、絶滅のはるかあとの一九八〇年代に、ルイス・アルバレスと息子のウォルター・アルバレスが、六五〇〇万年前に巨大な隕石が地球に衝突して大爆発が起こり、気候が劇的に変化したのと恐竜が絶滅した時期が重なっているという仮説を立てた。この仮説を証明するカギとなるのは、約六五〇〇万年前の地層に異常に高レベルになっている何らかの化学物質（例えば、イリジウム）が存在するかどうかだ。これらの化学物質は、地球の地表近くよりも隕石のなかに高濃度で見つかることが多い。それが観測されれば、その時期に隕石が地球に衝突したというアルバレスの理論を裏付ける強力な証拠となる。

アルバレスや恐竜の話は特定のケースであり、ここから洗練された一般的なモデルを構築しようとしているわけではない。私たちは一般論を推論しようとしているわけではなく、構造やプロセスについてデータを説明する仮説を立てようとしているのだ。[23]私たちがしていることは、個別のケースから一般論を構築することではなく、物語を書くのに近い。私は危機を理解するための一般理論的な手法など（公理に基づいた手法でも正式な帰納的理論を用いた手法でも）ないと考えている。恐竜を絶滅させた危機の原因を突き止める手法を、北米に存在したリョコウバトの絶滅のケースに応用することはできない。金融危機と同じで、絶滅はそれぞれ事後に説明され、その多くは何らかの出来事が伝播したり連鎖したりすることで推測はできても、一般的な理論に従うものではない。公理から始めても望む結果には至らないのだ。

つまり、高度に複雑なことは、一緒に進みながら解明していくしかないのである。

第15章　結論

本書は、私たちが人間であり、人は経験や相互作用の本質的な性質の影響を受けているという観察から始まった。この単純な観察から導かれた複雑さの次元は、エージェントベースモデルを必要とする複雑さであると判断される。私たちは人間であり、金融危機は結局のところ人間が起こす出来事だと、私は結論づけざるを得ない。危機は人間の本質に由来する複雑さによって起こり、結果として犠牲者も出る。ラスベガスの若い家族が家を失い、アイオワ州のシングルマザーが仕事を失うといった具合に。マイケル・ルイスの『世紀の空売り』が原作の映画『マネー・ショート――華麗なる大逆転』は、人物描写が多少大げさだが危機の表と裏を描き出しており、人間の本質の影響も反映されている。この映画は、銀行や格付け会社や住宅ローンブローカーやヘッジファンドの大物や金融工学によって生み出された複雑な商品などを扱ったあと、最後のシーンでガソリンスタンドにいるトラックを映し出す。車の横に立ついかつい男は、今はホームレスとなっており、二人の子供はトラックの後ろに積んだ服や家財道具のなかでうずくまっている。彼は妻を元気づけるように抱き寄せ、敗北とうまくいかなかった世界の不確実性を表情ににじませながら遠くを見つめていた。

危機に関する本を何十冊読んでも、この人間という側面は載っていない。しかし、人間の本質を理解することは危機を扱うパラダイムには不可欠な要素なのである。そして、エージェントベース経済学のパラダイムにはそれがある。

私たちが必要としているのは、金融市場の天気予報を提供するためのエージェントベース経済学なのである。私たちは金融界を混乱させる熱帯性低気圧を予測する必要がある。この低気圧はハリケーンに発達するのだろうか。どのような進路をとるのだろうか。どれくらいの被害が出るのだろうか。予測は最初は綿密でなくてもよい。エージェントのデータや詳細が蓄積すれば、モデルはだんだん改善していく。このモデルを使ってできることが何であれ、今よりはマシになる。今はゼロの状態だからだ。今日、私たちは一〇日後の天気予報を知ることができるが、予報が始まったころは翌日の天気を計算するのに二四時間かかっていた。[1] 予測が実際の天気と同じタイミングで判明していたのだ。

そして、エージェントベースは予報にとどまらない。天気について私たちはどうすることもできないが、金融の嵐の進路は変えることができるからだ。エージェントベースの手法は危機を阻止するための基礎を作ることができる。金融危機は、市場から流動性を搾り取る投げ売りの連鎖に続いて起こる。要するに、投げ売りが続けば流動性の需要が供給を上回って危機が進展していくのだ。売りは価格を下げ、価格が下がるとさらに売らざるを得なくなり、流動性と資金供給の枯渇によって状況は加速度的に悪化していく。とはいえ一つ確かなことは、世界には流動性を満たすための資本はたっぷりある。残念ながら、売りのスピードがあまりにも速いことと、そのことがもたらす不確実性によって、せっかくの資本が市場に入ってこれないのである。

危機の勢いを削ぐためのカギは、恐れをなして凍結されている資本を市場に引き出すことにある。そのためには、投資家が資金供給を拒む連鎖（落ちていくナイフをつかむなという格言もある）の背後にある力学を理解する必要がある。そのときに、エージェントベースモデルが指針となり得る。どこでドミノが始まり、どこまで悪化するのかといった危機の進展状況がよりよく理解されれば、市場に流動性を増やすことができるからだ。

しかし、そのための資本をだれが提供してくれるのだろうか。もしかしたら当局かもしれない。しかし、当局の立ち位置はどこなのだろうか。彼らが抱える大きな問題は、対処すべき課題がたくさんあることと、自分たちの規則や法律に縛られていることで、それが彼らの反応を遅らせ、使える手段を制限している。役人たちも学者と同じ讃美歌を歌っていることを忘れてはならない。学者が当局に標準モデルを提供し、当局はそれを当たり前の前提として受け入れている。なぜだろうか。それは彼らが同類だからだ。ＦＲＢ（連邦準備制度理事会）には、複数の大学に匹敵するほどの経済学博士号修得者がいる。これまで複数の章にわたって学問の世界で支配的な標準的経済モデルの限界について書いてきたが、同じことは当局が使っているモデルについても言えるのだ。経済学の世界は政治の世界とは違い、一党支配なのである。

大事なことは、ニューヨーク連邦準備銀行の会議室で議論していても、危機の動きやその人間的な要素を正しく理解することはできないことである。彼らは、さまざまな人間がうごめく世界の一部を抽出して、「消費者Ｘの消費関数はｆ（ｘ）で、投資家Ｙのポートフォリオ最適化の関数はｇ（ｙ）で、金融システムには銀行がＮ行ある」などといった設定から始める。しかし、これが現実のことだと思えるだろうか。マーケットは、魚の群れや、ハッジの巡礼者の列と同じで、危機が起こったときに中央で監視したり指示を出したりする指令室などない。さまざまな人間的要素を無視して群衆のなかからほんの一部を抽出することは、問題の本質を見逃すことになる。彼らは古いモデルを使っており、最大値が10までしかないダイアルをいじっているが、本当はダイアルを11にしなければならないのだ。しかし、彼らのダイアルに11はないし、もしそれができたとしても、まだ現実とはかけ離れたままなのである。

資産の所有者の協力を仰ぐ

もし問題の一部が解決策の一部でもあれば、人生はもっと楽になる（それにもっとぴったりくる）。しかし、金融危機ではそうはいかない。高レバレッジの投資家はいつもレバレッジをかけていて、彼らの強制的な売りが連鎖をあと押しするか、せいぜい燃え盛る火が自分の火薬に燃え移らないように脇道に引き下がることくらいしかできないからだ。銀行は危機が進展しているときは常に尻尾を隠して資本をため込み、貸し出しを制限し、マーケットメークをやめる。これらのことは、彼らのビジネスモデルと考え方に組み込まれた防御的な戦略なのである。また、相当規模の資本を持ちながらレバレッジの影響も受けない資産運用会社も、規則に縛られて動くことができない。

しかし、金融界を守り、私たちを安全な場所に引き上げてくれるライフガードになり得る別の種類の投資家がいる。それがアセットオーナー（資産所有者）だ。危機に関する本をすべて読み、経済学の教科書を読み返しても、資産所有者という言葉は恐らく出てこない。彼らが膨大な資本の供給源であることを考えたら、少しおかしくないだろうか。それでも、すべては資産所有者から始まる。このなかには、あなたのような投資家もいるが、規模が大きいのは莫大な資金を運用する世界的な年金ファンドなどの機関投資家だ。年金基金は国によっては政府がまとめて運用しており、政府系ファンドと呼ばれている。例えば、ノルウェー政府の年金基金の資産は八五〇〇億ドル、アブダビ投資庁は八〇〇〇億ドルを運用している。このような基金は巨大だが、彼らは国民の貯金を預かっている。つまり、あなたや私のお金と同じたぐいの資金ということだ。ヘッジファンドや資産運用会社や銀行は、これらの資産所有者を食い物にしている。資産所有者は、レバレッジをほとんどかけないし、短期リターンは求めていない。彼らは当然ながら国民が将来必要となるお金を確保したいのである。

そこで、最大の資産所有者をエージェントベースモデルで武装することを考えてみてほしい。彼らに危機の力学が見えるようにしたうえで、資本をすぐに投下できる準備をしておくという戦略を取ってもらうのである。理由は、危機がいよいよ本格化してきて、価格が一〇％とか二〇％とか下げ、三〇％に向かっているときに、彼らに買いに入ってもらうためだ。そのあと、数週間か数カ月かたって騒ぎが収まったときに、彼らはかなりの利益を上げているはずだ。これは彼らが価値ある社会奉仕を行って稼いだ利益であり、彼らの投資はマーケットが懇願する流動性を供給することになる。[2] 彼らの資本が連鎖を止め、システミックなリスクを減らし、彼らの利益の実現を加速するのだ。つまり、再帰性が作動するのだ。

今日の世界で、これは大胆な戦略と言える。資産所有者は、当然ながら保守的だし、長期的に莫大な資本を運用しているため、ゆっくりと慎重に投資判断を下している。危機の間に参戦して、落ちていくナイフをつかむというリスクを冒すなどといった投資は、彼らが通常用いている手法ではない。ＣＦＯ（最高投資責任者）は、このようなことを口にしただけで軽率に見られてしまうだろう。そのため、これは先見の明と注意深い分析を必要とする戦略なのである。また、この戦略は危機が襲う前に戦い方を明確にし、計画の承認を受け、準備を整えておかなければならない。今回の私の提案が過去のそれと違うとすれば、エージェントベースの手法と幅広いデータが入手可能になったことかもしれない。さまざまなタイプの金融危機（具体的に言えば、レバレッジや資産の集中や流動性の増加などの要素が組み合わさったもの）の発端や経路を理解するための方法が手に入るようになったのである。

革命

産業革命の最中に、生産における資本の重要性が高まり、人の役割は機能の一つにすぎなくなった。スミスやリカードやミルの政治経済学は、今日の主流である数学的な新古典派経済学に道を譲ったが、それがどれくらい役に立っているのだろうか。複雑さが増し、範囲も広がっている金融危機においては、あまり助けになっていない。

今、マーケットや機関投資家と、それらを結んでいるパイプは再び壊されて別の経路ができつつある。理由の一つは銀行の役割と権力を見直す政府の規制で、ほかの金融機関がその穴を埋めようとしているが、深刻なのは重要な機能が欠けたままになっていることである。ほかにも、第二次世界大戦以来私たちを誘導してきた経済学やファイナンスの前提が再考されていることがある。世界統合や、貿易の自由、国境の廃止、グローバリゼーションが問題視されているのだ。世界が石油への依存を減らそうとするなかで産油国は変化を迫られ、新たなリスクが生じている。また、中国は金融市場で台頭し、アジアでの勢力拡大を狙っている。これらのことはすべて金融システムの脆弱さや危機への道だけでなく、金融リスクと地政学的リスクのつながりが増えることでその効果が倍増することを意味している。

「今回は本当に違う」と毎回言われているが、危機は本当に毎回違うのである。私たちはなだらかで均衡に近い世界に向かっていない。未来のエージェントや金融機関が過去と同じように行動しないどころか、金融システムのエージェントの位置付け自体が過去のそれとは違うのだ。私たちはこれまで一五〇年間、新古典派経済学を支持してきた。しかし、複雑で動的な金融危機を理解し、抑え込むには別の方法を探す必要がある。

もし自動運転車用の高速道路を建設したら（つまり、人間の運転手や歩行者がいなければ）、エージェントベースモデルを使う必要はない。また、分散したデータベースのネットワークを構築して情報を共有化したり更新したりすれば、やはりエージェントベースモデルは必要ない。機械的であらかじめ決まっている世界に、エージェントベースモデルは必要ないのだ。ただ、参加者がロボットから人に変わると話は変わり、危機を理解し対処するためにエージェントベースモデルが必要になる。このモデルは、自らのやり方で自立して判断を下すエージェント（つまり人間）がいて、彼らの行動が世界そのものを変えていく世界を理解するためには必要になる。これは全員が監視と管理の下で行動しているのではなく、個人がそれぞれの意思で行動しているとき、つまり全員が必ずしも経済的なオートマトンのような行動をしない場合に必要になる。そして、人は実際オートマトンのような行動はしない。また、人が学習し、彼らの行動が世界やお互いに影響を及し、その経過をたどることでのみ理解することができる場合に必要になる。このモデルは、機械の世界から、複雑で再帰性のある人間の世界を理解する場合には必要なのである。

このような世界、つまり経験と文脈に基づいて行動する人間の世界、あるいは人間と同じように相互に作用したり影響したりする世界を再現するためには、そのようなエージェントから始めなければならない。集合体としての私たちは問題に目を向けず、危機の特徴が出てくる期間を見逃してしまう。しかし、経済学がスミスからミルまでの政治経済学から、自然科学である数学の世界に移行したことで、それが置き去りにされてしまった。数学の世界のモデルは、全員が「いまいましいロボットみたい」な行動をするときしかうまくいかないのである。

これまで、金融危機の見方とそれを鎮める手段を得るための新しいパラダイムの概要を説明してきた。エージェントベースの手法は人間の性質に敬意を表したもので、私たちの交流と環境の相互作用を認めていく方法とも言える。現実には存在しない偉大なリーダーや、代表的な消費者や、数学モデルが理想とするけっして間違いを犯さない投資家などを用いないでシミュレーションを行うのだ。この手法は、だれも道を外さないというフィクションだが、便利な数学的構造は使わない。そうではなく、現実の世界の特定の状況に合わせてナラティブを組み立てていく。そこではシステムが遷移したり、猛スピードで坂を駆け降りたりすることもあるかもしれないが、そのナラティブがシステムを正常に戻すチャンスを与えてくれる。エージェントベースモデルは指針なのだ。危機がどのように発展し、どこでドミノが倒れ、どこまで事態が悪化するのかをよりよく理解すれば、より多くの流動性をマーケットに呼び込むことができるようになる。簡単に言えば、エージェントベースの経済学は、世界――危機のときに増幅し歪んだ世界――に直面する準備ができている。これはプラグマティズムと人間でいることの複雑さに根差した新しいパラダイムなのである。

謝辞

二つの金融機関と、それらが特に支援していた三つの会議が、本書の執筆を鼓舞する重要な役割を果たしてくれた。一つはサンタフェ研究所が一九九三年に主催したザ・エコノミー・アズ・ア・コンプレックス・アダプティブ・システムⅡ（The Economy as a Complex Adaptive System II）で、私はここでエージェントベースモデルに出合った。あと二つは二〇一四年と二〇一五年のＩＮＥＴ（新経済思考研究所）の年次会議で、ここでは経済学の世界で人間という側面の理解を助けてくれる再帰性や先行研究文献の価値など、幅広い考え方に大いに刺激を受けた。また、現在の経済学のパラダイムを疑問視する声が高まっていることを知ったことにも大いに励まされた。ほかにも、米国財務省や金融調査局の支援や、エージェントベースモデルを使って金融システムの脆弱性やシステミックリスクを一緒に研究してきた同僚たちには恩義を感じている。

さまざまな段階で本書の原稿を読み、編集上の価値ある助言をくれた次の人たちにも感謝している。デビッド・ブックステーバー、ジェニーリン・ガルシア、ジャニス・ホロウイッツ、スティーブ・ロス、プリンストン・ユニバーシティ・プレスの編集者のセス・ディチックとピーター・ドハティとジョー・ジャクソン、企画や原稿修正にかかわってくれたマデリン・アダムスとビル・サポリト。

　最後に、妻のジャニスと娘のアンナは、執筆中にドアに「シーーー」と記した木の札を作ってかけてくれた。ありがとう。

第15章

1．Lynch（2008年）は現代の天気予報の発達について歴史的な経緯を説明している。ジョン・フォン・ノイマンがゲーム理論の発展や自己複製機械を概念化したことについてはすでに書いたが、彼は数学や物理学やコンピューターサイエンスや経済学の基礎的な業績に加えて気象予報においても草分け的な存在だった。
2．これは、利益と共に社会的なリターンを目指す投資であり、金融界の社会的な関心を持つ人たちの間で注目を集めているインパクト投資にも適合する。

状態のほうが大きな未来が開け、現在はまだ終わっていない仮定にすぎない。それならば、科学者の事実（彼らを過度に急いで信じさせるように誘惑しようとしている事実）に対する姿勢で証明される世界から離れておく以上のことができるだろうか。だからこそ、彼は何かになることを躊躇するのだ。身分や仕事や明確な存在方法などは、彼にとってはすでに骨格がすけて見える概念であり、それは彼が残す最終的な骨格でもある。

13. Rorty（1996年）参照。
14. Ford（2010年）参照。
15. もしもっと機敏に軌道の始まりを見ることができれば、注視ヒューリスティクスの３つ目の要素が変わる。ボールの見え方が同じ速さで上昇していくように走る速さを調整するのだ。つまり、打点からボールが加速しながら上昇するのを見たらボールはうしろに落ちるため、うしろ向きに走り、ボールが速度を落としながら上昇しているときは、前に走るのである。
16. Shafferほか（2004年）参照。
17. 経済学を演繹的な科学とすることの問題については、Syll（2016年）が詳しく扱っている。
18. 数学では、帰納法は証明の一種で、演繹的結果に至るためのツールになっている。一方、帰納法も経験的に使われることがあり、未来は過去に基づいて語られる。ヒュームはこのような帰納法には懐疑的で、私も同感だ。未来が過去と似ていなければならない理由はどこにもない。もちろん危機に関してもそうだ。私は帰納法という言葉をどちらの意味でも使っていない。
19. ドーキンス著『利己的な遺伝子』（紀伊国屋書店）参照。
20. 実際、経済学における演繹的手法は、ジェボンズまで遡る。彼は『経済学の理論』（日本経済評論社）のなかで、経済学と機械学の類似点を挙げて古典的な公理的手法を強調している。機械科学のほとんどの理論がいくつかの単純な運動の法則に基づいているように、まずは人間の考え方の性質にかかわるいくつかの単純な原則や公理から始めなければならない」。詳細はSchabas（1990年）参照。
21. Borges（1973年）参照。
22. 幻想を現実に変える試みは、ボルヘスの「円環の廃墟」にも見られる。この物語は、１人の老人が「目に見える最低限の世界」である古代の神殿の廃墟にやってくるところから始まる。彼の目的は、夢のなかで息子を作り出し、「綿密かつ完全に育てて現実の世界に送り出す」ことだった。彼は夢の中で「内臓から容貌まで１つずつ千と一つ秘密の夜を費やして」息子を作り上げ、「現実の世界に送り出した」。しかし、息子が遂に目を開けると、男は息子が自分は「ただの幻想」でしかないことに気づくことを恐れるようになった。そのため、男は「自分もだれかが夢の中で作り上げた幻想だということを理解したとき、安堵と屈辱と恐怖を感じた」。本書の始めに私は経済学の状態は惑星トレーンの世界のようだと書いた。幻想の世界を追求し、それに現実が取り込まれてしまうのだ。「円環の廃墟」でも、夢が現実になるが、それは夢を見る人の現実でしかない。Bell-Villada（1981年）の解説参照。
23. この種の推論の哲学には、さまざまな用語が使われている。C・S・ピアスはこれを帰納的推論に対して仮説演繹的推論と呼んだ。ほかにも、説明的推論、推論的帰納法、理論的推論などと呼ぶ人たちがいる。最近では、多くの哲学者が「最良の説明を見つける推論」と呼んでいる。Harman（1965年）、Lipton（2004年）参照。

第14章

1．つまり、この分野で基盤として使える標準的なエージェントベースモデルは存在しない。
2．このことはロバート・ルーカスの主張と無関係ではないかもしれない。彼は、Lucus（2011年）のなかで、ナラティブの重要性を別の文脈のなかで述べている。「経済学者は、物理学者や詩人と違い、実用的で世俗的なイメージがある。一部の経済学者は、そう思われるような行動をしているが、大多数（私自身や私のシカゴの同僚の多く）は違う。これが告白に聞こえるか、自慢に聞こえるかは分からないが、私たちは基本的に物語の語り手であり、見せかけの経済システムの作り手でもある。……私たちはほとんどの時間を見せかけの世界で活動している語り手である。私たちには、想像の世界やアイデアが実践的な現実の代替であるのかも、現実からの逃避なのかも分からない。むしろ、これは私たちが現実について真剣に考えるために見つけることができた唯一の方法なのである」
　そうなると、モデルをどのように使えばよいのだろうか。経済学者は経済的手法を、見せかけの人工的な世界に適用する。この世界は、これまで述べてきた少なくとも4つ（あるいはそれよりもはるかにたくさんの）制限によって著しく制限され、非現実的になってしまっている。あてになるかどうか分からない過去に基づいて検証するための世界を作るのと、今回の検証に限定したモデルを作るのとどちらがよいのだろうか。
3．ケインズ著『雇用・利子および貨幣の一般理論』（東洋経済新報社ほか）
4．両方ともFord（2010年）から引用。Bousquet（2009年）とHammond（2001年）も参照。
5．Beinhocker（2013年）参照。
6．LucasとPrescott（1971年）とMuth（1961年）参照。
7．その代わりとして、FrydmanとGoldberg（2011年）による文脈依存の偶発的市場仮説がある。
8．この種のゲームのいくつかについて限界を示したCrawfordとCosta-GomesとNagore（2013年）参照。
9．二重盲検方式やさらにそれよりも劣る基準の実験すらできる可能性はない。仮にしたとしても、その効果は１人が退屈してもうひとりは二の足を踏むくらいで、再帰性はもとより、繰り返されることはない。
10．ウルリヒが、より科学的な概念である仮説ではなくエッセイを選んだのは、「エッセイは大まかに言えば、全体を理解せず、段落が連なってさまざまな側面を引き出していく。瞬時にすべて理解できたことは、その大半が失われ、崩壊して概念にのみこまれていく……これは理論的なシステム化やワンパターンの意図に対して、でたらめに、まひするような、怒りを和らげるような働きをする」からで、これは数学的思考を非難するのと似ている。
11．エッセイズムの詳しい説明は、Harrison（1992年）参照。
12．Posnock（2008年）で、ポスノックはムージルの『特性のない男』を引用している。

> 彼はその性質から、完璧なものを信じることを禁じるようになっていった。しかし、彼が出会うものはすべてまるで完璧であるかのような動きをする。彼は物の道理は見かけほど頼りになるものではないという漠然とした直観的な感覚を持っている。エゴも形も原則も何もないことが安全で、すべては目には見えないが永遠に変化し続ける過程にあり、固定した状態よりもしない

プレーヤー（ワコビア、ゴールドマン、ドイチェ・バンク、今では機能していない貯蓄金融機関監督局、ムーディーズなど）の不正行為や無能さに注目し、現実の世界の陰謀やごまかしや無能な取締役などが満載のスリラーのような読み物になっている。FCICのリポートと同様、これも大手企業の何千もの極秘書類と何百人もの関係者への聞き取り（宣誓したうえで）に基づいている。ちなみに、このリポートは注釈だけでも5000ページを超えている。

6. AIGの問題はデリバティブビジネスだったが、生命保険子会社が主に行っていた証券貸付も問題だった。AIGは証券を貸し付けて得た現金のほとんどをRMBS（住宅ローン担保証券）に再投資していた。この市場が低迷すると、カウンターパーティーがこれらの証券の値下がりによる現金担保の不足分を要求し始めた。MBSの期間は資金源である証券貸付の期間より長かったため、この投資はAIGの証券貸付の継続にかかっていた。しかし、2007年８月のAIGの証券貸付は借り手が減っていった。そのため、AIGは貸し出す証券を増やして現金を集め、現金同等物以外への再投資をやめ、証券貸付担保プールの証券で損失が出ないか小さいものを売却した。追加的な貸し出しによって、証券貸付プログラムの規模は2007年８月の700億ドルから同年10月には過去最高の940億ドルに増えた。AIGは証券貸付が終了した顧客に現金担保を返還するために、新たな証券貸付の収益を充てていた。AIGのある幹部は、これを「巨大なポンジ・スキーム」に例えていた。そのうちに、借り手がAIGの窮状に気づき始めると、現金担保の返還要求が増え、AIGの支払額は再投資の利益を上回るようになった。
7. FCIC（2011年）
8. FCIC（2011年）
9. FCIC（2011年）
10. アバカス2007AC1に投資したIKBもゴールドマンによる破壊は免れられない仕組み商品の犠牲者だった。レビン-コバーン・リポート（米国上院、調査小委員会2011年）は、これらの証券を作ったゴールドマンのひどい行いについて詳しく述べている。このリポートでは、アバカス2007ACIだけでなく、ハドソン2006-1やティンバーウォルフＩにも注目している。また、同様の活動をしていたドイツバンクについても書かれている。
11. ほかの金融機関も無傷で切り抜けることはできなかった。バンク・オブ・アメリカやモルガン・スタンレー、JPモルガン、ベアー・スターンズも、それぞれ30億～100億ドルの損失を被った。
12. 短期資金を使うリスクは、住宅ローンの期間が１週間に設定されたらどうなるかを考えれば分かる。毎週、新たなローン申請をして、条件をすべて満たせば翌週の融資を受けられるが、もしある週に銀行が申請を却下し（例えば失業、銀行自体の問題で融資を引き揚げなければならないなど）、借り換えもできなければ家（つまり担保）は没収されてしまうのだ。
13. FCIC（2011年）参照。ゴールドマンはのちに了承したが、そのときはすでにあとの祭りだった。
14. 私が1990年代にソロモンで働いていたとき、LTCM破綻の余波のなかでリーマンについて似たようなケースがあった。リーマンは絶体絶命の状態で、私たちは彼らとの取引を拒否するという低リスクの道を選ぶかどうかの決断を迫られた。しかし、もし拒否すれば、そのことがリーマンの信用を傷つけ、その存続に終止符を打つことになると考え、私たちは我慢してトレードを続けた。ちなみに、そのトレードはゴールドマンが拒否した500万ドルよりも１桁大きかった。

ットへの影響を示している。Tirole（2011年）には、非流動性につながるマーケット構造のさまざまな側面が、マーケット由来のこと（投げ売りや市場の凍結など）からバランスシートや調達に由来すること、企業の継続にかかわること（支払い能力、救済措置まで）まで幅広く紹介されている。Brunnermeier（2009年）には、2008年の危機に関する流動性のさまざまな側面が歴史的な経緯と合わせて紹介されている。ここには、銀行の資産が急落したことによる流動性の急落の経緯についても書かれている。例えば、将来の資金調達が不透明になると、銀行は資金提供したりマーケットメイクをしたりする意欲が下がるし、取り付け騒ぎが起こることもある（ベアー・スターンズやリーマンのように）。それが流動性の悪循環をもたらし、投げ売りが価格下落と調達力の低下をもたらして連鎖的に広がると、流動性はさらに悪化する。

調達の相互関係と資産の流動性についてはAmihudとMendelson（1988年、1991年）参照。これらの統合的な枠組みについてはBrunnermeierとPedersen（2009年）参照。

第13章

1. ただ、被害者になることは回避した。2008年当時、私は大手ヘッジファンドのブリッジウォーター・アソシエーツで働いていたが、この会社は無傷で切り抜けた。
2. 最もよく知られている破綻は、ブローカー・ディーラーのリーマンのケースだが、ほかにも２つの銀行（ワシントン・ミューチュアルとワコビア）の歴史的な破綻があった（ワコビアは破綻間際にウエルズ・ファーゴの傘下に入った）。ブローカー・ディーラーということで言えば、メリルリンチはバンク・オブ・アメリカに吸収され、ベアー・スターンズはJPモルガンに買いたたかれた。
3. もし私が今日、これを試すならば、もう少し静かな方法にする。主要な銀行や投資銀行の会計帳簿に、数週間から数カ月かけてミスを注入していくのだ。このミスが発見されると、責任の所在も分からないまま日々の記録を見直す膨大な量の作業が続くため、その間金融システムは停止に追い込まれる。面白いことに、会計帳簿がブロックチェーン技術に移行すると、このシナリオは崩れる。
4. 複数のディーラーが価格を提示してくれれば、企業は平均値や中央値で交渉できるかもしれないが、提示してくれるディーラーが少ないと、１人でもかなりの安値を出すと平均を大きく下げることになる。
5. 「実話集」に書き加えておきたいこと――この危機について書かれた本は、取締役会の陰謀から幅広い経済学の研究まで、たくさんある。Lo（2012年）には2008年の危機に関する21冊が紹介されているが、このなかに最高傑作は含まれていなかった。この危機を最も正しく描いているのは、当然ながら最高の素材――さまざまな会社の社外秘の書類や、大手企業のトップや危機にかかわったほぼすべての人（私を含む）700人以上への聞き取りの記録（ウソをつけば連邦法違反行為になると言われたうえで行われた）を含む数百万ページに及ぶ書類――を目にすることができたFCIC（金融危機調査委員会）による報告書である。グレゴリー・フェルドバーグが主導した調査と報告書は、包括的で驚くほど読みやすい。私は2008年の危機の動きを追跡するとき、この報告書を使っている。特にパートⅣ「The Unraveling」は参考になる。

   もう1つの必読書で、多くの読者が読んでいないと思われるのが、レビン－コバーン・リポート（米国上院、調査小委員会2011年）である。これはカギとなる

路を示す論文も数本ある。MorrisとShin（2004年）は、トレーダーの価格の限界に達すると流動性のギャップができ、1人の投資家の行動がほかの投資家の意思決定に影響を及ぼすことを示した。Vayanos（2004年）も、予想できる投資信託の解約によって起こる似たような動きについて書いている。投資家は、資産価格が大きく下落すると（ファンドのパフォーマンスも下がる）、投資信託の解約を求める。そこで、投資信託は解約請求が増えると考えられる水準に近づくと、ファンドの流動性を高めるための行動に出る。KyleとXiong（2001年）は、価格の下落によって絶対的なリスク回避の姿勢が弱くなり、清算につながることを示した。

6．ブックステーバー『市場リスク——暴落は必然か』参照。マーケットは、1998年のLTCM（ロング・ターム・キャピタル・マネジメント）の破綻（ローウェンスタイン著『天才たちの誤算』［日本経済新聞社］）後に崩壊し、2008年の金融危機でも同じようなことが起こった。資産価格は大幅に下落し、高レバレッジの投資家（と借り手）の売りでさらに悪化し、従来のマーケットメーカーのバランスシートと許容力を圧迫した。それが、価格の下落を加速させ、デレバレッジを促進し、最悪の場合はマーケットの機能を破壊してしまう。このような破壊が、通常の要因だけでなく、資産自体によっても起こることは、流動性の急速な枯渇と、2007年と似たような要因に基づく戦略を用いていた高レバレッジの株式ファンドの強制的な売りによる価格の下落が示している（KhandaniとLo［2011年］）。

7．流動性の需要の増加で流動性が非線形的に低下することを示す文献は比較的よくある。例えば、KyleとObizhaeva（2011年a、2011年b）はキュービックリレーションシップを用いている。ちなみに、2人はマーケットへの影響を調べるためのさまざまなモデルの概要も作成している。大まかに言ってマーケットへの影響は彼らのモデルやそのほかの学術的なモデルで平滑関数として紹介されているが、エージェントベースモデルの場合はそうとは限らない。相転移では、突然、断続的に下落することも珍しくないのだ。

8．通常、マーケットの流動性の分析は、平時の株式市場の日々の流動性に注目し、価格への影響と出来高の関係について書かれている。これに関して本書で述べていることのほとんどは、Kyle（1985年）の有名な論文に基づいている。彼はこのなかで、動的なトレードモデルと、連続的なマーケットに似せた一連のオークションモデルを構築した。そして、3つのエージェント（ランドムノイズトレーダー、リスク中立のインサイダー、競争的リスク中立のマーケットメーカー）を用いて、流動性と情報に関する懸念を試した。

　価格の影響は、安定的で比例的なルールに従っており、マーケットへの影響はトレードサイズの平方根（BouchaudとFarmerとLillo［2008年］、HasbrouchとSeppi［2001年］）や立方根（KyleとObizhaeva［2011年a、2011年b］）に比例していた。安定した比例関係は、回転率やビッド・アスクのスプレッドといった標準的な基準から、より洗練されたマーケット全体の流動性に関連したり共通したりする要素まで、さまざまな流動性の基準に関する幅広い文献が根底にある。GabrielsonとMarzoとZagaglia（2011年）は、さまざまな流動性の基準を分類している——出来高ベース（例えば、回転率）、価格のばらつき関連（例えば分散比）、取引コスト関連（ビッド・アスクのスプレッド）など。

9．BookstaberとPaddrikとTivnan（2014年）には、マーケットのショックがレバレッジや調達や資本を通じてシステム全体に連鎖し、伝播するのを追跡することで、ショックにかかわる動態を予想する投げ売りのエージェントベースモデルが紹介されている。投げ売りモデルは、単純な線形関係で、強制的な売りによるマーケティブを通じてレバレッジを掛けている。また、レバレッジがなかったとしても、金融機関は解約に応じたり、リスク配分や資産配分の規定を超えたりすると、強制的な売りに巻き込まれることもある。

17. この図では細かくなりすぎないように、ほかの中間エージェント（例えば、バンク・オブ・ニュー・ヨーク・メロン・コーポレーションとJPモルガンとユーロクリアの３社によるエージェント）を通じた細かい資金や担保の流れは含めていない（ただし、2008年の金融危機について述べた部分ではJPモルガンとBNYメロンについて言及している）。ほかにも、レポ取引の主なカウンターパーティーであるFICC（証券取引清算機関）や、LCHクリアネット・グループ、ユーレックス・レポ、そして取引所のCMEグループ・インク、インターコンチネンタル・エクスチェンジ・グループ・インク、ユーレックス・クリアリングなどがある。
18. ここで問われるのはトレード戦略ではなく、危機のときの緊急対応策である。初期の金融エージェントベースモデルは、エージェントとしてのトレード機関の動きに注目していた。このモデルも興味深いが、実際のトレードモデルはエージェントごとに違うし、マーケットの状況に基づいて常に変化しているため、実践的ではない。
19. その場合、エージェントのソロス的な主観的現実は、客観的事実と同じになり、そのエージェントにとって再帰性のカギとなる条件は存在しないことになる。それでも、エージェントの行動は環境を変え、ほかのエージェントの主観的な現実にも影響を及ぼすかもしれない。
20. Syll（2016年）。
21. このような動きをするモデルは、ShleiferとVishny（2011年）、BrunnermeierとPederson（2009年）に、投げ売り、資金取り付け、流動性スパイラル、レバレッジサイクル、パニックなどと一緒にさまざまな形で紹介されている。また、レバレッジサイクルについてはAdrianとShin（2013年）とFostelとGeanakoplos（2008年）、パニックについてはGorton（2010年）を参照。
22. ここではレバレッジに注目しているが、売りを強いられる原因はほかにもある。例えば、リスクの限度を超えて売りを強いられるケースや（マーケットがショックに見舞われボラティリティが上がったことで限度を超えてしまうケースが多い）、ポートフォリオ保険などの事前にプログラムされた戦略（第12章参照）など。
23. ここでは、BookstaberとPaddrikとTivnan（2014年）のなかで紹介したモデルを基にしたモデルを使っている。

第12章

1．ブックステーバー『市場リスク――暴落は必然か』（日経BP社）の第２章に、ポートフォリオ・インシュアランスに関するエピソードが詳しく載っている。
2．一般的な概念とは対照的に、このときは大量の売りによって価格が下落したのではなく、大量の買いが見つからなかったために価格が下落した。
3．例えば、後述するキリレンコほかによるリポートや、FTCTとSECによる2010年のリポートなど。
4．株価の小数点化によって、１ドル以下の表記をそれまでのような分数（例えば、55と8分の1ドル）ではなく、１セント単位まで表示しなければならなくなった。
5．証拠金請求と強制的な売りは、マーケットが下落したときの緊急の需要につながるとされているが、資産価格の下落によって流動性の低下が起こるとする別の経

mer（2013年）がある。今のところ、調達資金の出資者や使途、有担保調達における現金と担保の逆方向の動き、調達の耐久性、無担保調達の流れなど、金融システムの「配管」の詳細な分析はまだ行われていない。ネットワーク分析では、ノード（銀行やほかの金融サービス会社）を実質的にブラックボックスとして扱っている。

11. 多層ネットワークが初めて分析されたときは、基本構造をより忠実に描写してどれだけのものが得られるのかは不明だった。しかし、今では多くを得られることが分かっている。例えば、多層ネットワークは独立した一層のネットワークよりも脆弱なことが多い。Majdandzicほか（2014年）やZhouほか（2014年）は、これらの脆弱性の相互作用がより複雑になり得ることを示している。多層ネットワークのなかの損傷は、3段階で伝播していくことが多い――①システムの速くて激しい座屈現象、②池の氷のひびが広がっていくように、損傷がゆっくりと全体に広がっていく、③速くて壊滅的な崩壊。①と③の段階は、どのような損傷でも急激に増幅させる。例えば、１つのノードが停止すると、それが10のノードを停止させ、それが100のノードの停止につながる。②の段階は一種の飽和状態で、損傷が線形に広がっていく（1つのノードの損傷が別の１つのノードを停止させる）。Bargigliほか（2015年）も参照。
12. D'AgostinoとScala（2014年）、Buldyrevほか（2010年）参照。
13. 図11-1から抜けている重要なエージェントのひとつが中央銀行（例えば、連邦準備制度理事会）で、これは政策分析のためのモデルならばあったほうがよい。ただ、中央銀行がなくても、その政策手段を外部要因としてモデルに課せば、モデルにその役割を反映させることができる。中央銀行の規則が認識可能であるかぎりにおいては、中央銀行のエージェントを外部的な政策の影響で代用できる。
　図11-1には証券取引所も含まれていない。私は、取引所はトレードの場という意味で、エージェントというよりも環境の一部だと考えている。
14. 有担保債務取引の担保は、借り手の信用リスクに対して貸し手のイクスポージャーを限定する意図がある。貸し手が受け取った担保の金額は、借り手がデフォルトに陥ったときに貸し手を守るため、担保の質に基づいたヘアカット率を使って算出される。もしマーケットや金融商品特有の緊張があると、担保の価格が下落して貸し手は預かっている担保が十分でないと考える場合もある。そうなると、貸し手はさらなる担保を要求したり、貸し出しをやめたりするかもしれない。ヘアカット率は、借り手の信用力によって変わるため、借り手の信用力に問題があれば、貸し手は担保が不十分だと感じる可能性が高くなる。担保の質は有担保取引の重要な要素である。信用と流動性を悪化させる出来事が起こると、投資家は高品質の担保を求めて質への逃避に向かうことが多い。そして、質の低い担保や最近価値が下がった担保を取っている投資家は、貸し出しに不安を覚えるようになる。ただし、ヘアカット率の水準と借り手の信用状態も重要な要素ではある。
15. 証券貸付は、貸し手が証券を貸し付け、その対価として銀行・ディーラーから資金や証券を受け取る。また、借り手がデフォルトに陥った場合に担保の価格変動から投資家を守るため、借り手は投資家にマージン（ヘアカット率）に応じて担保を差し出す。例えば、ある業者が110ドル相当の証券を有担保融資をしたい投資家に渡し、その代わりに100ドルを受け取れば、これは10％のマージンまたはヘアカット率の取引ということになる。これによって貸し手は資金を受け取ることになるが、本来の目的は銀行・ディーラーが必要としている証券を手に入れることにある。銀行・ディーラーは証券を借りて、自己勘定や顧客の空売りに使う。
16. 実は、一見レバレッジを掛けていない資産運用会社も、証券の貸し借りやデリバ

第11章

1. さまざまな人たちが、さまざまなモデルを詳しく紹介している。このなかで、ずば抜けて優れており、この分野の概要を幅広く紹介しているのが、アイオワ州立大学のリー・テスファットジョンが管理するウェブサイトのAgent-Based Computational Economics（http://www2.econ.iastae.edu/tesfatsi/ace.htm）である。もちろんエージェントベースモデルがもっと主流になれば、より優れたモデルが出てくるだろう。
2. ただし、火事のときに出口に全員が殺到して将棋倒しになると、外に出られなくなることもある。
3. Bookstaberほか（2015年）に、ここで述べた金融システムの回路図と化学工場の類似点を、化学工学で使われている標準的なリスク管理手法と金融システムの文脈を使った有向グラフで紹介している。
4. シャドーバンキングのシステムにおけるこのような変換は、AdrianとAshcraft（2012年）参照。また、BergerとBouwman（2009年）も、リスクと流動性の変換の似たような役割について書いている。
5. つながりが増えれば、リスクと多様化も広がる。また、それによってショックが広がる経路も増える。つながりが多い金融システムのほうがたいていはリスクが低いが、実際に危機が起これば、もっと深刻な結果に至る。ただ、もしかしたら頻度は低いのかもしれない。HaldaneとMay（2011年）、AcemogluとOzdaglarとTahbaz-Salehi（2015年）参照。ほかにも、多様化と多様性のトレードオフという問題もある。投資の多様化は各プレーヤーのリスクを下げるが、すべての会社が同じような多様なポジションを保有していたら、システム全体としては脆弱になることがあり得る。相互接続がショックを増幅するのか散らすのかは、ネットワークの構造以外にもさまざまな要素がかかわっている。例えば、銀行がどれほどのレバレッジを掛けているのか、デフォルトが起こったときに銀行間の債務は金融セクター以外の参加者への債務よりも優先されるか、デフォルトが起こると名目債務のどの程度が回復されるか――などである。
6. ここで取引相手から担保として買ったり受け取ったりした証券を再度担保にしてレポ市場を通じて資金を調達したり、リバースレポや証券貸付によって空売りの基準を満たしたり、顧客やほかの銀行・ディーラーに必要に応じて融資したりする（例えば流動性投資）。
7. 担保は、銀行・ディーラーにさまざまな経路から入ってきて、そのあとまた別のさまざまな経路で送り出されていく（二者間、三者間、主な手形交換所など）。プライムブローカーは、ヘッジファンドから担保を運ぶ導管で、証券貸付やレポは融資部門が、先物や先渡しやスワップやオプションなどはデリバティブ部門が行っている。銀行・ディーラーの融資事業は、重要な担保を変換するエンジンである。担保は融資部門を通じて再利用され、格上げされる。これらの活動を支えているのが銀行・ディーラーの担保管理機能で、証券関係の融資やデリバティブ関連の債務に用いる担保のレベルや質を評価している。また、担保の配置には担保の流れの経路という重要な側面がある。担保は、二者間ならば直接出資者に渡す場合もあるが、三者間で担保をプールして借り手別に管理する場合や、手形交換所を通じて送る場合もある。
8. Bacher、Naf（2003年）参照。
9. Boccalettiほか（2014年）参照。
10. 金融ネットワークに関する最近の調査に、GlassermanとYoung（2015年）、Sum-

4. Evans と Honkapohja（2005年）
5. Lucas（1981年）

第10章

1. 複雑性スペクトルのなかの複雑系の例は、Page（2011年）、Beinhocker（2013年）、Farmer（2002年）、Arthur（1999年）参照。複雑系はフィードバック、非線形相互作用、密結合を伴っているため、その変化と同じ速さで私たちが対応するのは難しい。
2. Merton（1948年）のなかで、マートンは架空のミリングビル銀行が、その存続に関する誤った評価によって預金引き下ろしの連鎖に遭い、経営危機に陥ったという例を挙げて説明している。「この寓話は、状況の公の定義（予言または予測）が状況の不可欠な一部になってその後の展開に影響を及ぼすということを示している。これは、人間社会特有の現象で、人間の手の及ばない自然界では見られない。ハレー彗星が次いつ見られると予想されても、その軌道に何の影響も及ぼさない。しかし、ミリングビル銀行が支払い不能になるという噂は、この銀行の行く末に影響を及ぼした。破綻の予言が、それを自己成就に導いたのである」
3. Beinhocker（2013年）
4. ヒューリスティクスはモデルの変数やルール自体の重要性の変化以上に変わることもある。
5. Posnock（2008年）、ドストエフスキー『地下室の手記』
6. ジャイルズ、ウィリアムズ、キム『英語で読む孫子兵法』（KFF パブリッシング）。孫子の原則である「故に善く敵を動かす者は、これに形すれば敵必ずこれに従い、これに予うれば、敵必ずこれを取る」を説明するために使われた。
7. ジョン・ボイドの功績と軍事理論についてはCoram（2002年）、Ford（2010年）、Hammond（2001年）参照。
8. Ford（2010年）
9. スミス著『ルパート・スミス　軍事力の効用――新時代「戦争論」』（原書房）
10. スティーブ・ブンシが証券取引委員会に宛てたダーク・プール・コメント・レター（SEC File No.s7-27-09、2010年1月14日）参照。
11. Anderson と Arrow と Pines（1988年）、Arthur（1999年）、Beinhocker（2006年）、Farmer（2002年）、Miller と Page（2007年）参照。
12. ライフゲームが計算既約だということは第3章でその特徴を紹介したときにすでに述べた。ライフゲームはチューリングマシンとして運用することができる。各セル（エージェント）が、それぞれが周りの状況のみに基づいて単純なタスク（生きるまたは死ぬ）を実行すると、それが創発現象を生み出す。ライフゲームは、最初の状況に強く依存し、その状況によっては周期的な動きになることも多いため、エルゴード性にはなり得ない。
13. それができる人、つまり危機を予測できる人についてはどうだろうか。もし世界で起こったことがバベルの図書館のどの本に書いてあるかが分かるとすれば、すべての出来事について賢人が見つかる。一部の本は常に正しく、それ以外もかなり正しい。

と言っている。Rizvi（1994年）とMartel（1996年）も参照。カーマン（1992年）は、需要関数が経済学の核となる均衡理論のなかの不安定さを生み出すような代表的個人はいないことを示したドブリュー-ソネンシャイン-マンテルの定理を明らかにした。代表的エージェントを使った経済モデルについての批判は、Syll（2016年）参照。

5．ケインズのR・F・ハロッドに宛てた手紙（1938年7月4日）より。
6．Wallace（1980年）
7．Clower（1989年）
8．Shackle（1972年）
9．多くの分野で、一流のプレーヤーは自分の行動を完全に説明することができない。自己に対する無知は、車の運転から人の顔を認識することまで、人間の能力の多くでよく見られる。チェスや囲碁でも、一流プレーヤーは意思決定のプロセスを完全に説明できない人が多いように見える。このことを、哲学者で科学者のマイケル・ポラニーは『個人的知識――脱批判哲学をめざして』（ハーベスト社）のなかで「私たちは言葉にできるよりも多くのことを知っている」と表現している。
10. 例は、SingerとBolz（2013年）参照。
11. なかでも注目すべきは動学的確率的一般均衡モデル（DSGE)。
12. Syll（2016年）、FarmerとGeanakoplos（2009年）参照。
13. Solow（2010年）
14. ボルヘス著『伝奇集』（岩波書店）の「トレーン、ウクバール、オルビス・テルティウス」
15. ここで再びイレネオ・フネスに目を向けてみよう。イレネオは現実とあまりにも強く結びついていて、推論することができない。膨大な事実を切り離すことができないため、抽象的に考えたり、特定の状況について帰納的に考えたりすることができないからだ。一方、トレーンの人たちは、現実の世界を生きていないため、現実について推論することができない。
16. Bell-Villada（1981年）

第9章

1．エージェントベースモデルを使った交通学の研究についてはZhengほか（2013年）参照。この研究は、数種類の有名なエージェントベースの交通モデルのプラットフォームに言及している。このなかには、Transportation Analysis and Simulation SystemやMulti-Agent Transport Simulation Toolkitなどが含まれている。近年、新しいエージェントベースの交通と輸送のアプリケーションは、自動車だけでなく鉄道や航空機などの交通規制、交通管理の枠組み、動的ルーティング、渋滞管理、フリートマネジメントなどのモデリングやシミュレーションにも広がっている。エージェントベースの交通分析には、アメリカのCTMRGS、フランスのCLAIRE、スペインのTRYS/TRYSA2、ドイツのCARTESIUSなどがある。
2．この交通ルールは、スティーブン・ウルフラムが考案したルールのひとつでルール184と呼ばれており、WangとKwongとHui（1998年）によって交通問題に応用された。セルオートマトンを使った交通モデルと関連する統計力学に関する掘り下げた調査については、MaerivoetとDe Moor（2005年）、ChowdhuryとSantenとSchadschneider（2000年）参照。
3．Krugman（2009年）

7．私たちの資本主義制度は、ブラックワームやウィップテールと同様、無性である。勝者に追従し、現在の環境で役に立たないものは切り捨てているからだ。この点についてこれ以上は述べないが、このことは、私たちが多くの危機に見舞われる理由を探るための別のアプローチになり得る。
8．専門的になるが、このような遺伝子発現のメカニズムはエピジェネティックスと呼ばれている。分子過程で特定の遺伝子を活性化させたり不活性化させたりするシステムだ。私たち人間がたくさんの遺伝子をほかの種と共有できるのは、遺伝子が同じでも、その配列が活性化のスイッチを作るため、遺伝子の相互作用の性質が異なる変化を遂げたからだ。スイッチの小さな変化でも、発生の過程でそれまでとはかなり異なる遺伝子のオンとオフのパターンを生み出すことができる。生物の多様化は、遺伝子自体ではなく、このスイッチの進化的変遷によるところが大きいのだ。そして、このことは大きな変化が素早く起こる理由でもある（少なくとも進化のスピードよりも速い）。遺伝子は変わらなくても、スイッチが変化するからだ。このような変化は、まったく新しい遺伝子が急に発生するのではなく、DNAのなかで長年「ガラクタ遺伝子」と考えられていた部分で発生し、進化の大きな原動力になっている。この仕組みをライフゲームに例えて遺伝子をマス目、スイッチをセルの生死を決めるルールと考えることもできる。
9．この可能性を最初に探った1人がウィリアム・ジェームズで、彼は「私たちの知性の実践的な使い方として、忘れることは思い出すことと同じくらい大事な機能」（SchoolerとHertwig［2005年］参照）と書いている。忘れることは情報処理の選択性の背後にある心理統制で、「私たちの心の船を支える竜骨そのもの」だというのだ。
10．クンデラは、「忘れようとすることは人類学的なことで、人は常に自分の自伝を書き換えて、過去を変えたいと思っている」と書いている。Kundera（1988年）参照。
11．ボルヘス著『伝奇集』（岩波書店）に収められた「記憶の人フネス」より。
12．私の説明は、フネスと、Bell-Villada（1981年）のなかのルリヤとSを大いに参考にした。本章のこれ以降のルリヤの言葉はルリヤ著『偉大な記憶力の物語――ある記憶術者の精神生活』（岩波書店）から引用した。

第8章

1．Becker（1976年）
2．ジェヴォンズ著『経済学の理論』（日本経済評論社）
3．Schabas（1990年）によれば、ジェボンズ自身は集団を重力の中心として機能する平均的な人のようなものとして使っており、Jevons（1874年）のなかで「重力体のなかに、すべての粒子の重さが集中している点が見つかるかもしれない。その重力体の運動をこの重い点の運動が正確に表している」と書いている。
4．代表的エージェントを使うことには、理論的な反論もある。サーリ（1995年）は、数学的観点から「社会科学でよくある困難の原因は、それが集計操作に基づいていることにあり……社会科学の複雑さは個人の選択が無数であることに由来している。十分大きな次元の領域を定義し、そのなかの選択肢を合わせれば、想像でき得るかぎりの病理学的な行動につながる可能性がある」と結論付けている。カーマン（1989年）は、「問題は、経済学で1世紀続いてきた、個人をお互いの影響を受けずに行動するものとして扱う伝統の本質的な特徴にあるように思える」

――のなかで、トマーシュとテレザの場合と同様に、「人生の結果は計算したものでも計算できるものでもない」ため、私たちはそれを制御したいとは思わないと書いている。私たちは「方法も理由も分からないまま何かをする」ための「飽くことのない欲望」を持っている。エマソンは随筆「経験」の冒頭で、クンデラをまねて「私たちはどこにいるのか」と書いている。そしてすぐに、私たちが夢からさめてもまだ夢のなかにいるような答えを示した。「幻想に終わりはない」。そして、私たち人間は、驚きの連続のなかにある。

17. ボルヘス著『伝奇集』（岩波書店）に収録されている「バベルの図書館」
18. 各蔵書の長さは、この無限の情報の制約にはならない。410ページ以上必要な内容ならば、複数冊のセットになっているからだ。
19. 実際には、ここの蔵書に含まれていないことがあり、そこで思い出すのがヒルベルトの問題だ。私たちはバベルの図書館にすべての蔵書を収納する機械的な手順があることは知っている。長くかかるかもしれないが、一連の単純作業（「コンピューター」の処理）を繰り返していけばいつか終わることは分かっている。それをすれば、どれかの蔵書に数学のすべての問題の証明やそれが正しいかどうかや決定可能かどうかが書いてあるはずだ。しかし、ゲーベルによってどの本にも証明が載っていない問題があるということはすでに分かっている。
20. ボルヘスのバベルの図書館に関する考察は、Bell-Villada（1981年）参照。バベルの図書館に関する数字的なデータは、Bloch（2008年）に詳しく載っている。
21. この件については第10章の複雑性と情報既約性のところで詳しく述べる。

第7章

1. ここで挙げた例はBookstaberとLangsam（1985年）、GingernzerとGaissmaier（2011年）、ブックステーバー『市場リスク 暴落は必然か』から引用。
2. この行動は、学習性無力感とも呼ばれている。Seligman（1972年）参照。
3. この例はブックステーバー著『市場リスク――暴落は必然か』（日経BP社）から引用。
4. 「あたかも」については、フリードマン著『実証的経済学の方法と展開』（富士書房）の有名なビリヤードの例参照。認知能力と情報の限界については、サイモン著『経営行動――経営組織における意思決定プロセスの研究』（ダイヤモンド社）の満足化を図る方法を示唆している。
5. Sargent（1993年）
6. ヒューリスティクスは、しばしば最適化における大きな問題を避けようとする。つまり、最適な手法には持続的なバイアスはないとするのだ。ほとんどの推定手法は、バイアスがないことを前提として、何らかの測定値や誤差を最小化しようとする。つまり、ここには分散のバイアスにおける矛盾といった概念はない。もし少しでもバイアスがあれば、問題だ。左側に撃ち続けて毎回的を外しているならば、照準を調整するだけで目標に当てられるからだ。しかし、ヒューリスティクスを使えば持続的なバイアスもあり得る。ちなみに、最適化を信じている人たちはこれを認知的錯覚だと見ている。しかし、GigerenzerとBrighton（2009年）にあるように、エルゴード性ではない世界（言ってみれば、目標が動く可能性があったり、新しい目標がより重要になったりする世界）で生存がかかっているときは、現在の世界観のバイアスを修正する情報を無視することで全体の相違が縮まるならば、それも理にかなっている。

が分からないことによるラジカルな不確実性について、数学者はただ肩をすくめて「どうしたらよいか分からない」と言うが、科学者は先に進むために数学的に存在しないものを定義する。

3．ラッセル著『私の哲学の発展』（みすず書房）
4．ラッセル著『バートランド・ラッセル自叙伝』（理想社）
5．ラッカー著『無限と心――無限の科学と哲学』（現代数学社）に、ゲーデルの不完全性定理の直観的証明と簡単な説明が載っている。

　ゲーデルの証明のからくりは、エピメニデスの有名なウソつきのパラドックスと似ている。エピメニデスが「私はウソつきだ」と言ったら、彼はウソをついているのだろうか。あるいは、「何が正しいか」を判断するときにBの定義が「Bは正しくない」だとしたら、Bは正しいのだろうか。この場合、Bが正しくなるのはBが正しくない場合しかない。つまり、Bは「正しい」「正しくない」に適応する概念の外にある。Bの文章には何かしら悪意のある無意味さがあるため、人はこれを考えないようにする傾向がある。

　しかし、ゲーデルのGの文章はそう簡単に無視できない。彼は数学と理論学の天才的能力を駆使して、Gが正しい場合のみ解がある複雑な多項式（PというUTM［万能チューリングマシン］に対して）を見つけたのである。つまり、Gはあいまいで非数学的な文ではなく、私たちには答えが分かるがUTMには分からない数学の問題ということになる。つまり、UTMは数学の最善かつ最終理論を統合していないしできないということになる。

6．1980年代からウルフラムのプログラム言語を使って数式処理を行うマテマティカの記号化能力が改善し、今日につながっている。
7．印刷問題は、チューリングが決定不能性を示そうとしたときに示された。さらに有名な停止性問題についてはDavis（1958年）参照。
8．ロイド著『宇宙をプログラムする宇宙』（早川書房）
9．ドーソン著『ロジカル・ディレンマ――ゲーデルの生涯と不完全性定理』（新曜社）
10．この理由は、古典物理学の観点で述べると、電子の位置を正確に測定するためには、電子を非常に短い波長の光で照らす必要がある。ただ、波長が短いほど電子に当たるエネルギーが大きくなって正確に測定できるが、当たるエネルギーが大きいと速度に与える影響も大きくなる。
11．予測のために現在を知ることの限界はほかにもある。これは最初に注目したエドワード・ローレンツの「バタフライ効果」（1963年）として知られている。ローレンツは、非線形システムの多くが、初期の測定値のごくわずかな差が時間とともに複合的に積み重なって加速度的に外れていくことを示した。
12．ソロス著『ソロスの錬金術』（総合法令出版）とSoros（2013年）の関連記事とSoros（2010年）の最初の2つの講義参照。
13．ここにロバート・K・マートンの自己成就的予言も含まれる。詳しくは第10章で述べる。
14．ポパー著『歴史主義の貧困』（日経BP社）
15．クンデラ著『存在の耐えられない軽さ』（集英社）
16．ここで述べたことはPosnock（2008年）参照。ポスノックは、クンデラの概念について、20世紀の共産主義政権下のチェコスロバキアと19世紀の民主主義のアメリカという違いはあっても、ラルフ・ワルド・エマソンの随筆にも反映されていると解説している。エマソンは、随筆――『岩波文庫の80年』（岩波書店）に収録されている「円」と『エマソン論文集」（玄黄社）に収録されている「経験」

の裏付けがあるように一連の有利または不利な見通しを並べ、それぞれに適切な確率を課して分かったようなふりをする」

ルーカスも、Lucas（1977年）のなかで、ラジカルな不確実性に近いことを、精神障害者的な行動をとる人の判断プロセスを考察して述べている。「精神障害者の行動でさえ、適切な確率を十分異常な見方をすることで『合理的』と考えることができる（今日では考えられている）」。しかし、この「精神障害者的な行動を理解することに価値はないし、十分な頻度で観察可能だったとして、それが適切でも、どちらか推測できないため、状況に応用できない。ナイトが『不確実性』と呼んだ状況は基本的に不確実ならば、『経済学的論法に価値はない』」（Lucus［1981年］）。

2．ラジカルな不確実性については２つの考え方がある。確率が分からないもの、あるいは自然な状態が分からないもの、つまり起こり得ることが分からないことである。この２つの見方に関する定義や説明と、可能な状態がまったく分からないことの意味と、どのようなことが不足の事態と呼べるのかについては、EpsteinとWan（1994年）、EpsteinとMarinacciとSeo（2007年）参照。既知の状態の確率のあいまいさに対する初期の対処方法（ラジカルな不確実性に対する一般的な手法だが私はあまり支持していない）についてはEllsberg（1961年、あのペンタゴン・ペーパースで有名なダニエル・エルスバーグ）参照。

この２つの概念には質的な違いがあり、後者のほうがより極端。この感覚的な違いと質的な違いを理解するために、次の２つのシナリオについて考えてみてほしい。

1．私は戦場にいて、起こり得ることは分かっている。敵は私たちの陣地のＡかＢかＣの地点を攻撃しようとしているのだ。しかし、どこがどの確率で攻撃されるかはまったく分からない。すべての地点に部隊を派遣すれば防衛はできる。少なくとも、起こり得ることは分かっているし、ある程度具体的に心配できる。
2．私は戦場にいるが、敵が何をするかも、どのような武器を持っているかもまったく分からない。どのような状況が起こり得るのか想像すらできない。私がいるのは紀元前100年で、敵は西暦2010年から来ているからだ。つまり、確率どころか何の確率を考えたらよいのかすら分からない（もし空から爆弾が降ってきたら腰を抜かすだろう）。

これらのシナリオは、まったく予想もつかない状況と、既知の状況（あるいは起こるかどうか分からないこと）が確率ゼロだとすることの違いを示している。もし敵がＡ地点から攻めてくる確率がゼロだと判断すれば、その情報を使ってできることがある。この状況は「心配せずにすむことの安堵」と呼べる。もしその確率が分からなくても、拠り所のない不安（何かが起こるかもしれないが、それが何か分からない恐怖）よりはマシだ。これは、想像もつかなかったことを知ることとは違う。空から爆弾が降ってきたら、「見てみろ、これが確率ゼロだと推定していた状況だ」とは反応しないからだ。

統計力学では、シャノン－ヒンキンの第3の公理で、確率ゼロの状況を追加してもモデルは変化しないとしている。数学的に言えば、通常は定義されていない0*ln(0)を０と表現するようなことである。ある種の公理のような手法が必要なのは、それがないと自分のシステムでは起こり得ないことまですべて考慮しなければならなくなるからだ。

この場合、0*ln(0) = 0と定義しても有効ではないため、システムを説明できない。つまり、ラジカルな不確実性であると考えてよい。ちなみに、すべての状態

審査員は、現実の世界で普通に行われている会話の流れかどうかではなく、特定のタイプの質問や会話のリズムに注目してコンピューターを見分けようとする。一方、コンピューターは単純な答えをゆっくりと返すことで、一定時間に審査員が観察できることを減らそうとしたり、意味のない会話に徹したりする。もっと意味のあるチューリングテストを行うには、夕食会の円卓に、人間の参加者に知らせずにコンピューターを参加させ（何らかの方法で遠隔会話にする必要はある）、事後に参加者のなかにコンピューターがいたことを明かして、参加者の「人間度」をランク付けしてもらう方法などがある。

MGonzは、チューリングテストに合格する特性を持っていたが、ローブナー賞の基準をはるかに下回る設定になっていた。MGonzは、ジョークや口汚い言葉を満載して、相手の言うことを無視して言いたいことをぶちまけるのが目的の、あまり意味のない試みだったからだ。もしMGonzの侮辱や汚い言葉のレベルに相手を引き込むことができれば、チューリングテストに合格できたかもしれない（実は、もっと汚い言葉を発するのではなく、言葉少なくなることで同じレベルまで下がるかもしれないし、会話のモードが分かってきたら、こちらも無意味で文脈と無関係の言葉を繰り出すこともできる）。ただ、人間と機械の違いはコンテンツの深さではない。コンピューターは、コンテンツについてはすでに人間を凌いでいる。過去のローブナー大会でコンピューターと判定された人は、シェークスピアに関する知識があまりに豊富だったため、審判員が人間ではあり得ないと思ったことが理由だったが、実際にはコンピューターほどではなかった。

MGonz、ローブナー賞、チューリングテストに関しては、Christian（2011年）参照。

9．彼らの研究については、TverskyとKahneman（1974年）とカーネマン著『ファスト＆スロー』（早川書房）参照。

第6章

1．ラジカルな不確実性は、ナイト著『危険・不確実性および利潤』（文雅堂書店）に書かれたリスクと不確実性を区別する有名なフレーズから引用。「不確実性とはおなじみのリスクの概念とは基本的に違うが、これまでは適切に区別されていなかった……本質的な事実は、『リスク』とはときに測定可能だったり、まったくそうでなかったりすることで、２つのうちのどちらが実在し機能しているかによって広範囲に及ぶ極めて重要な違いがある。……測定可能な不確実性、つまりいわゆる適切な『リスク』は、測定不能な不確実性とは違って実質的に不確実性ではまったくない」

ケインズは、Keynes（1937年）のなかで、彼のラジカルな不確実性の解釈を述べている。「『不確実』な知識というのは、確実に分かっていることと可能性があるだけのことを区別するだけではない。その意味で、ルーレットは不確実性の対象ではないし、戦勝公債に当たる見通しも、平均寿命も若干不確実と言う程度だし、天気でさえある程度不確実といったところだ。私はこの不確実という言葉を、ヨーロッパで戦争が起こる見通しや、20年後の銅の価格や金利、新しい発明が廃れるかどうか、1970年の社会制度のなかの個人の資産家の位置付け、などについて使う。これらのことについては、計算可能な確率を算出するための科学的な根拠がなく、単純に分からないことだからだ。とはいえ、行動と判断が必要となると、実践的な人はこの気まずい事実を見ないようにして、あたかも公理的な計算

第５章

1．ヴィトゲンシュタイン著『反哲学的断章――文化と価値』
2．数学的エルゴード性についてはGray（2009年）参照。エルゴード性と名付けたのは、統計力学の領域を切り開いたルードウィッヒ・ボルツマン。もし動的なシステムがエルゴード的ならば、ランダムに選んだ点を追跡すれば、いずれその点はその領域のほかのすべての点に近づく。この点の通った経路の十分な期間の平均を求めれば、それは領域のすべての点の経路を代表している。この経路は、この点の時間平均と呼ばれている。この領域のすべての点の平均は、空間平均と呼ばれている。もし動的なシステムがエルゴード的ならば、時間平均は空間平均と同じになる。これを地球上で考えれば、もしエルゴード性のある動的システムを十分長い期間観察すれば、そのシステム全体の特性が分かる。ほかの点もそのシステム内のすべての点を通るため、その時系列からほかのすべての点の経路の統計的特性が分かる。特に、過去の観察の時系列（私たちの知っている世界のある時点の経路を観察したものとも考えることができる）は、将来の経路の統計的特性を教えてくれる。もしあるプロセスがエルゴード的でなければ、私たちが観察した過去は将来起こることの代わりにはならないかもしれない。この私たちが知っている世界は、起こるかもしれない出来事の重要な特性になり得ることや複雑さを見逃しているのかもしれない。
3．加法と乗法のエルゴード性のプロセスについては、PetersとAdamou（2015年）参照。
4．これは科学全般に言える。エール大学のドゥニ・オリエ教授は、エルゴード性と言う言葉は使っていないが、ジョルジュ・バタイユの作品に関する文のなかでエルゴード性の科学的な見方について書いている（オリエ著『ジョルジュ・バタイユの反建築――コンコルド広場占拠』［水声社］)。オリエは歴史のなかで未来がどうなるか分からないときと、バタイユが言う「未来に関する古代の幾何学的概念」、つまり「リスクをとらないで、未来が現在を科学的に再生しただけのものとしてとらえて事前に保証すること」を対比させている。未来を建築家がプロジェクトを監督するように構築することで、私たちは時間を止める正式な「数学的なコート」を着る。バタイユは、未来を科学という牢獄から解放する革命的な運動を提唱している。未来を計画とプロジェクトに委ねたら、そのために現在の時間をとられることになる。バタイユの「プロジェクトは牢獄」という言葉にはこのような背景がある。
5．Lucas（1981年）
6．Humphrys（2008年）
7．Humphrys（2008年）
8．これができればチューリングテストに合格できる。チューリングは、コンピューターがある程度人間の知能に近づいたことを確認するために、コンピューターと人間がそれぞれ別のカーテンの陰に隠れ、審査員がカーテン越しにそれぞれに質問をするという方法を提案した。もしコンピューターの答えと人間の答えの見分けがつかなければ、少なくともこの限られた状況においてコンピューターが人間のような知能を持っていると言える。
　チューリングテストは、ローブナー賞という名称で毎年行われている。この大会では何人かの審判員がキーボードを使って２～３分コンピューターと人間とそれぞれ会話をして、どちらがコンピューターかを判断する。ただ、これは普通の人間の環境ではなく競技なので、チューリングの意図したテストと比べれば劣る。

れていた解の条件を微調整して新しい軌道が見つかるまでシミュレーションを繰り返したことが記されている。
5．ほかの動的システム（例えば、コンウェイのライフゲーム、詳しくは後述する）と違い、計算既約性は三体問題の理論的な限界ではない。これは、解析解を可能性から排除しないということである。ただ、これは私たちが解明できるものではないように思える。
6．Jevons（1918年）
7．Saari（1996年）
8．Scarf（1960年）、Ackerman（2002年）参照。
9．コンウェイのライフゲームはGardner（1970年）によって広く知られるようになった。
10. マス目は有限であり、端や角には隣接するマス目が3～5しかない。しかし、分析においては端や角のケースは無視している。
11. ほかにもよくあるパターンとして、振動子（周期的に元の状態に戻る）、固定物体（世代が進んでも同じ状態を保つ）、銃（グライダーや宇宙船を打ち出す）、シュシュポッポ列車（グライダーのように動きながら、うしろに「煙」のような物体を残していく）などがある。
12. グライダーや宇宙船は、情報を別の場所に移動することができるため、ライフゲームを計算エンジンとして使うための重要な部分である。
13. 例えば、正則性条件の世界（例えば、2階微分が可能な関数）と、ある代表的個人がすべての消費者や投資家を表しているとする。もしこの問題がそれ以上要約できないときには、次の期間以降に移行してみる必要がある。それには、ほぼ決まっている道の地図を作るか（例えばあらかじめ決まった異時点間の効用案数と確率分布）、次の2つか3つのステップを実行してみることになる。

第4章

1．HelbingとMukerji（2012年）にクラウドクエイカー（あるいはクラウドタービュランス）の分析が紹介されている。これは、きっかけとなる大きな出来事がなくても、人が転ぶ程度の無害なことがドミノ効果で大きなパニックにつながることを示している。また、2000年には別の記事（HelbingとFarkasとVicsek［2000年］）に、単純な方法で緊急事態に発展し得る混乱を緩和できることが示されている。直感には反するが、出口から約1メートルのところに柱を立てるといった簡単なことだけでも劇的に被害を減らすことができるのだ。200人がいる部屋から45秒間で逃げ出す実験では、何もなければ44人が逃げ出して5人怪我をしたが、柱があると72人が逃げ出してけが人はいなかった。
2．魚はお互いの距離をつめることで、1つの大きな物体に見せることもできる。魚や鳥の群れのルールの詳細は、HemelrijkとHildenbrandt（2012）参照。
3．レイノルズは1998年に「映画で3次元のコンピューターアニメーションを制作するための先駆的な貢献」を評価されてアカデミー科学技術賞を受賞した。
4．セルオートマトンの主要な研究者の1人がスティーブン・ウルフラムで、彼は2次元のセルオートマトンの構造を徹底的に調べた（Wolfram［2002年］）。このなかには、隣接する3つのセルの生死に基づいて無数の結果が生み出される計算既約性のルールもある。
5．Keynes（1973年）

5. 多産性
6. 純粋性
7. その範囲、つまり何人の人たちに広がるか、または影響を受けるのはだれか

12. ジェボンズ著『経済学の理論』
13. ジェボンズの経歴についてはSchabas（1990年）とMosselmans（2013年）参照。
14. ジェボンスは『The Principles of Science』のなかで「読者は積が8616460799になる２つの数字が何か分かるだろうか。私以外に分かる人はいないと思う」と書いている。これはジェボンズの数として知られるようになり、1903年にようやく解明された。8616460799＝89681×96079
15. ジェボンズ著『経済学の理論』。これは、「賃金基金説や生産費用価値説や自然賃金率やそれ以外の誤解を招いたり、間違ったりしているリカード派の原則から自らを解放する」という要求でもあった。
16. 最も著名な賛同者はオーストリアのカール・メンガーとフランスのレオン・ワルラスだった。ジェボンズはメンガーと面識はなかったが、ワルラスとはローザンヌ大学で知り合った。ワルラスは独自に同様の分析に至り、微積分を用いることも主張していた。ジェボンズは、ワルラスを同士と認め、彼の『純粋経済学要論』（岩波書店）を推奨すると約束したが、実際にはあまり積極的には行わなかった。
17. JevonsとFoxwell（1884年）
18. ジェボンズの経済危機に対する関心と、それを黒点を使って説明しようとしたことに関しては、Poovey（2008年）参照。
19. 黒点が原因だとする理論的構造は、今日の経済学の科学的手法でも使われている。彼は次のように書いている（JevonsとFoxwell［1884年］）。「これはよく知られた力学の原理で、周期的に発生するさまざまな原因によって起こることは、それ自体が周期的なものであり、その間隔はたいてい原因のそれと同じになっている。太陽光線という形で地球の表面に浴びせられるエネルギーが生命を維持するための主な物質であることは間違いない。しかし、最近黒点の場所が増える時期と減る時期があることが発見されたことによって、太陽の状態も周期的に変化していることが証明された。……しかも、雨やそのほかの大気現象が太陽の状態の変化に多少なりとも影響されていることは間違いない……もしこの気候が程度の差はあれ太陽周期に左右されるものであるならば、収穫量や穀物の価格もある程度太陽周期に左右されることになり、その変化の周期は黒点のそれと同じになる」
20. クンデラ著『存在の耐えられない軽さ』（集英社）
21. Lucas（2009年）

第３章

1. ボルヘス著『汚辱の世界史』（岩波書店）のなかの「学問の厳密さについて」
2. 具体的に言えば、もしある問題が計算既約ならば、何が起こるかはステップごとにシミュレーションをしてみなければ分からない。これは帰納的なプロセスで（ただし演繹的な結果に一般化できるようなものではない）、f(n)を計算するためにはf(i)をi=1～nすべてについて計算するのとほぼ同じ行程をたどる必要がある。
3. Wolfram（2002年）
4. SuvakovとDmirasinovic（2013年）に、コンピューターを使ってそれまで発見さ

注釈

第１章

1．Watson（2014年）参照。ルーカス（2009年）は、経済学者に金融危機の責任を押しつけるのは不当だと示唆している。そもそも彼らの需給の見通しから危機の可能性について特別な見解を得ることはできないからだ。彼は、均衡志向のマクロ経済学におけるシミュレーションは「危機が起こらないと保証するわけではないが、危機が起こらないという前提での予想」だと書いている。トーマス・サージェントも同じ意見で、批評家は「近代的なマクロ経済学の大部分について悲惨なまでの無知と意図的な無視」によって「愚かで知的怠惰なコメント」しかしないと切り捨てている（Rolnick［2010年］）。2009年初めにイギリスの財務委員会に出席した銀行家たちが危機における彼らの役割について謝罪したが、経済学者にそのような姿勢は見られなかった。もちろん、政治家や当局もこのような謝罪は行わず、むしろ救済者として喝采された。
2．Kay（2012年）
3．アービング・フィッシャー（1882年）は、「ジェボンズ以前の数学を使った試みはすべて失敗に終わっていた……数学的手法は1871年にジェボンズによって始まったと言ってよい」と書いている。アルフレッド・マーシャルもフィッシャーほどではないが、ジェボンズの貢献を評価していた。ただ、ヨーゼフ・シュンペーターは『経済分析の歴史』（岩波書店）のなかで、「偏見のない読者は見逃さない……マーシャルの理論構造は、優れたテクニックともろもろの細かい点を発展させたことを除けば、ジェボンズやメンガー、そして特にワラスの主張と基本的に変わらない」と書いている。
4．シベルブシュ著『鉄道旅行の歴史――十九世紀における空間と時間の工業化』（法政大学出版局）
5．ホブズボーム著『産業と帝国』（未来社）
6．ミル著『経済学原理』（岩波書店）
7．ハッチソン（1972年）は、ミルの理論の４つの柱を賃金基金、労働価値説、現物給付の政策、マルサス主義の産児制限としている。
8．次の150年間は資本が中心となったが、IT 企業が経済において大きな部分を占めるようになると、この見方は疑問視されるようになった。４人の男たちが何台かのパソコンだけでスタートして数十億ドル規模に成長した会社がいくつもあるのだ。
9．Wells（1849年）
10．Tames（1971年）、Canon Parkinson "On the present Condition of the Labouring Poor in Manchester"、ホブズボーム著『産業と帝国』（未来社）参照。
11．Schabas（1990年）参照。ベンサム（『道徳の原理――法と功利主義的道徳に就いて』）は、快楽と苦痛の測定に影響を及ぼす７つの状況を挙げている。

　Ⅳ．快楽と苦痛の値の測定対象となった人たちは、７つの状況にある程度左右されていた。

　　１．強さ
　　２．持続性
　　３．確実性または不確実性
　　４．近いことまたは遠いこと

Colman. *The American Review: A Whig Journal of Politics* NS 4/10, no. 20 (August): 159–75.
ルートヴィヒ・ヴィトゲンシュタイン著『反哲学的断章――文化と価値』（青土社）
Wolfram, Stephen. 2002. *A New Kind of Science.* Champaign, IL: Wolfram Media.
Zheng, Hong, Young-Jun Son, Yi-Chang Chiu, Larry Head, Yiheng Feng, Hui Xi, Sojung Kim, and Mark Hickman. 2013. "A Primer for Agent-Based Simulation and Modeling in Transportation Applications." Federal Highway Administration, Report No. FHWA-13-054.https://www.fhwa.dot.gov/advancedresearch/pubs/13054/13054.pdf.
Zhou, Dong, Amir Bashan, Reuven Cohen, Yehiel Berezin, Nadav Shnerb, and Shlomo Havlin. 2014. "Simultaneous First-and Second-Order Percolation Transitions in Interdependent Networks." *Physical Review E* 90, no. 1: 012803. doi: 10.1103/PhysRevE.90.012803.

モンド社)
Singer, Tania, and Matthias Bolz, eds. 2013. *Compassion: Bridging Practice and Science.* Munich, Germany: Max Planck Society. http://www.compassion-training.org/en/online/index.html?iframe=true&width=100%&height=100%#22.
ルパート・スミス著『ルパート・スミス　軍事力の効用――新時代「戦争論」』(原書房)
Solow, Robert. 2010. "Building Science for a Real World." Testimony presented at a hearing before the Subcommittee on Investigations and Oversight, Committee on Science and Technology, U.S. House of Representatives, July 20. https://www.gpo.gov/fdsys/pkg/CHRG-111hhrg57604/pdf/CHRG-111hhrg57604.pdf.
ジョージ・ソロス著『ソロスの錬金術』(総合法令出版)
———. 2010. *The Soros Lectures: At the Central European University.* New York: BBS / Public Affairs.
———. 2013. "Fallibility, Reflexivity, and the Human Uncertainty Principle." *Journal of Economic Methodology* 20, no. 4: 309–29. doi: 10.1080/1350178X.2013.859415.
Summer, Martin. 2013. "Financial Contagion and Network Analysis." *Annual Review of Financial Economics* 5: 277–97. doi: 10.1146/annurev-financial-110112-120948.
ライオネル・ジャイルズ、バートン・ウィリアムズ、シアン・キム著『英語で読む孫子兵法』(KFF　パブリッシング)
Šuvakov, Milovan, and Veljko Dmitrašinović. 2013. "Three Classes of Newtonian Three-Body Planar Periodic Orbits." *Physical Review Letters* 110: 114301. doi: 10.1103/PhysRevLett.110.114301.
Syll, Lars Pålsson. 2016.Error! Hyperlink reference not valid. *On the Use and Misuse of Theories and Models in Mainstream Economics.* World Economics Association Book Series, vol. 4. London: College Publications.
Tames, Richard L., ed. 1971. *Documents of the Industrial Revolution, 1750–1850.* London: Hutchinson Educational.
Tirole, Jean. 2011. "Illiquidity and All Its Friends." *Journal of Economic Literature* 49, no. 2: 287–325. https://www.imf.org/external/np/seminars/eng/2013/macro2/pdf/tirole2.pdf.
Tversky, Amos, and Daniel Kahneman. 1974. "Judgment under Uncertainty: Heuristics and Biases." *Science* 185, no. 4157: 1124–31.
———. 1983. "Extensional versus Intuitive Reasoning: The Conjunction Fallacy in Probability Judgment." *Psychological Review* 90, no. 4: 293–315. doi: 10.1037/0033-295X. 90.4.293.
U.S. Senate, Committee on Homeland Security and Governmental Affairs, Permanent Subcommittee on Investigations. 2011. *Wall Street and the Financial Crisis: Anatomy of a Financial Collapse.* Washington, DC: Government Printing Office. http://www.hsgac.senate.gov//imo/media/doc/Financial_Crisis/FinancialCrisisReport.pdf.
Vayanos, Dimitri. 2004. "Flight to Quality, Flight to Liquidity, and the Pricing of Risk." NBER Working Paper, no. 10327. doi: 10.3386/w10327.
Wallace, Anise. 1980. "Is Beta Dead?" *Institutional Investor,* July, 23–30.
レオン・ワルラス著『純粋経済学要論――社会的富の理論』(岩波書店)
Wang, Bing-Hong, Yvonne-Roamy Kwong, and Pak-Ming Hui. 1998. "Statistical Mechanical Approach to Fukui-Ishibashi Traffic Flow Models." *Physical Review E* 57, no. 3: 2568–73. http://dx.doi.org/10.1103/PhysRevE.57.2568.
Watson, Matthew. 2014. *Uneconomic Economics and the Crisis of the Model World.* Houndmills, Basingstoke: Palgrave Macmillan.
Wells, A. M. 1849. Review of *European Life and Manners; in Familiar Letters to Friends* by Henry

Princeton University Press.
Peters, Ole, and Alexander Adamou. 2015. "The Evolutionary Advantage of Cooperation." *Nonlinear Sciences: Adaptation and Self-Organizing Systems* arXiv, no. 1506.03414.
マイケル・ポラニー著『個人的知識――脱批判哲学をめざして』（ハーベスト社）
Poovey, Mary. 2008. *Genres of the Credit Economy: Mediating Value in Eighteenth-and Nineteenth-Century Britain.* Chicago: University of Chicago Press.
カール・ポパー著『歴史主義の貧困』（日経BP社）
Posnock, Ross. 2008. *Philip Roth's Rude Truth: The Art of Immaturity.* Princeton, NJ: Princeton University Press.
Rizvi, S. Abu Turab. 1994. "The Microfoundations Project in General Equilibrium Theory." *Cambridge Journal of Economics* 18, no. 4: 357–77.
Rolnick, Art. 2010. "Interview with Thomas Sargent." *The Region* [published by the Federal Reserve Bank of Minneapolis], September, 26–39. https://www.minneapolisfed.org/~/media/files/pubs/region/10-09/sargent.pdf.
Rorty, Richard. 1996. "Something to Steer By." *London Review of Books* 18, no. 12: 7–8.
ラディー・ラッカー著『無限と心――無限の科学と哲学』（現代数学社）
バートランド・ラッセル著『私の哲学の発展』（みすず書房）
バートランド・ラッセル著『バートランド・ラッセル自叙伝』（若林元典）
Saari, Donald G. 1995. "Mathematical Complexity of Simple Economics." *Notices of the American Mathematical Society* 42: 222–30.
———. 1996. "The Ease of Generating Chaotic Behavior in Economics." *Chaos, Solitons and Fractals* 7, no. 12: 2267–78. doi: 10.1016/S0960-0779(96)00085-9.
Samuelson, Paul Anthony. 1969. "Classical and Neoclassical Theory." In *Monetary Theory,* edited by Robert W. Clower. London: Penguin Books.
Sargent, Thomas J. 1993. *Bounded Rationality in Macroeconomics.* New York: Oxford University Press.
Scarf, Herbert. 1960. "Some Examples of the Global Instability of the Competitive Equilibrium." *International Economic Review* 1, no. 3: 157–72. doi: 10.2307/2556215.
Schabas, Margaret. 1990. *A World Ruled by Number: William Stanley Jevons and the Rise of Mathematical Economics.* Princeton Legacy Library. Princeton, NJ: Princeton University Press.
ヴォルフガング・シベルブシュ著『鉄道旅行の歴史――十九世紀における空間と時間の工業化』（法政大学出版局）
Schooler, Lael J., and Ralph Hertwig. 2005. "How Forgetting Aids Heuristic Inference." *Psychological Review* 112, no. 3: 610–28. doi: 10.1037/0033-295X. 112.3.610.
ヨーゼフ・シュンペーター著『経済分析の歴史』（岩波書店）
Seligman, M.E.P. 1972. "Learned Helplessness." *Annual Review of Medicine* 23, no. 1: 407–12. doi: 10.1146/annurev.me.23.020172.002203.
Shackle, G.L.S. 1972. *Epistemics and Economics: A Critique of Economic Doctrines.* Cambridge: Cambridge University Press.
Shaffer, Dennis M. Scott M. Krauchunas, Marianna Eddy, and Michael K. McBeath. 2004. "How Dogs Navigate to Catch Frisbees." *Psychological Science* 15: 437–41. doi:10.1111/j.0956-7976.2004.00698.
Shleifer, Andrei, and Robert Vishny. 2011. "Fire Sales in Finance and Macroeconomics." *Journal of Economic Perspectives* 25, no. 1: 29–48. doi: 10.1257/089533011798837710.
ハーバート・サイモン著『経営行動――経営組織における意思決定プロセスの研究』（ダイヤ

マイケル・ルイス著『世紀の空売り』（文芸春秋）
セス・ロイド著『宇宙をプログラムする宇宙』（早川書房）
Lipton, Peter. 2004. *Inference to the Best Explanation.* 2nd ed. London: Routledge.
Lo, Andrew W. 2012. "Reading about the Financial Crisis: A Twenty-one-Book Review." *Journal of Economic Literature* 50, no. 1: 151–78. doi: 10.1257/jel.50.1.151.
Lorenz, Edward N. 1963. "Deterministic Nonperiodic Flow." *Journal of the Atmospheric Sciences* 20, no. 2: 130–41. doi: 10.1175/1520-0469(1963)020<0130:DNF>2.0.CO;2.
ロジャー・ローウェンスタイン著『天才たちの誤算』（日本経済新聞社）
Lucas, Robert, Jr. 1977. "Understanding Business Cycles." *Carnegie-Rochester Conference Series on Public Policy* 5: 7–29. doi: 10.1016/0167-2231(77)90002-1.
———. 1981. *Studies in Business-Cycle Theory.* Cambridge, MA: MIT Press.
———. 2009. "In Defense of the Dismal Science." *The Economist,* August 6. http://www.economist.com/node/14165405.
———. 2011. "What Economists Do." *Journal of Applied Economics* 14, no. 1: 1–4.
Lucas, Robert, Jr., and Edward C. Prescott. 1971. "Investment under Uncertainty." *Econometrica* 39, no. 5: 659–81. doi: 10.2307/1909571.
A・R・ルリヤ著『偉大な記憶力の物語――ある記憶術者の精神生活』（岩波書店）
Lynch, Peter. 2008. "The Origins of Computer Weather Prediction and Climate Modeling." *Journal of Computational Physics* 227: 3431–44. doi: 10.1016/j.jcp.2007.02.034.
Maerivoet, Sven, and Bart De Moor. 2005. "Cellular Automata Models of Road Traffic." *Physics Report* 419, no. 1: 1–64. doi: 10.1016/j.physrep.2005.08.005.
Majdandzic, Antonio, Boris Podobnik, Sergey V. Buldyrev, Dror Y. Kenett, Shlomo Havlin, and H. Eugene Stanley. 2014. "Spontaneous Recovery in Dynamical Networks." *Nature Physics* 10, no. 1: 34–38. doi: 10.1038/nphys2819.
Martel, Robert. 1996. "Heterogeneity, Aggregation, and a Meaningful Macroeconomics." In *Beyond Microfoundations: Post-Walrasian Macroeconomics,* edited by David Colander. New York: Cambridge University Press.
Merton, Robert K. 1948. "The Self-Fulfilling Prophecy." *Antioch Review* 8, no. 2: 193–210. doi: 10.2307/4609267.
ジョン・スチュアート・ミル著『経済学原理』（岩波書店）
Miller, John H., and Scott E. Page. 2007. *Complex Adaptive Systems: An Introduction to Computational Models of Social Life.* Princeton Studies in Complexity. Princeton, NJ: Princeton University Press.
Morris, Stephen, and Hyun Song Shin. 2004. "Liquidity Black Holes." *Review of Finance* 8, no. 1:1–18. doi: 10.1023/B:EUFI.0000022155.98681.25.
Mosselmans, Bert. 2013. *William Stanley Jevons and the Cutting Edge of Economics.* New York: Routledge.
Musil, Robert. 1996. *The Man without Qualities,* vol. 2, Into the Millennium. Translated by Sophie Wilkins. New York: Vintage Press.
Muth, John F. 1961. "Rational Expectations and the Theory of Price Movements." *Econometrica* 29, no. 3: 315–35. doi: 10.2307/1909635.
フリードリヒ・ニーチェ著『愉しい学問』（講談社）
Office of Financial Research. 2012. *Annual Report.* Washington, DC: Office of Financial Research. https://www.treasury.gov/initiatives/wsr/ofr/Documents/OFR_Annual_Report_071912_Final.pdf.
Page, Scott E. 2011. *Diversity and Complexity.* Primers in Complex Systems. Princeton, NJ:

———. 1874. *The Principles of Science: A Treatise on Logic and Scientific Method.* London: Macmillan.
———. 1879. "Preface to the Second Edition." In *The Theory of Political Economy.* London: Macmillan.
———. 1918. *Elementary Lessons in Logic: Deductive and Inductive with Copious Questions and Examples, and a Vocabulary of Logical Terms.* New York: Macmillan.
Jevons, William Stanley, and H. S. Foxwell. 1884. *Investigations in Currency and Finance.* London: Macmillan.
ダニエル・カーネマン著『ファスト＆スロー』（早川書房）
Kay, John. 2012. "The Map Is Not the Territory: Models, Scientists, and the State of Macroeconomics." *Critical Review* 24, no. 1: 87–99. http://dx.doi.org/10.1080/08913811.2012.684476.
ジョン・メイナード・ケインズ著『雇用・利子および貨幣の一般理論』（東洋経済新報社ほか）
———. 1937. "The General Theory of Employment." *Quarterly Journal of Economics* 51, no. 2: 209–23.
———. 1938. Letter to Harrod. 4 July. Retrieved from http://economia.unipv.it/harrod/edition/editionstuff/rfh.346.htm.
———. 1973. *The Collected Writings of John Maynard Keynes.* Vol. 8, A Treatise on Probability. London: Macmillan.
Khandani, Amir E., and Andrew W. Lo. 2011. "What Happened to the Quants in August 2007? Evidence from Factors and Transactions Data." *Journal of Financial Markets* 14, no. 1: 1–46. doi: 10.1016/j.finmar.2010.07.005.
Kirilenko, Andrei A., Albert S. Kyle, Mehrdad Samadi, and Tugkan Tuzun. Forthcoming. "The Flash Crash: The Impact of High Frequency Trading on an Electronic Market." *Social Science Research Network.* doi: 10.2139/ssrn.1686004.
Kirman, Alan. 1989. "The Intrinsic Limits of Modern Economic Theory: The Emperor Has No Clothes." *Economic Journal* 99, no. 395: 126–39. doi: 10.2307/2234075.
———. 1992. "Whom or What Does the Representative Individual Represent?" *Journal of Economic Perspectives* 6, no. 2: 117–36.
フランク・ナイト著『危険・不確実性および利潤』（文雅堂銀行研究社）
Krugman, Paul. 2009. "How Did Economists Get It So Wrong?" *New York Times*, September 6. http://www.nytimes.com/2009/09/06/magazine/06Economic-t.html.
トーマス・クーン著『科学革命の構造』（みすず書房）
ミラン・クンデラ著『存在の耐えられない軽さ』（集英社）
———. 1988. "Key Words, Problem Words, Words I Love." *New York Times*, March 6.
ミラン・クンデラ著『小説の技法』（岩波書店）
Kyle, Albert S. 1985. "Continuous Auctions and Insider Trading." *Econometrica* 53, no. 6: 1315–35. http://www.jstor.org/stable/1913210.
Kyle, Albert S., and Anna A. Obizhaeva. 2011a. "Market Microstructure Invariants: Empirical Evidence from Portfolio Transitions." *Social Science Research Network*, December 12. doi: 10.2139/ssrn.1978943.
———. 2011b. "Market Microstructure Invariants: Theory and Implications of Calibration." *Social Science Research Network*, December 12. doi: 10.2139/ssrn.1978932.
Kyle, Albert S., and Wei Xiong. 2001. "Contagion as a Wealth Effect." *Journal of Finance* 56, no. 4: 1401–40. doi: 10.1111/0022-1082.00373.

Liquidity: An Introductory Survey." Quaderni DSE Working Paper no. 802. doi: 10.2139/ssrn.1976149.
Gardner, Martin. 1970. "Mathematical Games: The Fantastic Combinations of John Conway's New Solitaire Game 'Life.'" *Scientific American* 223: 120–23.
Gigerenzer, Gerd. 2008. *Rationality for Mortals: How People Cope with Uncertainty.* Evolution and Cognition. Oxford: Oxford University Press.
Gigerenzer, Gerd, and Henry Brighton. 2009. "Homo Heuristics: Why Biased Minds Make Better Inferences." *Topics in Cognitive Science* 1: 107–43. http://onlinelibrary.wiley.com/doi/10.1111 /j.1756-8765.2008.01006.x/pdf.
Gigerenzer, Gerd, and Wolfgang Gaissmaier. 2011. "Heuristic Decision Making." *Annual Review of Psychology* 62: 451–82. doi: 10.1146/annurev-psych-120709-145346.
Glasserman, Paul, and H. Peyton Young. 2015. "Contagion in Financial Networks." Office of Financial Research, OFR Working Paper no. 15-21. https://financialresearch.gov/workingpapers/files/OFRwp-2015-21_Contagion-in-Financial-Networks.pdf.
Gorton, Gary. 2010. *Slapped by the Invisible Hand: The Panic of 2007.* Financial Management Association Survey and Synthesis Series. Oxford: Oxford University Press.
Gray, Robert M. 2009. *Probability, Random Processes, and Ergodic Properties.* 2nd ed. New York: Springer.
Haldane, Andrew G., and Robert M. May. 2011. "Systematic Risk in Banking Ecosystems." *Nature* 469: 351–55. doi: 10.1038/nature09659.
Hammond, Grant Tedrick. 2001. *The Mind of War: John Boyd and American Security.* Washington, DC: Smithsonian Institution Press.
Harman, Gilbert H. 1965. "The Inference to the Best Explanation." *Philosophical Review* 74, no. 1: 88–95.
Harrison, Thomas J. 1992. *Essayism: Conrad, Musil and Pirandello.* Baltimore: John Hopkins University Press.
Hasbrouck, Joel, and Duane J. Seppi. 2001. "Common Factors in Prices, Order Flows, and Liquidity." *Journal of Financial Economics* 59, no. 3: 383–411. doi: 10.1016/S0304-405X(00)00091-X.
Helbing, Dirk, Illés Farkas, and Tamás Vicsek. 2000. "Simulating Dynamical Features of Escape Panic." *Nature* 407: 487–90. doi: 10.1038/35035023.
Helbing, Dirk, and Pratik Mukerji. 2012. "Crowd Disasters as Systemic Failures: Analysis of the Love Parade Disaster." *EPJ Data Science* 1: 7. doi: 10.1140/epjds7.
Hemelrijk, Charlotte K., and Hanno Hildenbrandt. 2012. "Schools of Fish and Flocks of Birds: Their Shape and Internal Structure by Self-Organization." *Interface Focus* 8, no. 21: 726–37. doi: 10.1098/rsfs.2012.0025.
エリック・ホブズボーム著『産業と帝国』（未来社）
ドゥニ・オリエ著『ジョルジュ・バタイユの反建築――コンコルド広場占拠』（水声社）
Humphrys, Mark. 2008. "How My Program Passed the Turing Test." In *Parsing the Turing Test: Philosophical and Methodological Issues in the Quest for the Thinking Computer,* edited by Robert Epstein, Gary Roberts, and Grace Beber. New York: Springer.
Hutchison, Terence W. 1972. "The 'Marginal Revolution' Decline and Fall of English Political Economy." *History of Political Economy* 4, no. 2: 442–68. doi: 0.1215/00182702-4-2-442.
International Monetary Fund. 2007. *World Economic Outlook: Globalization and Inequality.* World Economic and Financial Surveys. Washington, DC: International Monetary Fund.
ウィリアム・スタンレー・ジェヴォンズ著『経済学の理論』（日本経済評論社）

Coram, Robert. 2002. *Boyd: The Fighter Pilot Who Changed the Art of War*. 1st ed. Boston: Little, Brown.
Crawford, Vincent P., Miguel A. Costa-Gomes, and Iriberri Nagore. 2013. "Structural Models of Nonequilibrium Strategic Thinking: Theory, Evidence, and Applications." *Journal of Economic Literature* 51, no. 1: 5–62. doi: 10.1257/jel.51.1.5.
D'Agostino, Gregorio, and Antonio Scala, eds. 2014. *Networks of Networks: The Last Frontier of Complexity*. Switzerland: Springer International.
Davis, Martin. 1958. *Computability and Unsolvability*. McGraw-Hill Series in Information Processing and Computers. New York: McGraw-Hill.
リチャード・ドーキンス著『利己的な遺伝子』（紀伊國屋書店）
ジョン・W・ドーソン著『ロジカル・ディレンマ――ゲーデルの生涯と不完全性定理』（新曜社）
フョードル・ドストエフスキー著『地下室の手記』（新潮社）
Duffie, Darrell. 2010. "Presidential Address: Asset Price Dynamics with Slow-Moving Capital." *Journal of Finance* 65, no. 4: 1237–67.
Ellsberg, Daniel. 1961. "Risk, Ambiguity, and the Savage Axioms." *Quarterly Journal of Economics* 75, no. 4: 643–69. doi: 10.2307/1884324.
Emerson, Ralph Waldo. 1983. *Essays and Lectures*. New York: Literary Classics of the United States.
Epstein, Larry G., Massimo Marinacci, and Kyoungwon Seo. 2007. "Coarse Contingencies and Ambiguity." *Theoretical Economics* 2, no. 4: 355–94. https://econtheory.org/ojs/index.php/te/article/viewFile/20070355/1486.
Epstein, Larry G., and Tan Wang. 1994. "Intertemporal Asset Pricing under Knightian Uncertainty." *Econometrica* 62, no. 2: 283–322. doi: 10.2307/2951614.
Evans, George W., and Seppo Honkapohja. 2005. "An Interview with Thomas J. Sargent." *Macroeconomic Dynamics* 9, no. 4: 561–83. doi: 10.1017/S1365100505050042.
Fama, Eugene F., and James D. MacBeth. 1973. "Risk, Return, and Equilibrium: Empirical Tests." *Journal of Political Economy* 81, no. 3: 607–36. http://www.jstor.org/stable/1831028.
Farmer, J. Doyne. 2002. "Market Force, Ecology and Evolution." *Industrial and Corporate Change* 11, no. 5: 895–953. doi: 10.1093/icc/11.5.895.
Farmer, J. Doyne, and John Geanakoplos. 2009. "The Virtues and Vices of Equilibrium and the Future of Financial Economics." *Complexity* 14, no. 3: 11–38. doi: 10.1002/cplx.20261.
Financial Crisis Inquiry Commission [FCIC]. 2011. *The Financial Crisis Inquiry Report: Final Report of the National Commission on the Causes of the Financial and Economic Crisis in the United States*. Washington, DC: Government Printing Office. https://www.gpo.gov/fdsys/pkg/GPO-FCIC/pdf/GPO-FCIC.pdf.
Fisher, Irving. 1892. "Mathematical Investigations in the Theory of Value and Prices." *Connecticut Academy of Arts and Sciences Transactions* 9: 1–124.
Ford, Daniel. 2010. *A Vision So Noble: John Boyd, the OODA Loop, and America's War on Terror*. Durham, NH: Warbird Books.
Fostel, Ana, and John Geanakoplos. 2008. "Leverage Cycles and the Anxious Economy." *American Economic Review* 98, no. 4: 1211–44. doi: 10.1257/aer.98.4.1211.
ミルトン・フリードマン著『実証的経済学の方法と展開』（富士書房）
Frydman, Roman, and Michael D. Goldberg. 2011. *Beyond Mechanical Markets: Asset Price Swings, Risk, and the Role of the State*. Princeton, NJ: Princeton University Press.
Gabrielsen, Alexandros, Massimiliano Marzo, and Paolo Zagaglia. 2011. "Measuring Market

Oxford: Oxford University Press.

Boccaletti, Stefano, Ginestra Bianconi, Regino Criado, Charo I. Del Genio, Jesus Gómez-Gardeñes, Miguel Romance, Irene Sendiña-Nadal, Zhen Wang, and Massimiliano Zanin. 2014. "The Structure and Dynamics of Multilayer Networks." *Physics Reports* 544, no. 1: 1–122.

リチャード・ブックステーバー著『市場リスク――暴落は必然か』（日経BP社）

Bookstaber, Richard, Jill Cetina, Greg Feldberg, Mark Flood, and Paul Glasserman. 2014. "Stress Tests to Promote Financial Stability: Assessing Progress and Looking to the Future." *Journal of Risk Management in Financial Institutions* 7, no. 1: 16–25.

Bookstaber, Richard, Paul Glasserman, Garud Iyengar, Yu Luo, Venkat Venkatasubramanian, and Zhizun Zhang. 2015. "Process Systems Engineering as a Modeling Paradigm for Analyzing Systemic Risk in Financial Networks." *Journal of Investing* 24, no. 2: 147–62.

Bookstaber, Richard, and Dror Y. Kenett. 2016. "Looking Deeper, Seeing More: A Multilayer Map of the Financial System." Office of Financial Research, OFR Brief 16-06.

Bookstaber, Richard, and Joseph Langsam. 1985. "On the Optimality of Coarse Behavior Rules." *Journal of Theoretical Biology* 116, no. 2: 161–93. doi: 10.1016/S0022-5193(85)80262-9.

Bookstaber, Richard, Mark Paddrik, and Brian Tivnan. Forthcoming. "An Agent-Based Model for Financial Vulnerability." *Journal of Economic Interaction and Coordination.*

ホルヘ・ルイス・ボルヘス著『伝奇集』（岩波書店）

ホルヘ・ルイス・ボルヘス著『エル・アレフ』（平凡社）

Bouchaud, Jean-Philippe, J. Doyne Farmer, and Fabrizio Lillo. 2008. "How Markets Slowly Digest Changes in Supply and Demand." *In Handbook of Financial Markets: Dynamics and Evolution*, edited by Thorsten Hens and Klaus Reiner Schenk-Hoppé. Amsterdam: North-Holland. http://arxiv.org/pdf/0809.0822.pdf.

Bousquet, Antoine. 2009. *The Scientific Way of Warfare: Order and Chaos on the Battlefields of Modernity*. New York: Columbia University Press.

Brunnermeier, Markus K. 2009. "Deciphering the Liquidity and Credit Crunch 2007–2008." *Journal of Economic Perspectives* 23, no. 1: 77–100. https://www.princeton.edu/~markus/research/papers/liquidity_credit_crunch.pdf.

Brunnermeier, Markus, and Lasse Heje Pedersen. 2009. "Market Liquidity and Funding Liquidity." *Review of Financial Studies* 22, no. 6: 2201–38. doi: 10.1093/rfs/hhn098.

Buldyrev, Sergey, Roni Parshani, Gerald Paul, H. Eugene Stanley, and Shlomo Havlin. 2010. "Catastrophic Cascade of Failures in Interdependent Networks." *Nature* 464, no. 7291: 1025–28. doi:10.1038/nature08932.

Christian, Brian. 2011. "Mind vs. Machine." *The Atlantic*, March. http://www.theatlantic.com/magazine/archive/2011/03/mind-vs-machine/308386/.

Chowdhury, Debashish, Ludger Santen, and Andreas Schadschneider. 2000. "Statistical Physics of Vehicular Traffic and Some Related Systems." *Physics Report* 329, no. 4–6: 199–329. doi: 10.1016/S0370-1573(99)00117-9.

Clower, Robert. 1989. "The State of Economics: Hopeless but Not Serious." In *The Spread of Economic Ideas*, edited by David C. Colander and A. W. Coats. New York: Cambridge University Press.

Commodity Futures Trading Commission, and Securities and Exchange Commission. 2010. "Findings Regarding the Market Events of May 6, 2010." Washington, DC: U.S. Commodity Futures Trading Commission, U.S. Securities and Exchange Commission.

参考文献

Acemoglu, Daron, Asuman Ozdaglar, and Alireza Tahbaz-Salehi. 2015. "Systemic Risk and Stability in Financial Networks." *American Economic Review* 105, no. 2: 564–608. doi: 10.3386/w18727.

Ackerman, Frank. 2002. "Still Dead after All These Years: Interpreting the Failure of General Equilibrium Theory." *Journal of Economic Methodology* 9, no. 2: 119–39. doi: 10.1080/13501780210137083.

Adrian, Tobias, and Adam Ashcraft. 2012. *Shadow Banking: A Review of the Literature*. Staff Report No. 580. New York: Federal Reserve Bank of New York.

Adrian, Tobias, and Hyun Song Shin. 2013. *Procyclical Leverage and Value-at-Risk*. Staff Report No. 338. New York: Federal Bank of New York.

Aguiar, Andrea, Richard Bookstaber, Dror Kenett, and Tom Wipf. 2016. "A Map of Collateral Uses and Flows." *Journal of Financial Market Infrastructures* 5, no. 2: 1–28. doi: 10.21314/JFMI.2016.069.

Aguiar, Andrea, Richard Bookstaber, and Thomas Wipf. 2014. "A Map of Funding Durability and Risk." Office of Financial Research, OFR Working Paper 14-03.

Amihud, Yakov, and Haim Mendelson. 1988. "Liquidity and Asset Prices: Financial Management Implications." *Financial Management* 17, no. 1: 5–15. http://www.jstor.org/stable/3665910.

———. 1991. "Liquidity, Maturity, and the Yields on U.S. Treasury Securities." *Journal of Finance* 46, no. 4: 1411–25. doi: 10.1111/j.1540-6261.1991. tb04623.x.

Anderson, P. W., Kenneth J. Arrow, and David Pines, eds. 1988. *The Economy as an Evolving Complex System*. Redwood City, CA: Addison-Wesley.

Arthur, W. Brian. 1999. "Complexity and the Economy." *Science* 284, no. 5411: 107–9. doi: 10.1126/science.284.5411.107.

Bacher, Rainer, and Urs Näf. 2003. "Report on the Blackout in Italy on 28 September 2003." Swiss Federal Office of Energy.

Bargigli, Leonardo, Giovanni Di Iasio, Luigi Infante, Fabrizio Lillo, and Federico Pierobon. 2015. "The Multiplex Structure of Interbank Networks." *Quantitative Finance* 15, no. 4: 673–91. doi:10.1080/14697688.2014.968356.

Becker, Gary S. 1976. *The Economic Approach to Human Behavior*. Chicago: University of Chicago Press.

Beinhocker, Eric D. 2006. *The Origins of Wealth: Evolution, Complexity, and the Radical Remaking of Economics*. Boston: Harvard Business School Press.

———. 2013. "Reflexivity, Complexity, and the Nature of Social Science." *Journal of Economic Methodology* 20, no. 4: 330–42.

Bell-Villada, Gene H. 1981. *Borges and His Fiction: A Guide to His Mind and Art*. Texas Pan American Series. Chapel Hill: University of North Carolina Press.

ジェレミー・ベンサム著『道徳の原理――法と功利主義的道徳に就いて』（銀座出版社）

Berger, Allen N., and Christa H. S. Bouwman. 2009. "Bank Liquidation Creation." *Review of Financial Studies* 22, no. 9: 3779–3837. doi: 10.1093/rfs/hhn104.

Bloch, William Goldbloom. 2008. *The Unimaginable Mathematics of Borges' Library of Babel*.

■著者紹介

リチャード・ブックステーバー（Richard Bookstaber）

投資銀行（モルガン・スタンレー、ソロモン・ブラザーズほか）や大手ヘッジファンド（ムーア・キャピタル、ブリッジウオーターほか）でリスク管理の責任者を務めたのち、米国財務省を経て、現在はカリフォルニア大学で教鞭をとっている。『市場リスク――暴落は必然か』（日経BP社）の著者。

■監修者紹介

長尾慎太郎（ながお・しんたろう）

東京大学工学部原子力工学科卒。北陸先端科学技術大学院大学・修士（知識科学）。日米の銀行、投資顧問会社、ヘッジファンドなどを経て、現在は大手運用会社勤務。訳書に『魔術師リンダ・ラリーの短期売買入門』『新マーケットの魔術師』など（いずれもパンローリング、共訳）、監修に『高勝率トレード学のススメ』『ラリー・ウィリアムズの短期売買法【第２版】』『コナーズの短期売買戦略』『続マーケットの魔術師』『続高勝率トレード学のススメ』『ウォール街のモメンタムウォーカー』『投資哲学を作り上げる　保守的な投資家ほどよく眠る』『システマティックトレード』『株式投資で普通でない利益を得る』『ブラックスワン回避法』『市場ベースの経営』『金融版 悪魔の辞典』『世界一簡単なアルゴリズムトレードの構築方法』『ハーバード流ケースメソッドで学ぶバリュー投資』『システムトレード 検証と実践』『バフェットの重要投資案件20 1957-2014』『堕天使バンカー』『ゾーン【最終章】』『ウォール街のモメンタムウォーカー【個別銘柄編】』『マーケットのテクニカル分析』『ブラックエッジ』『逆張り投資家サム・ゼル』『マーケットのテクニカル分析 練習帳』など、多数。

■訳者紹介

井田京子（いだ・きょうこ）

翻訳者。主な訳書に『トレーダーの心理学』『スペランデオのトレード実践講座』『トレーディングエッジ入門』『千年投資の公理』『ロジカルトレーダー』『チャートで見る株式市場200年の歴史』『フィボナッチブレイクアウト売買法』『ザFX』『相場の黄金ルール』『トレーダーのメンタルエッジ』『破天荒な経営者たち』『バリュー投資アイデアマニュアル』『遅咲きトレーダーのスキャルピング日記』『FX 5分足スキャルピング』『完全なる投資家の頭の中』『勘違いエリートが真のバリュー投資家になるまでの物語』『株式投資で普通でない利益を得る』『バフェットからの手紙【第４版】』『金融版 悪魔の辞典』『バフェットの重要投資案件20 1957-2014』『市場心理とトレード』『逆張り投資家サム・ゼル』（いずれもパンローリング）など、多数。

2019年2月3日　初版第1刷発行

ウィザードブックシリーズ㉗㉓

経済理論の終焉
――金融危機はこうして起こる

著　者　リチャード・ブックステーバー
監修者　長尾慎太郎
訳　者　井田京子
発行者　後藤康徳
発行所　パンローリング株式会社
〒160-0023　東京都新宿区西新宿7-9-18　6階
TEL 03-5386-7391　FAX 03-5386-7393
http://www.panrolling.com/
E-mail　info@panrolling.com
編　集　エフ・ジー・アイ（Factory of Gnomic Three Monkeys Investment）合資会社
装　丁　パンローリング装丁室
組　版　パンローリング制作室
印刷・製本　株式会社シナノ

ISBN978-4-7759-7237-3

ウィザードブックシリーズ264

新訳 バブルの歴史

最後に来た者は悪魔の餌食

エドワード・チャンセラー【著】

定価 本体3,800円+税　ISBN:9784775972335

「バブル」という人間の強欲と愚行と狂気を描いた古典！

本書は17世紀から現在に至るまでの株式市場における投機の歴史を生き生きと描き出したほかに類を見ない魅力的な書である。投機の精神の起源を古代ローマにまでさかのぼり、それが近代世界によみがえった様子を年代順に、分かりやすくまとめている。金メッキ時代から狂騒の1920年代、19世紀の鉄道狂時代から1929年のウォール街大暴落、ジャンクボンド王のマイケル・ミルケンに代表されるカウボーイキャピタリズムや、日本のバブルであるカミカゼ資本主義、現代の情報時代に生まれたデイトレーダーまで、いつの時代にも存在した、またこれからも存在するであろう人間の飽くなき強欲と愚行と狂気の結末を描いた興味深い1冊！

ウィザードブックシリーズ241

ブラックスワン回避法

極北のテールヘッジ戦略

マーク・スピッツナーゲル【著】

定価 本体2,800円+税　ISBN:9784775972106

オーストリア学派の投資家が老子と孫子とクラウゼヴィッツから学んだこと

金融危機下でもトップクラスのリターンをたたき出したスピッツナーゲルは、ルートヴィヒ・フォン・ミーゼスやオーストリア学派経済学の理論を、効果的な投資手法へとまとめ上げた最初の人物だと言える。金融のゆがみ、「ブラックスワン」と言われるような株式市場の大混乱はけっしてでたらめに起こることではないということ、そしてまったく市場が無視している極めて生産的な資本を見定めること（スピッツナーゲルにとっては日常茶飯事だが）を本書は説いている。本書はロン・ポールが序文で述べているとおり、「オーストリア学派経済学を象牙の塔から投資の現場に引き出した」のだ。

ウィザードブックシリーズ 272

ティリングハストの株式投資の原則

小さなことが大きな利益を生み出す

ジョエル・ティリングハスト【著】

定価 本体2,800円+税　ISBN:9784775972427

第二のピーター・リンチ降臨！
失敗から学び、大きな利益を生む方法

投資家は日々紛らわしい情報や不完全な情報に惑わされている。ラッキーな投資を行い、大きな利益を上げ、自信満々となるかもしれない。しかし、次に打って出た大きな賭けは裏目に出て、財政的困難に見舞われるばかりか、心身ともに打ちのめされるかもしれない。では、このような不安定な職業でどのように集中力を保つことができるのだろうか。過去の成功をもとに計画を立て、将来を予測する自信がないとしたら、将来の危険な状況をどのように避けることができるのだろうか。本書において、ティリングハストが、投資家がそのような誤りを回避する術を伝授している。

ウィザードブックシリーズ 270

ファクター投資入門

アンドリュー・L・バーキン, ラリー・E・スウェドロー【著】

定価 本体1,800円+税　ISBN:9784775972380

個人投資家にもできるファクター投資の教科書！
長期投資家の必携書！

本書は、超合理的な株式投資を目指す人のために、株式投資における「ファクター」の考え方や使い方を、個人投資家にも実践可能なものとして解説したものである。本書では少なくとも2つの重要なことを行っている。1つ目は、どのファクターが有効なのかどうかを理解するために、極めて実用的な水先案内人になっていること。2つ目は、それほど特殊な知識を持たない読者でもファクター投資を実践できるように指南していることで、これこそが類書には見られない本書の特徴であり、著者たちの並々ならぬ実力が示されていると言っても過言ではない。

ウィザードブックシリーズ 263

インデックス投資は勝者のゲーム

株式市場から利益を得る常識的方法

ジョン・C・ボーグル【著】

定価 本体1,800円+税　ISBN:9784775972328

市場に勝つのはインデックスファンドだけ！
改訂された「投資のバイブル」に絶賛の嵐！

本書は、市場に関する知恵を伝える一級の手引書である。もはや伝説となった投資信託のパイオニアであるジョン・C・ボーグルが、投資からより多くの果実を得る方法を明らかにしている。つまり、コストの低いインデックスファンドだ。ボーグルは、長期にわたって富を蓄積するため、もっとも簡単かつ効果的な投資戦略を教えてくれている。その戦略とは、S&P500のような広範な株式市場のインデックスに連動する投資信託を、極めて低いコストで取得し、保有し続けるということである。

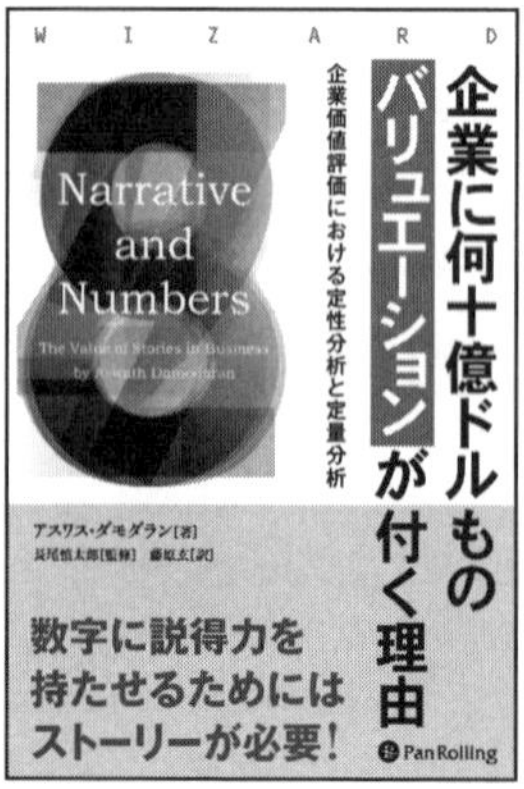

ウィザードブックシリーズ 266

企業に何十億ドルものバリュエーションが付く理由

企業価値評価における定性分析と定量分析

アスワス・ダモダラン【著】

定価 本体3,800円+税　ISBN:9784775972359

企業価値評価に欠かせないストーリーと計算！

本書ではさまざまなケーススタディを通じて、どのようにすればストーリーテラーが数字を見事に語り、また計算屋が綿密な調査にも耐え得る、より想像力に富んだモデルを構築できるかを記している。ツイッターやフェイスブックはなぜIPO（新規株式公開）で何十億ドルもの価値が付いたのか、またひとつ（ツイッター）は停滞し、もうひとつ（フェイスブック）は成長を続けるのはなぜかを検証している。本書は数字をめぐるストーリーの効果や問題点、そして危険性を明らかにするとともに、どうすればストーリーの妥当性を評価することができるのかを伝えるものである。

ウィザードブックシリーズ 253

市場心理とトレード

ビッグデータによるセンチメント分析

リチャード・L・ピーターソン【著】

定価 本体3,800円+税　ISBN:9784775972229

心の解明がトレード上達の近道！「聖杯」は人の心の解明にあった！

リチャード・ピーターソンは、トレード心理について書いたデビュー作の『脳とトレード』（パンローリング）で、一流投資家が感情を管理することによって優れたパフォーマンスを上げていることを示した。そして、本書では群衆心理の内側に迫り、価格パターンが存在するだけでなく、最も予想可能なパターンは私たち人間が持つ性質に根付いていることを教えてくれた。本書は、あなたのマーケットの理解を深め、価格が上昇しようと、下落しようと、横ばいで動かなくても、利益を上げるためのツールとテクニックを授けてくれる。

ウィザードブックシリーズ 243

金融版 悪魔の辞典

ジェイソン・ツバイク【著】

定価 本体2,000円+税　ISBN:9784775972120

ウォール街という魑魅魍魎がうごめく世界を生き抜くためのガイドブック

本書は、破綻すると分かっている住宅ローンや、恐ろしいほど高いリスクや、つぶすには大きすぎる銀行を私たちに押し付けてきた金権主義者や官僚を痛烈に皮肉り、批判し、揶揄している。本書は、複雑で、不条理で、尊大なウォール街から、単純な真実と、分かりやすい警告を導き出してくれている。また本書は、敵に囲まれた荒野のような今日の金融市場で生き残っていくための必須のサバイバルガイドであり、サソリの毒を含んだ実践的な洞察でもある。ウォール街の気まぐれやごまかしを跳ねのけて、高揚感と絶望のはざまにいる投資家には、安全な道を切り開いてくれるに違いない。